张骞传

王 倩 王祥玉 著

陕西新华出版

陕西人民教育出版社

·西安·

图书在版编目(CIP)数据

张骞传 / 王倩，王祥玉著 . -- 西安 : 陕西人民教
育出版社，2019.7(2024.6重印)
　ISBN 978-7-5450-6992-1

　Ⅰ．①张⋯ Ⅱ．①王⋯ ②王⋯ Ⅲ．①长篇历史小说
–中国–当代 Ⅳ．①I247.5

中国版本图书馆CIP数据核字（2019）第145435号

张 骞 传
Zhang Qian Zhuan

王　倩　王祥玉　著

出版发行	陕西人民教育出版社
地　　址	西安市丈八五路58号
邮　　编	710077
策划编辑	李崇君　余　瑶
责任编辑	张亦偶　刘政源
责任校对	袁燕燕
装帧设计	徐文竹
经　　销	各地新华书店
印　　刷	三河市悦鑫印务有限公司
开　　本	787毫米×1092毫米　1/16
印　　张	19
字　　数	380千字
版　　次	2019年7月第1版
印　　次	2024年6月第3次印刷
书　　号	ISBN 978-7-5450-6992-1
定　　价	38.00元

前言

　　草之精秀者为英，人之特群者为雄。在国家危急、民族危难之际，总有一些人勇敢地站出来，奋不顾身、百折不挠、宁死不屈，为民族付出最大的牺牲，为国家做出最大的贡献。张骞就是这类英雄人物谱中的一位杰出之士。他是中国历史上杰出的外交家、探险家和农学家，是世界探险史上比哥伦布更早的先行者，在两千多年前凭借过人意志开辟了长达七千多千米连接欧亚大陆的"丝绸古道"。

　　张骞的丰功伟绩名垂青史。从政治、军事方面说，他奉汉武帝之命两次出使西域、一次出使西南夷，为的是西寻大月氏、乌孙等国，推行汉王朝的和平外交政策，广结盟邦，共同夹击长期袭击、劫掠中原边民的匈奴上层统治者，以"断匈奴右臂"，保卫人民的生命、财产安全。虽然他被匈奴人囚禁达十年之久，仍然未负使命，最后凯旋，受到汉武帝嘉奖。从社会生活方面讲，中国人的日常食物如葡萄、核桃、黄瓜、石榴、芝麻、大蒜、胡萝卜等，都是张骞从西域引进中原的，另如胡琴、琵琶、箜篌以及西域的音乐、舞蹈、绘画、杂技、雕塑等也是伴随着张骞的足迹进入我国。深深扎根于中国文化中的佛教，更是沿着"丝绸古道"迁移传入，安家落户，绵延至今，并有很大的发展。

　　现在，昔日的战争已经结束，人民安居乐业，无忧无虑。每当就餐之时，我们便想起张骞，是他丰富了中国人的日常生活；每当欣赏、享受一场音乐、歌舞的文化盛宴时，我们也自然而然想起了张骞，是他丰富了我们的精神生活。

　　张骞的伟大功勋表现在物质和文化两个方面。具体说来，张骞感动、教育和鼓舞我们的有三种精神。一是为报效祖国，为解救民族危难而不计较个人安危的爱国精神。他应募出使西域的风险极大，道路遥远，崎岖难行，更危险的是途中要在匈奴人控制的领域穿越一段相当长的路程。在不幸被俘的十年里，竟能"持汉节不失"，这是何等的难能可贵。二是勇于开拓、勇于探险、勇于追求但又能踏实苦干的大无畏精神。汉武帝是一位大有作为的君主，西汉也是一个大有作为的时代，这个时代为一切敢想敢干的人提供了舞台。张骞要去寻找结盟的大月氏，在西汉很多人从来没听说过的地方，其遥远缥缈的程度就像一个神话传说。但张骞毅然肩负着时代与历史的重任，向着这个鲜为人知的神秘国度出发了。三是忍辱负重、锲而不舍、不达目的决不罢休的顽强精神。张骞面临的两个危险分别是客观自然界的阻隔和匈奴的随时袭击。他在途中受尽折磨，两次被俘，过着非人的生活，但他最终还是完成了使命。这种为了一个崇高目的，忍辱负重、锲而不舍、不达目的誓不罢休的精神，在今日建设社会主义现代化强国的征程中，是一笔宝贵的财富。

汉武帝是位幸运的天子，继承了文景盛世，但他没有坐享其成，而是进行了一系列改革，特别是选拔张骞出使西域，干出了惊天动地的伟业。

美国学者劳费尔称张骞为"名将"，说："张骞为人重实际，处理经济事务非常有见地。"他下了这样的结论："中国人的经济政策具有远大眼光，采纳许多有用的外国植物以为己用，并把它们列入自己完整的农业体系中去，这是值得我们敬佩的。"后来他又在美国的许多报刊上专题论述张骞精神。

时代车轮滚滚前进，古代的张骞精神与当代的改革开放、与世界接轨的时尚潮流奇妙地合拍交融。于是，张骞成为各界的关注对象和热门话题，张骞开辟的丝绸古道变成旅游的热点线路。

2013年9月，习近平主席访问中亚四国时提出构建"丝绸之路经济带"的倡议，标志着丝路新时代已经到来。2014年6月，张骞墓被正式列入《世界遗产名录》，全国人民欢欣鼓舞，萌生一个共同心愿，就是唤醒沉睡两千多年的张骞，请他走出历史长河，拂去茫茫大漠的沙尘，像当年出使西域那样生龙活虎、朝气蓬勃、浪漫潇洒地站在改革开放大潮奔涌的国门之处，向国人招手，把他们的目光引向中亚及广阔的西方世界。在努力建设美好的"人类命运共同体"中，精诚合作，共建共享，高歌奋进，奔向未来！

目 录

第一章　摇篮白崖村 ································· 001

第二章　孩子王的憧憬 ································· 011

第三章　大风起兮云飞扬 ····························· 015

第四章　天台山结识野鹤子 ··························· 021

第五章　张骞培育黑米 ······························· 033

第六章　快嘴婶娘提亲 ······························· 037

第七章　父亲蒙难后的日子 ··························· 047

第八章　猗兰殿里降大喜 ····························· 067

第九章　养马未央宫 ································· 073

第十章　小郎官角抵显身手 ··························· 079

第十一章　找上门的亲人 ····························· 085

第十二章　和亲中的征战 ····························· 089

第十三章　应募揭皇榜 ······························· 097

第十四章　汉武帝授节杖 ····························· 103

第十五章　河西走廊被俘 ····························· 111

第十六章　饶嵜夫和姚拴子 ················ 123

第十七章　张骞怒斥中行说 ················ 131

第十八章　猎娇姑娘的选择 ················ 145

第十九章　不称心的婚礼 ················ 151

第二十章　河畔打井 ················ 161

第二十一章　风雪之夜暗离家 ················ 169

第二十二章　特使查案 ················ 179

第二十三章　胡杨三百年不倒 ················ 187

第二十四章　大宛官员护送张骞 ················ 201

第二十五章　月氏女王的困境 ················ 207

第二十六章　回归长安复命 ················ 223

第二十七章　随军出征封侯 ················ 231

第二十八章　免斩刑削职为民 ················ 239

第二十九章　驿道旁的酒家 ················ 247

第三十章　奉命二出西域 ················ 261

第三十一章　常山除害 ················ 271

第三十二章　最后的轮台诏 ················ 281

第三十三章　病逝归葬故里 ················ 285

附　录 ················ 291

后　记 ················ 295

第一章

摇篮白崖村

位于秦地西南的城固县，自秦惠文王更元十三年（前312）置汉中郡、在此地设县以来，至西汉文景时期，已有百余年的历史。该县居汉江上游，北靠秦岭，南屏巴山，恰像一颗熠熠生辉的明珠，镶嵌在椭圆形的汉中盆地中心。此地气候温和，雨量充沛，土地肥腴，最宜农耕。一年稻麦两熟，兼种油菜、桑麻及豆类，被后世誉为"西北小江南"，民皆丰衣足食。

水面开阔的汉江横穿县域东西，它的大支流湑水纵贯南北。二水在城固与洋县分界的汉王城交汇，形成坦荡、辽阔的湑汉平原。距县城西南二里许的汉江北畔，便是张骞的故里白崖村。

这个村子比较特殊。地势比周围农田稍高，南面的江堤被滚滚东去的江水成年累月地侵蚀冲刷，河床越陷越低，是个折流倒旋的回水湾。每年冬春季节，水量骤减，沙石大部分外露，大大小小的浅水滩随处可见。若站立河洲观望，陡峭如壁的江堤凹凸不平，宛如一座白玉雕凿的断崖兀立江边。堤上的农舍炊烟恰像山岚缕缕，浮云朵朵。人们大概正是以其地理环境特点而为其取名白崖村的。

白崖村的房舍距江堤还有一段距离，一片空旷，没种庄稼，全是荒滩，芦苇丛生，水柳成荫。时见耕牛缓步而行，孩童互追嬉戏；常闻牧歌悠扬，水鸟引颈鸣唱。村东农舍连绵，村西、村北沟渠较多，阡陌如织，平畴沃野，一望无垠，是个名副其实的鱼米之乡。

昔日的白崖村，仅住着不足六十户张姓人家。村庄南沿有几株高大榆树、红椿和皂角树，繁茂的枝叶掩映着一座古老的庭院。院子里鸡鸭成群，犁、锄等生产工具在西边的廊檐下有序摆放着。宽敞的堂屋里，神龛、席案、纺车和织机占去大半空间，显得有些拥挤。院南偏东是进出庭院的大门，门前横着一条可通官道的泥沙路。几畦碧绿的韭菜、白菜等农家菜园就在路南。庭院正北是一列五间大瓦房，东西两侧的厢房稍矮，东为灶房、柴房，西是牛马、鸡鸭圈舍。这是一户拥有四五十亩田产，称得上"仓有余粮，囊有余金"的富裕人家。所耕田亩都在屋后不远处，十分近便，耕作、收获可省不少劳力。

主人姓张名汉灵，祖居此村。他早年苦读圣贤书简、诸子百家，在本县当了个小职员，极善抄抄写写，为人谦恭，谨言慎行。因安葬父母时恪守葬仪，破费过多，不得不变卖部分田产。在为双亲守孝的三年中，家道日渐萧条，每况愈下，生计显得困顿艰辛，迫不得已弃职自耕。由于年轻力壮，手脚勤快，农闲再干点短途贩运，加上妻子王氏日织夜纺，喂养鸡鸭，不几年生活又有起色。

光阴荏苒，寒来暑往。有一年春暖花开的二月初一，妻子生下一子，夫妻俩甚是疼爱。初为人父的张汉灵希望孩子长大有所作为，搜肠刮肚为孩子取名"骞"，寄寓了一丝中年得子的美好希冀。

夏日来临，田野一片金黄。一天，催收催种的杜鹃叫声惊醒了正在酣睡的张汉灵。他一骨碌爬起来坐在床沿边，揉揉惺忪的睡眼，借伸臂舒腰的瞬间，侧首望了一眼甜睡在妻子怀中的小宝宝，才穿衣蹬鞋，拿上夜里磨得锋利的镰刀，启门向院外走去。

大门"吱扭"一响，睡得迷迷糊糊的妻子猛听到"啊"的一声，似乎是丈夫猝然间见到了意外之物。

"骞儿他爹，你……"妻子一听丈夫惊叫，顾不上穿衣，跳下卧榻撩起窗帘急问。

"快，孩儿他娘！"汉灵一时手脚无措，只知一个劲儿地朝妻子呼叫。

妻子返身榻前，拉好孩儿身上的被角，顺手披一件浅蓝麻袍儿，拖起鞋摇摇摆摆地向大门口走去。当她扶着丈夫的肩膀朝前看时，也不由得尖叫了一声倒退几步，连腿也颤抖起来。夫妻俩愣怔了一会儿，丈夫把手中的镰刀一扔，才上前俯身看个究竟。

原来，大门口放着一个用小褥包裹着的婴儿。王氏把他抱在怀中时，这个婴儿睁开一双明亮的小眼，看了看身边两张陌生的面孔，便哇哇哭起来了。

夫妇俩看着怀中啼哭的婴儿皮松骨凸，甚是怜爱。将婴儿抱回睡房，王氏为他穿衣喂奶，和骞儿一样对待，饥饱冷暖全放在心上。过了三五天，汉灵总觉得此事不妥，吩咐妻子为婴儿洗个澡，换上一身新衣服在家等候，他匆匆忙忙走访四邻，打听孩子父母的下落，可始终一无所获，只好向官府登记收养下了。他同妻子商量，这孩子算作排行第二，取名张俭。实际上"俭"与"捡"同音，其中的含义，唯有他们夫妇心里明白。

斗转星移，两个小宝宝都长得浓眉大眼，天真活泼。弟兄同庚，只是张俭略小数月，外人很难分出二人谁大谁小，只有王氏最清楚。那天为俭儿洗澡时，她发现孩子左侧腰上有一颗红褐色的痣。

张骞出生时，王氏说她梦见一只吊睛白额大虎闯入家门。因此，笃信方术的张汉灵，便苦思冥想，给儿子取名"骞"。虎象征勇猛，"骞"是高举旗帜之意，他祈望儿子长大会成为安邦保国的骁勇大将军。其实，张骞长得比弟弟壮实些，和一般人家的孩子相比并无什么特别之处。同样吮吸母乳，同样哇哇啼哭，可汉灵总是对张骞有所寄托，他不希望儿子像自己这样平凡一世。

张骞长到四岁时，便和弟弟张俭随父亲到自家的田坎地边玩耍。不是捉蚂蚱，就是逮蟋蟀，要不就溜下水渠捞沙子、抓泥鳅。张骞大弟弟半岁，心眼儿开得早，他对身边的事物都颇感兴趣。

"爹爹，这青青的麦苗是谁发现的？麦苗长高后为什么会出穗结子？"张骞眉头打结，炯炯有神的瞳仁射出两道疑惑的光。正在田里锄草的张汉灵，忽然被这个乳毛刚脱的孩子问得瞠目结舌，竟不知如何回答是好，待稍定定神，便神态自若地为儿子解惑。读书的时候，张汉灵从先生那里多次听过神农氏教民稼穑的传说。他把打破砂锅问到底的骞儿领到田头一棵古柳下，哼哈了一阵子，把喉咙清了清，才慢条斯理地讲起他的"古经"。那令人神往的远古神话，直听得孩子如痴如醉。打这以后，每到夏夜乘凉或冬夜围住火塘取暖的时候，张汉灵都前三皇、后五帝，说个没完没了。

张骞五岁了，每日从乡里书馆下学回来，常与弟弟随同村上大一点的男孩子，赶着牛羊、骒马去村南的河滩上放牧。这个天然牧场沿汉江展开约十里之长，地势平坦，水草丰茂。白杨、绿柳、红蓼和水灯草，这里一片，那里一堆。半人高的枯黄茅草和荆棘丛中，常栖息着许多野兔、白鹭和田鼠。张骞和伙伴们来到这个自由天地，把牲口缰绳一挽，任它们东啃西嚼，嘶鸣弹蹄。小主人们就利用这个机会，或在河滩上搬石头捉蟹，或在茅草里找寻鸟蛋。偶尔惊得野兔逃窜，白鹭展翅高飞，引发一阵哄然大笑。当他们玩腻了的时候，就躺在草地上观看天上的浮云，背几句老先生教的诗文……张骞灵机一动，折一根绵软的柳枝，截一段牲口缰绳上的牛皮筋，做成一张简单的弓，还把削尖了的小竹条作为利箭。这是模仿守城兵卒手中的劲弓钢箭制作的。其他伙伴也跟他学起来，各人都有了随身携带的"武器"。每当野兔或白鹭闪面，他们就挽弓搭箭，瞄准发射。有几次张骞还用自制的弓箭射中了长腿白鹭。

张骞射箭有准头，还有一身水里的功夫。每至炎夏，他和弟弟一咕哝，趁大人不留意的时候蹑手蹑脚地溜到汉江边，浑身不挂一缕，一头扎进碧清见底的江水里，良久才像两只水鸭子一样探出头来，把脸上的水珠抹去，睁开眼互相看看。接着又各逞其能，或俯或仰，或浮或沉，活像两条嫩白的江鱼在水中自由自在地尽兴游乐。

王氏终于发现了孩子们的秘密。偷着下河洗澡，人小最怕发生意外。为断绝这条路，有一天她悄悄跟踪到河边，王氏在张骞、张俭刚脱掉衣裳时，拧住两弟兄的耳朵拉回来，先罚跪在堂前。王氏正找竹棍子打算教训一番，张汉灵从热气蒸腾的田坝回来了。两个小家伙的神情紧张起来，把小毛头低了又低，只怕爹爹动怒，挨一顿打。要是地上有个洞，他们肯定要钻进去躲一躲。

"两弟兄为何下跪？"张汉灵问妻子。

"两个毛猴子胆大包天，小小年纪竟敢偷着下河玩命！"王氏当着丈夫的面厉言斥责。

"家住江边，学学水中功夫岂能有错？"

"没有错，难道有功？"妻子反问。

"对，算你说着了。倘若江水暴涨，淹没田舍，他们学会游泳就让人放心多了。这不叫功又是什么？"汉灵示意妻子饶过孩子。

一听爹爹说出此话，张骞、张俭的恐惧表情顿时消失了。他们俩把头慢慢抬起来向后看了一眼，见爹爹正拿着手巾擦汗，丝毫没有生气的样子，便同声说："谢爹爹替我们说情！"正想站起来，王氏黑下了脸："谁起来我就打断谁的腿！"

"算了算了，让他们吃饭去吧！"汉灵上前拉起了孩子，把他们支到灶房里。

王氏受了莫大的委屈，哽哽咽咽地对丈夫发泄不满情绪："从小玩水，你不管教，反而……"她的一片好心未被丈夫理解，怎能不伤心呢。

但是，经丈夫一番解释，聪明、贤淑的王氏破涕为笑，责怪起自己的见识浅薄了。

秋冬季节，张骞和伙伴不能下水游乐了，他们在皎洁的月光下玩起捉迷藏、斗拐子等游戏。这些游戏中最能显示张骞本领的还是摔跤。

摔跤是农村孩子的拿手戏，场院、路上、河滩，随处都行。小有小对手，大有大劲敌，只要两人同意，马上撕扯在一块儿。要想取胜，需靠两大法宝：一是技巧，二是力气。这两者张骞都占上了，个子大，体质又好，加上技巧娴熟，不但常在同龄人中取胜，甚而比他年长几岁的娃儿们也不是他的对手，一时间竟成了村里的孩子王。

其实，这个孩子王并非一贯的"常胜将军"，有时犯到先生手中，无论如何也逃不脱一顿竹板子。一日，张骞在先生书案旁背诵《诗经》里的"坎坎伐檀兮，置之河之干兮。河水清且涟漪……"时，书桌底下的麦秆笼里，装着的一只蝎子爬了出来，落在地上，翘起尾巴向前爬去。一学童胆小如鼠，看见蝎子竟吓得离开座位，顿时学堂一片骚动，学童惊慌不安。

先生动怒："为何吵嚷不休？"

张骞连忙跑过去，用手轻轻捉住蝎子尾巴，放进麦秆笼里。

先生发现了："张骞，你为何将蝎子带进书馆？"

张骞低下头说："我看好玩，才……"

先生啼笑皆非："还不想认错，你过来！"

张骞慢慢腾腾地走过去，伸出了右手，先生的竹板子上下翻飞，他的小手掌渐渐红肿起来。

此事传回家里，张骞又怕挨打，把一双小手藏进短袍下。

张汉灵问："骞儿，你从哪里弄来的蝎子？"

张骞说："是我自己捉的。"

"蝎子尾巴上有毒针，你不怕蜇了手？"

"我会捉，蜇不了的。"

"嘴还硬！你捉给我看看。"张汉灵把蝎子倒在地上，将竹夹子预备手中。

张骞跪在地上，用口向正在爬行的蝎子轻轻吹气，蝎子随即卷起尾巴，他两指捏住尾部提起了蝎子。

张汉灵见蝎子活活被擒，高兴地说："好！骞儿有出息！"

王氏听见了，从里屋走出来，冲着丈夫说："还有出息？都是你给宠坏了。每一次犯了事，你都是只刮风不下雨。再不严加管教，长大还想上天哩！"

张汉灵向妻子解释："哎，这你就不懂了。孩子好奇乃属天性，只要不做坏事，不误学业，我们不必过分管束。"

"好啊，你总是这句话。以后要闯了祸，你就担待！只怕你饶，先生不饶！"

"听见了吧？今后不准再把这东西带进书馆！"张汉灵对儿子再三嘱咐。

"孩儿记下了。"张骞当着爹爹的面把麦秆笼连同里面的蝎子一同扔掉。

弹指两年过去，张骞已经八岁。张汉灵眼见妻兄王儒卿的私学弟子日踵其门，声望越来越高，便让妻子回娘家说通兄长，将张骞、张俭一齐转入王家门下就读。

王儒卿出身书香门第，其家虽无儋石之储，却有汗牛充栋之富。坐拥百城，满腹经纶，为一方有识之士，备受邻人敬慕。那时朝廷设置博士，研习各种学说，民间的讲学活动也逐渐发展起来。年轻学者贾谊就因能"诵诗属书""颇通诸子百家"而被文帝召为博士。王儒卿也以贾谊为榜样，一方面拼命表露自己的聪明才智，另一方面非常注重自己的声誉，总想戴一顶贤良方正的"高冠"，以达到高官厚禄之目的。因此，他在丰年乐业的大好时日，便在家中讲学收徒，潜心教读起邻人的子弟来了。

张骞、张俭两弟兄跟随舅父读经，因天资敏悟，举止礼义当先，受到王儒卿的厚爱。他让两个外甥在自己家里吃住。每日下学无事，他们总要围着舅父聆听那些"精卫填海""夸父逐日"之类的远古神话，以及春秋战国互逐吞并、秦始皇统一天下的历史故事。舅父还讲了些神秘莫测的异域奇闻。这些都使张骞心驰神往，时刻魂牵梦萦。原来大千世界无奇不有，天地间如此广袤、丰富，他幼小的心灵里埋下了一粒五光十色的种子。他逐渐感到父辈们的生活皆是日出而作，日入而息，简陋、单调、乏味。人生在世，首先要能通经达理，然后要遍游天下，识得万事万物，为民造福、建勋立业，才不枉来人世走上一遭。

为考查儿子和两个外甥的听、记与复述表达能力，有一晚王儒卿不讲经了，却让孩子们展示自己的才艺。儒卿的独子子光打头，讲"夸父逐日"，口齿不清，有点结巴；俭儿讲的是"女娲补天"，像背书一样，背得熟练，但不分抑扬顿挫；唯骞儿讲得最流畅、最生动，虽是重复一遍，但词语组合准确、恰切，几乎是无懈可击。

在很多很多年以前，天和地还没有分开的时候，宇宙的景象是黑暗混沌的一团，好像一个很大很大的鸡蛋。人类的老祖先盘古这么高大无比的巨人，就孕育在这个黑暗混沌的大鸡蛋之中。他在里边睡着觉，一直睡了一万八千年。

有一天，盘古忽然醒了过来，睁眼一看，什么也看不见，周围全是一片漆黑，把他闷得心慌意乱，非常不满。盘古一生气，不知从哪里抓起一把大板斧，朝着眼前的黑暗混沌用力一挥，只听得山崩地裂般的"哗啦"一声，"大鸡蛋"被砍成了两半。其中轻而清的东西冉冉上升，变成了天；重而浊的东西沉沉下降，变成了地。盘古真是个了不起的人物，一斧头竟砍出了天和地！

天和地分开以后，盘古怕它们还会合拢，就头顶着天，脚踏着地，直挺挺地站在天地当中，随着天地的变化而变化。天每天升高一丈，地每天加厚一丈，盘古的身子也每天增长一丈。这样又过了一万八千年，天升得很高很高，地变得很厚很厚，盘古的身子也变得很长很长。究竟有多长呢？有人推算，说是有九万里那么长。就是这位巨人，像一根粗壮的柱子永远撑在天地之间，不让它们再有回到黑暗混沌的机会。

盘古孤独地站在那里，不知又过了多久，发现天和地的构造慢慢形成了。盘古不再担心天和地会合在一起，他也实在需要休息了，终于倒下了。

他倒下的时候，周身突然发生了很大的变化：他口里呼出的气变成了风和云；他的声音变成了轰隆隆的雷霆；他的左眼变成了太阳，右眼变成了月亮；他的手足和身躯变成了大地的四极（四方的边际）和五方（东、西、南、北、中）的名山；他的血液变成了江河；他的筋脉变成了道路；他的肌肉变成了田土；他的头发和胡须变成了天上的星星；他皮肤上的汗毛变成了花草树木；他的牙齿、骨头、骨髓等，也都变成了闪光的金属、坚硬的石头、晶莹的珍珠和温润的玉石；就连身上出的汗也变成了雨露甘霖。

人们都说，人类的老祖宗盘古，他是用自己整个身体使这个新诞生的世界变得非常富饶，非常美丽……

第二章

孩子王的憧憬

　　夏夜纳凉是学童们最快活的时候。张骞、张俭及其表兄子光，差不多每夜都能听到许多新鲜事儿。一次，儒卿舅父讲到"韩信拜将"的故事。他说："咱们汉中有个拜将坛，那是当年高祖为封拜韩信大将而修建的。韩信早年是个无名小辈。有一回军营中招贤纳士，主考官给应试者每人发白绢，一尺见方，在上面能画多少个兵卒，就能带领多少个兵卒。你们想想看，怎样画才能画出更多的兵卒来？"

　　年龄稍大的子光抢先回答："我看尽量把人画小些，至少能画三十个兵。"

　　张俭蛮有把握地说："再画小些，保准画一百个不成问题。"

　　张骞摇摇头："我看画得再小，也画不了多少。"

　　王儒卿却说："那韩信聪颖超群，不同凡俗，竟在尺方绢上画出了千军万马。"

　　"啊呀，真了不起！"张骞激动了，"舅父，让我们也来试一试吧！"

　　"好，给你们三弟兄每人白绢尺方，明日清晨各自将图交来。"

　　这天夜里，兄弟三人各自在灯下尽展所能。子光画得最快，不到一个时辰就画了三十三个兵；张俭画了七十五个，自觉非常自豪；唯独张骞一笔未动，仍在含笔思索。

　　子光没有多少兴趣，早早地睡了，只有张俭趴在几案上打盹儿，陪伴哥哥深夜画兵。张骞在白绢上来去比画着，不觉雄鸡打鸣，东方泛白。

第二天清早，王儒卿在子光、张俭的绢画上分别批写"蠢材""庸才"字样，而在张骞的绢画上批写"人才"二字。只见张骞的绢画上，一卒手举"帅"旗，身后方阵排头的只有半身，其余只画头盔，一望无尽。

王儒卿教训子光、张俭："你俩与骞儿年岁不相上下，但做事远不及他，皆属不肯用心，不愿吃苦。长此下去，日后焉能成大器？"

一听夸奖，张骞忙说："小事一桩，舅父何必烦恼，你快说说，那韩信是怎样画的？"

王儒卿展开一张尺方白绢，上画一城门洞开，一卒肩扛大旗引路，后边的骑兵正从城内相继涌出。

"果然出奇制胜，不同凡响！"张骞十分仰慕韩信的才华，就说："舅父！带我们去看看拜将坛吧！"

王儒卿点点头："你们年纪尚幼，再等两三年吧。"

秋风凋碧树，飞雪报冬来。脱掉叶子的柿子树、老槐树站在呼呼的北风中，好像干瘦的老人在打寒战，实在无一点生气了。倒是一望无际的麦苗儿，从雪被底下探出头来，显得更有精神，大有与寒冬较量一番的气势。它们在冬阳的爱抚下抖落满身的银珠，披一身翡翠外衣，竞相拔节而长。这一日的课间休息，王家门外的晒谷场上，一群天真无邪的学童，正生龙活虎地玩一场蚩尤戏。

蚩尤戏，民间称为角抵，产生在战国时期，在东方六国非常盛行。民众常常戴上有角的面具互相比武斗力，既是表演，也是竞技。此游戏的兴起与黄帝战蚩尤的神话传说有关。据说蚩尤有八十一个铜头铁额、头上长角的兄弟，他们吃砂石，会爬山腾云，又能呼风唤雾，神通广大，把仓促应战的黄帝逼得一筹莫展。最后黄帝联合了许多部落，动员了地上的猛兽和天上的巨龙，历尽了千难万险才把蚩尤打败。人们模仿古代的战况，久而久之便形成了角抵。到汉文帝时期，这种活动已遍及全国。民间的角抵比武，在张骞的故里门类较多，摔跤即是一种。城固县最流行的是一种大角抵，往往化装表演，头戴牛角相抵，鼓乐助兴。

张骞等充满稚气的学童，都很喜爱这种富有挑战性的活动。平日在读书时避过先生的眼睛偷偷摔跤，一到下学回家，肚子吃得饱饱的，便三三两两聚在场院，各找对手对阵。由黄昏较量到月上东山，不战胜对手誓不罢休。他们抱在一起，滚在一堆，身上脸上粘满灰土，变成了"土人"。张骞尤其显得活跃，一人对付三个，取胜的依然是他，把冬夜闹腾得火热火红。

有一天课间活动，在一旁观看角抵表演的张俭，悄悄挤出水泄不通的包围圈，跑到院场边的古槐树后撒尿。他无意间向官道尽头处望去，发现一列庞然大物正向自己站立的方向行进。这是什么怪物？他登上身边的碾盘，瞅了一会儿，隐隐约约地看见那些怪物身上还坐着悠然自得的人。他们是干什么的？为什么要来这里？看着看着，他惊恐地大叫起来："不好了——怪物来了……"边喊边跑进书馆向舅父报告。

正在围观蚩尤戏的学童们听到一声惊呼，顿时一片混乱。那些胆小鬼争先恐后地逃跑了。一伙胆大的都跑到大路边观望，很想见识一下怪物究竟是什么样子。观众跑散了，那有声有色的表演也中断了。张骞并未慌手慌脚，他袒胸露腹地站在大道中间，揩着满头的大汗。一阵叮当叮当的铃声有节奏地传来，大家的注意力更加集中。铃声越响越大，怪物越走越近，终于，孩子们看到了一队高大的毛团之物，曲颈昂首，喘着粗气冉冉而行。厚墩墩的黄褐色绒毛低垂下来，遮护着鼓鼓囊囊的肚腹，四条粗如橡檩的巨腿支撑着笨重的身体。滚圆的背上端坐着些风尘仆仆的陌生人。他们细眯着眼儿，好像睡意未醒，对道旁的碎娃儿根本不屑一顾。座下的庞然大物，驮着大箱小袋，不知里面装些什么东西，显得过分沉重，不时发出"咯吱——咯吱——"的响声。张骞正想拦住领头的问个明白，刚一挥手，头一个怪物突然仰天嘶鸣数声，吓得他魂不附体，竟向后退了几步。

待张俭把舅父叫出来，那一队庞然大物已经走过去了。儒卿一看，哈哈大笑起来："我当真来了什么怪物，原来是骆驼。"

"骆驼是什么？"张骞的疑问冲口而出。群童翘首以待，王儒卿便做了详尽的介绍。

张骞从舅父口中得知，骆驼号称"沙漠船"，适于沙漠远程行走。不畏寒暑，耐饥耐渴。眼为重睑，鼻孔能自由启闭，有惊人的抗风沙能力。产于西域诸国，常逐水草而居，是游牧民族最理想的交通工具。这天到来的驼队原是一队商贾，他们从陇西郡来县城贸易经商，用盐巴、皮货换取当地的姜皮、姜黄，然后远销西北、西南……

一连几夜，张骞辗转反侧，久难成眠。他又想起舅父讲过的庄蹻冒着风险开拓西南的故事：从前的楚王派遣大将军庄蹻带领一支驼马大军兴师西南，连破巴、黔中，直捣云南滇池，所向披靡。不料，正欲回国向楚王报捷时，秦国突然从背后突袭占领了这两个地方。由于返国无路，他心生一计，立即改换服装在滇国称王。他算是历史上首先开通西南的一位了不起的人物。听说秦国后来沿着庄蹻的足迹修筑了一条五尺道，成为后世巴蜀商人深入西南贸易的主要道路。

舅父还说，五尺道起自蜀郡，最后直达南海边沿，遥遥数千里，远通海外的身毒、安息、大夏。后来随着国威壮大和贸易发展，五尺道上的马蹄在密林峭壁间穿越重重障碍，连通了四面八方……

"二十出头就干了这么一件了不起的事情，真不简单呀！"张骞边披衣服边发出感叹。他从桌案上拿起一卷屈原的《离骚》在灯下读起来："路漫漫其修远兮，吾将上下而求索……"

不知读了多长时间，雄鸡啼鸣，东方泛白了。张骞向卧榻的另一头看了一眼，弟弟张俭还在熟睡着。隔壁上房里传来舅父的咳嗽声，接着便是咕咕哝哝，不知说些什么。细听，好像是舅父数落表兄子光的不是，说他学业不求上进。最后舅父竟把话题转到自己身上："你看人家骞儿，年龄比你小，志气比你大，将来定有作为。俗话说，从小看大，三岁知老……"

张骞甜甜地笑了。他悄悄溜进厨房，担上水桶向井边走去。

第三章

大风起兮云飞扬

汉高祖七年（前200），北方大草原上的冒顿单于，带领四十多万人马向中原袭来，过雁门关，很快占领了马邑，直逼太原。刚登上皇位不久的汉高祖刘邦，不得不御驾亲征，率军对匈奴作战。

出征正遇冬天，连下大雪，天气格外寒冷。但三十二万汉军，个个精神抖擞，斗志昂扬，接连打了好几个胜仗。进入晋阳后，刘邦多长了个心眼，派人前去侦察冒顿部下的情况，得知大多是老弱残兵，连坐骑也是干瘦如柴。高祖半信半疑，继派刘敬再探虚实，情况虽与前次无异，刘敬却满脸疑云地提醒高祖："如果匈奴骑兵果真如此，怎敢肆无忌惮地屡犯中原？冒顿向来诡计多端，必然把精兵强将隐蔽起来，千万不可上当。"

高祖一听大骂刘敬："竟敢胡说八道，阻拦汉军乘胜歼敌！"并立即下令将刘敬关了起来。获胜心切的刘邦一意孤行，刚追到平城（今山西大同），突然到处响起呼哨，匈奴骑兵像飞蝗般从四面八方围上来，对方兵强马壮，哪有一个老弱？哪有一匹瘦马？高祖顿觉大事不妙，自知难以抵挡，平地上又无处藏身，只好杀出一条血路，退到平城东的白登山，等待后边的大队人马前来解围。

白登山地势险要，易守难攻，冒顿只派两万人围山，其余三十八万兵马分头在山下各要道口拦截汉军。刘邦内无粮草，外无救兵，危在旦夕。

坚持到第四天早晨，刘邦和谋略家陈平在山上瞭望，忽见山下有女骑奔驰，原来是冒顿此次出征把阏氏（妻子）带在身边。陈平眼前一亮，征得刘邦同意后，马上派使者带上黄金、珠宝和一幅图去见阏氏，说："这是中原皇帝送给匈奴王后的礼物。中原皇帝愿同匈奴单于和好，请王后帮忙转告。"阏氏一见这么多黄金和珍珠，顿时喜出望外。她将图展开一瞧，皱起眉头问："这幅女人画像有何用？"使者说："中原皇帝恐怕单于不肯退兵，准备把这位美人献给单于。"

当天晚上，阏氏就劝冒顿："咱们早点回去吧，匈奴灭不了中原，中原灭不了匈奴，还不如做个人情，让他们经常送些礼物来。再说，这里没有大草原，不能放羊牧马，我在这里水土不服，总是害病，这会儿头又疼起来了。"她故意在太阳穴上按了按。

冒顿说："我也在怀疑，他们被困在山上好几天了，为什么一点也不慌乱呢？刘邦好像在等待什么，要是他们前后夹攻，那可就糟了。"他觉得阏氏说得句句在理，双方都身居高位，应互相留有余地，便答应"解围之一角"。

这就是历史上有名的"白登之围"。刘邦回师之后，深感刘敬之深谋远虑，特封刘敬两千户，拜为关内侯。

此前，刘敬还立过一功。

刘敬原名娄敬，齐国人，祖籍今山东淄博。公元前202年，娄敬到陇西驻守边防，路过洛阳时，刘邦正驻跸在此。娄敬心想，楚汉决战，项羽已亡，刘邦统一了天下，称帝之后来到洛阳，必定想定都洛阳。如果真如此，根据洛阳的地理战略位置，商周等历代王朝定都洛阳，均遭失败之教训，今若再定为汉都，对汉之长治久安是极为不利的。于是他为汉之前途着想，决定要面见刘邦，陈述利害。

为此，娄敬当即找到刘邦部下齐人虞将军，要求面见汉帝。虞将军认为娄敬衣服破烂，要求他更衣。娄敬说："臣衣帛，衣帛见，衣褐，衣褐见，终不敢易衣。"虞将军将此事转告刘邦，刘邦同意接见，并赐娄敬以宴席，随即问娄敬何事，娄敬说："陛下是否想建都洛阳，与周朝比试隆盛？"刘邦答："正是。"娄敬说："陛下取天下与周朝不同，周朝的先祖从后稷开始，积德累善十几代，艰苦创业，功德感人，周太王移居岐山，国人急相随之，到了周文王被封为西伯侯，世人称颂。以致吕尚等有能之士远来归之，相助伐纣，建立周业。前朝定都关中，天下和洽，四夷乡风，慕义怀德，不屯一卒，不战一士，大国之民，莫不宾服，效其贡献。但后世子孙骄奢虐民，国之衰也，迁都洛阳，天下乱之难以制服，势亦弱也。如今陛下从沛县起事，席卷蜀、汉地区，平定三秦，与项羽争霸，大战七十次，小战四十次，使天下之民肝脑涂地，父子枯骨曝露于原野之中，横尸遍野，悲惨的哭声不绝于耳，国内局势极不稳定。虽然洛阳地势平坦，但周围没有天然屏障，不好固守。如果建都长安，四周有山，四塞为固，极易坚守，即便有急，百万之众，有何可惧！况且，三秦之地，物产丰富，土地肥沃，此为天府。因此，陛下进入函谷关把都城建在那里，即使崤山以东等地有祸乱，秦国原有的地方是可以保全并占有的。进可攻，退可守，而后方基地不受威胁，没有背后之忧。"

高祖听后，非常高兴，随即征求群臣意见。但因这些大臣皆是崤山以东地区的人，故均争言要定都洛阳。说洛阳东有成皋，西有崤函，背河乡洛，同样十分险要易守。刘邦主意不定，遂问张良。张良说："洛阳虽有此固，其中小，不过数百里，田地薄，四面受敌，此非用武之地也。夫关中左崤函，右陇蜀，沃野千里，南有巴蜀饶，北有胡苑之利，阻三面而固守，独以一面东制诸侯。诸侯安定，河渭漕挽天下，西给京师。诸侯有变，顺流而下，足以委输，此所金城千里，天府之国也。"

于是，刘邦下定决心，立即下令定都长安。

善于用才的刘邦，对娄敬之博学智略，十分敬佩。他说："首先建议定都关中者，娄敬也。"于是赐娄敬改姓刘，封为奉春君，并拜娄敬为郎中。

汉高祖刘邦于公元前 202 年定都关中长安，封拜刘敬后，于六月大赦天下。从此，汉之声势日强，民心归顺，国内逐渐安定统一，黎民百姓日益安居乐业，使秦之前后经常出现的分裂战乱局面彻底结束。

定都长安，京城不受外敌之侵扰，中央集权进一步巩固，国家也逐渐繁荣富强，进而使长安成为驱逐匈奴，打通西域，开辟通往中亚、欧洲的商道，发展经济贸易，扩大中西文化交流的总后方之依托据点；并使长安成为古代中外政治、经济、文化、技术交流中心。从此，长安成为闻名世界的辉煌之城。

汉高祖九年（前198）未央宫落成，刘邦在宫中大宴群臣。他起身向父亲敬酒时，志得意满地说："从前您老人家总认为我不成材，不能创立家业，比不上二哥能干。现在您看看，我所挣来的这份家业同二哥相比，谁的大呢？"群臣都山呼万岁，赞扬刘邦创下了"贵为天子，富有四海"这份最大的家业。正由于把天下社稷看作自己挣来的私产，刘邦在衣锦荣归、纵酒作乐之际，便唱出了满腔的心事：

> 大风起兮云飞扬，
>
> 威加海内兮归故乡，
>
> 安得猛士兮守四方！

踌躇满志的刘邦此时最担忧的就是怎么保住这份家业。既然家业是自己的，当然可以和家人同享，他希望与亲属子弟建立起共存共荣的关系。在他看来，亲属子弟就是最可靠的"守四方"的理想人选。按照当时人们的见解，这也算是吸取了秦王朝不分封子弟，以致孤立无援而灭亡的教训了。因此，在除掉韩信、彭越等异姓王的同时，刘邦陆续分封了九个刘氏宗室子弟为诸侯王。

在封侯封王时，刘邦的爱妃戚夫人所生的儿子刘如意，尽管年纪尚幼，不懂人情世故，更无治国本领，也被封为赵王。为培养刘如意的治国才能，更为了他的安全，刘邦选择了戚夫人兄长戚介夫作为刘如意的老师。戚介夫比戚夫人大两岁，博学多才，能言善辩，又习矛舞剑，擅长弓射，百步穿杨。早在为汉王时，刘邦对介夫就十分器重，戚夫人多次向刘邦提及，介夫很快就被召进宫中为郎。戚夫人非常满意，有兄长培养刘如意，她一百个放心。

天下已定，一个宏大的时代也在汉初英杰的手中，缓慢地拉开了大幕。

第四章

天台山结识野鹤子

一晃过去三年，张骞学业初就，既会识文断句，也能提笔作文。课余时光他除了和学童们玩蛩尤戏，频频比武夺魁，又与音乐结下了不解之缘，常常深夜捧笙吹奏，抒发情怀。那些乡野小曲，不仅乡里童叟喜闻乐听，就连操琴赋诗、小有名气的舅父，也默默点头赞许。

又是一个风和景明、莺歌燕舞的盛春季节。王儒卿看到满目春色，万物生机，想起大外甥聪颖早慧，学业名列前茅，又如此多才多艺，心境倍觉愉快。于是，他和妻子商量，决定带张骞出外见见世面，开开眼界。

儒卿已届不惑之年，体质每况愈下。但春游是他的一项爱好，几乎年年如此。为了不贻误弟子学业，他特意请来一位好友代为授课，又假托走亲访友之名备好两头毛驴，决定次日一早启程。这一次没有安排儿子子光，也没把张俭带上，原因是家里只有两头毛驴，况且此次出行又不是授课的统一计划。领张骞外出是王儒卿的先前许诺，不能一推再推了。更重要的理由是张骞的学业特别优秀，在师生关系之外，做舅父的也应该对外甥特别关照，满足他的兴趣和要求。两个外甥都在身边，但一碗水没有端平，必定引起张俭的自卑、失落。为此，王儒卿还和张俭谈了一次心，进行解释说明。又专程到妹夫家里，和骞儿他爹交换了意见，得到了张汉灵夫妇的全力支持。

张骞早就想出去见见世面了。他对大汉本朝的事颇感兴趣，总在学童们面前把"大风起兮云飞扬，威加海内兮归故乡，安得猛士兮守四方！"的诗挂在嘴上，并向大伙儿夸赞这字句如何有力量、有气势、有雄心……尤其对高祖建立大汉的伟业心驰神往。他很想了解那些与朝廷有关的事儿。外出之日，他起了个大早，先把里里外外打扫得干干净净，才唤舅父起身。吃过早饭，装好舅妈烙好的干粮，甥舅各换一身浆洗过的春装，便直奔汉江北畔的官道，并驴西行。

一路上他们看不完桃红柳绿，道不尽心旷神怡。蓝天下飞鸢拂云，田野上种瓜点豆。快到清明了，远远近近，长着翠柏、荆棘的坟茔旁，人们正在拜扫祖坟，祭奠亡魂。拂面的春风里夹着酒香，弥漫了整个田野。那些农耕繁忙的人们，抢着大好时机春播，顾不得抬头东张西望，哪管路上的匆匆行人。两头小毛驴仿佛得了神力，四蹄生风，扬起阵阵烟尘。七十多里的蜿蜒古道上，二人时而遇到坐落在道旁的车马驿站，时而碰见热情招徕行客的饮食小店。他们没有小憩歇脚，依然兴致勃勃地赶路，午后就到了汉中旧郡城南郑。

走进东城门，便是一条大街闹市。街心车水马龙，红男绿女，熙熙攘攘。酒楼饭馆、茶社商行两厢排列，一片喧嚣。王儒卿携领张骞，牵上毛驴好不容易穿过人流，来到僻静的汉台下稍事休息，他们凝目这兀立在南郑城内的高大宫殿，但见台垣高耸，雄姿森严，翘角飞檐，豪华典雅。

"此乃当年高祖被项羽封为汉王时的行宫。"王儒卿挥臂一指说道。

"既是行宫，称汉台却是何意？"张骞问。

王儒卿做了简单的解释："这是汉中太守田叔为高祖在南郑城内精心营建的行宫。建造时筑台为基，高出地平，宫殿倍显雄巍壮观，后世称为汉台。"

张骞又问："听说高祖不喜欢当汉王，是这样吗？"

"是的。项羽背弃'先入定关中者王之'的前约，封高祖为汉王，企图让高祖能安分守己地做诸侯王，以达到阻止高祖与其争夺天下的目的。高祖对此分封极为不满，欲与项羽在关中展开较量。萧何劝谏：'汉中语曰天汉，其称甚美，愿大王王汉中。'高祖采纳了萧何的建议，率部来到汉中，屈就了汉王之位。不久就收调巴、蜀人马，还定三秦，统一了天下，成为一个伟大朝代的创始人物。他在实现帝王梦时，首先想到了作为王朝发祥地的汉中，特以汉为国号，表达了他对汉中的感激与怀念之情。"

舅父的一番叙述，使张骞对刘邦十分敬佩，又一次把目光投向高耸的高祖行宫。他感到刘邦本是布衣平民，却能登上最高统治者的政治舞台，确有超常本领。

张骞心情激动，游兴顿增，同舅父登台观瞻。站在望江楼上南眺，云山历历，江流如线，村烟淡淡；俯视城内，街衢纵横，楼舍栉比。好景尚未看尽，红日已坠西山。黄昏将至，不得不打店投宿了。二人离开汉台，几个转弯，一家高挂红灯的客店出现在眼前。店老板笑脸相迎，递茶殷殷。待二人洗去满身风尘，酒菜已经摆好。算不上丰盛佳肴，可也香味诱人。饭罢，儒卿又和店掌柜谈天说地，直至午夜更深。

次日早起，甥舅二人用罢早饭，向店家辞别。顺便游览了拜将坛和饮马池，然后才骑驴向北门走去。

张骞从昨夜店掌柜的叙述中得知，春暖花开季节，前往天台山寻幽探胜的好游人士络绎不绝。民间早有"天台山，搭把梯子摸着天"的谣谚流传，料那峰插云头的天台山定是一座胜景难描、不可言传的汉中名山，谁肯舍此良机？张骞自然兴致勃勃。

出得城来，偶遇几个推车挑担、拎筐背篓前往南郑城赶场交易的乡民。除此则是忙碌耕耘的农夫，有的在田间翻犁，有的在垄头小憩。路旁柳色青青，黄鹂弄舌。奔波在黄土道上的甥舅，左顾右盼，看那朝阳彩绘的天际，菜花吐金的沃野，麦苗摇翠的绿波。时而小桥流水，时而花树村舍。翻越凸丘，凹沟横前；才穿桃李，又见松竹。春风拂面，佩带飘飘……约莫三个时辰，二人来到天台山下的龙泉洞窟之前。

儒卿早已浑身酥软，下了毛驴，举臂伸腰，长出一口气，一屁股塌在大青石上，解开胸前衣襟敞风歇息。张骞却毫无乏意，跳过洞口清泉，一头钻进石窟去玩，只见怪石嶙峋，苔藓满布，阴森清凉，和洞外竟是两个世界。到底童心好奇，一会儿手抠钟乳石，一会儿脚踩小溪流，一会儿又耳贴洞壁听那嗡嗡的回音。

突然，"扑啦"一声，从张骞胯下奔出两只山兔，跳跃着逃出洞外，吓得他心惊肉跳。惊愕中又感欣慰，确如店掌柜所说，此洞幽邃，静得出奇。特别是哗哗的流水声时有时无，令人狐疑。莫非此洞真是山中仙人的一个福地？流泻千古的溪水，是否真的来自东海？思疑之下慢慢退出，只见洞前山泉，碧绿清澈，映山浮云。时有崖壁水珠渗滴其内，叮咚鸣响，宛如拨动琴弦。

"快来喝水哟！舅父……"张骞弯腰掬水，边喝边喊。

儒卿口干舌燥，听到外甥喊他喝水，便起身来到泉边畅饮，骤觉肺腑甜润，周身爽适，疲劳顿消。

喝足水后，翘首仰望，那龙泉洞窟之上悬崖峭壁，陡峻险绝。猴不能攀，鸟亦难栖。再看洞窟之上松林茂盛，时有云霓飘绕，朦胧莫测。再细看好像那儿还端坐一人。儒卿心头一愣，难道这天台山果如店家所言，有个隐士在此修身养性？此时，兴致勃勃的张骞已选了个山势略缓之处，喊舅父速速上山。儒卿一想，管他什么神仙隐士，既来之就探个明白，也不枉天台一游。

儒卿把饮过山溪的两头毛驴放长缰绳拴在大青石旁的松树上，让它们自由啃草，才踏着外甥的足迹抓藤攀登。毕竟上了年岁，气喘吁吁，东滑西溜，难免衣袖袍襟被荆棘牵挂。两人弯东折西地不知攀爬了多长时间，才大汗淋漓地爬上一个大山坪。

这里有一间罕见的木屋，门前松竹罗列，屋顶浓荫遮掩。甥舅欣喜趋前，见柴门半开，烟火未熄，主人却不知去向。儒卿恪守礼规，房主不在绝不随便入内，久久徘徊揣度。此处居高临下，云遮雾障，奇石环叠，与那蓬莱仙境无异，看来主人非神即仙，莫非张良仍在人世？他决意稍待一时，等主人归来晓个究竟。

"舅父——快来看！"张骞在屋后惊喊。儒卿问："发现了什么？"

"密密麻麻的脚印！"

儒卿急趋视之，伫见屋后有一方平台，四周芳草如茵，中间光秃秃寸草皆无。不知何人在此践踏了几度春秋，竟比周围地面下陷五寸之深。凭他的经验猜定，这个平台分明是练功夫的地方，只是不知练武者何许人也，一种急于拜会之情油然而生。

眼看红日西沉，林鸟归巢，还是不见主人踪影。甥舅二人正欲下山投宿，忽从悬崖上飞下来一位鹤发童颜的老丈，和蔼可亲地挡住去路，把他们俩吓了一跳，不敢正面相视。老丈手持长髯笑问："请问贵客尊姓大名，缘何到此？"

面对老丈的问话，王儒卿抱拳揖礼，从容回答："我乃教书的王儒卿，他叫张骞，我的亲外甥。家住城固汉江之滨，今来天台山探胜，偶见一间木屋置此幽境，欲见主人叙谈几语，无意打扰了仙丈，深感内疚，还望海涵。"站立一旁有些惊诧的张骞，也彬彬有礼地说："请老仙翁切莫见怪，是我们误入此境，多有冒犯。"他向舅父示意："天色不早了，我们该告辞下山，快快寻找宿头。"

王儒卿正欲与老丈揖别，老丈却挡住去道哈哈笑了："什么仙翁不仙翁的，世间从来就无神无仙。不瞒二位，老夫就是这木屋的主人。你们看，夜幕降临，就不必下山了。如不嫌弃，在陋舍委屈一夜，待明日山顶一游如何？"

王儒卿听后喜出望外："多谢仙丈厚爱，正愁投宿无门，却给你添麻烦了。"

"无妨！无妨！"老丈转头朝半崖上呼喊："喂——野鹤子——快与客人备茶……"

"爹——孩儿来了——"只见从平台左上方山崖悬空的一块鹰嘴石上，"嗖"地跃下一个穿白麻短袍的少年，身轻如燕，仿佛展翅飞翔。待稳稳站定后他朝儒卿躬身施礼，接着掉头飞也似的进入那间被浓荫覆盖的木屋。

此番举动，把张骞惊愣了，心想世上还有这般奇人……

老丈领儒卿、张骞绕木屋一周，向他们介绍道："不怕二位远客取笑，我老少居山日久，不察当今世情，只能以木为屋，以石为案，白天风扫地，夜里月点灯，头枕青山，脚蹬泉溪，尽享山林野趣！"老丈说罢，抬手指向右边崖头上一块像碾盘的石桌，示意同去那里饮茶。

老丈前行引路，张骞扶着舅父三步一顿、两步一停地向上攀登。未等三人坐定，那唤作野鹤子的少年已从木屋拎来一罐子茶水。野鹤子突然问老丈："只有两个茶盏，可以用碗吗？""不必。"老丈顺手从随身木匣里掏出一个举世稀有的杯子，倒上茶水恭恭敬敬地放在王儒卿面前，话题就从这个稀世之宝开始了。

夜幕下此杯熠熠闪光，玲珑剔透，堪与夜明珠媲美。儒卿有生以来，耳有所闻，眼却未见。思索良久，开口问道："莫非这就是世人传说的西域'夜光杯'？"

"唔，客人所言正是。"老丈捧起此杯描述一番，"你看它造型别致，质地光洁，色泽斑斓，宛如翡翠，一触欲滴。暗映天然纹理，均匀美观，恰似龙蛇云霓缭绕映衬，如脆金碎玉般纤细，在月光下泛出荧光，'夜光'之名由此而来。今夜不巧，寒舍无酒，如果将美酒斟入此杯，酒色立马呈现晶莹碧澄状态。假若再将酒杯高高举起，让夜空中的皓月映照，清澈的玉液定会透过薄如蛋壳的杯壁，闪烁出微微的绿光，足令人产生如痴如醉、飘飘欲仙的梦幻之感。"

儒卿请教老丈："夜光杯乃宝石雕凿而成，听说西域盛产此宝，对吗？"

"宝石？宝石是什么？"张骞询问。

老丈微微一笑，把茶杯放下慢悠悠地说："后生有所不知，宝石就是玉石。"

"玉石易得，夜光杯难寻啊！"儒卿发出感叹。

张骞站起来朝老丈深鞠一躬，连连恳求："老爷爷，你就讲讲这杯子的来历吧！"儒卿亦向老丈投去等待聆听的目光。

老丈沉默了片刻，便在朦胧的月色下道出一件血水横流的往事……

"那是高祖登基的第七年，臧荼、韩信的下场使淮南王英布非常寒心。后来梁王彭越被除掉，并被剁成肉酱送给诸侯王吃。这是杀鸡给猴看，是对诸侯王的严重警告。英布原是项梁手下的一员猛将，项梁死后随项羽北上救赵，作战特别勇敢。项羽进攻咸阳，英布担任先锋立下大功，被封为九江王，后因与项羽争权夺利产生矛盾，刘邦派人把英布拉到自己帐下，共同反对项羽。乌江一战，汉军全胜，高祖就改封英布为淮南王。英布回忆往事，又见彭越被诛，认为自己会是鸟尽弓藏、兔死狗烹的结局，立即决定起兵造反。

"高祖听说英布造反，就亲自率领大军讨伐，去时特意约我前往，说我身怀功夫，可助他一臂之力。我深知高祖宠爱戚夫人，我是戚夫人的兄长，自然愿为他效劳，也是为了我的妹子啊！

"两军对阵的时候，高祖看到英布的阵势跟项羽相似，心里有点胆怯。他责问英布：'我已经封你为王，你为什么还要造反？'英布反问：'当年项羽封你为汉王，你为什么还要反他？你造反做了皇帝，我造反不也是这样吗？'

"高祖听英布要夺他的江山，气得火冒三丈，立即下令发动攻势，一场大战开始了，英布兵败南逃。不幸高祖被流矢射伤……为斩草除根，高祖密令我带人前往江南，说动长沙王，使其将英布诱至越地。我在他必经之路上的一间田舍潜伏数日，终于将其刺杀，除去了高祖心头之患。

"班师回朝后，高祖在榻前封赏功臣，赐我夜光杯饮酒。紧接着又封周昌为赵相，让我随同去赵为臣。由于如意人小，嘱托我悉心照料，每日讲读经史、诸子百家，充当导师。这也是戚妹的最大期盼，当然也有保护如意安全的用意，这副担子不轻啊！"

老丈讲到这里，儒卿仿佛想起了什么，立即上前握住他的手，出言激动："今夜有幸结识英杰，原来你是戚夫人兄长戚介夫侠士，久仰，久仰！"

"哎呀，老爷爷原是一位功臣！"张骞也兴奋难抑，心里肃然起敬。

"这么说，我们都是老乡，在山野相遇乃是一种缘分啊！"老丈喜形于色，仿佛亲人相逢。

眼明手快的张骞，为老爷爷奉上一盏热茶，说："可惜离家太远，要是在城固家里，我一定把美酒斟进夜光杯，祝贺你这位大功臣！"

老丈摇了摇头，叹了口气，刚才的喜悦面孔立即布满阴云："什么大功臣？分明是罪臣啊！"

甥舅二人都感到吃惊："此话从何说起？"

老丈一阵心酸，感到骨鲠在喉，欲言又止，稍顿片刻，才吐露出真情："不料高祖驾崩，祸起萧墙。吕后篡权，一时朝纲大乱，忠良个个遭殃。高祖生前一度想废刘盈（吕后亲生子）而换立赵王刘如意，他是我教诲的，我当然支持。尽管未成功，吕后却怀恨在心，报复时机终于到来。戚夫人被罚为奴，如意受骗鸩亡。其他部将恐受株连，暗中含怒逃隐。我祖籍汉中，好不容易抄小径奔波到此藏身。原想拜见留侯张良，岂知世事沧桑，留侯已经归天。企盼泯灭，也只能贫贱自守，与一山民之女结为夫妻，怎奈福薄命浅，贤妻不幸染病，撇下幼婴而去。我曾对天盟誓，无论如何也要把幼子拉扯成人。幸好孺子可教，学习武功毅力惊人，日臻精奇，尚能宽慰老夫孤寂之心……"

张骞听到"武功"二字，一把拉住旁边的野鹤子："大哥英勇，日后必有用武之地！"

无意之言却又触动老丈，他摇了摇头说："朝廷罪臣之后，焉有报国建功之日？"

明月如钩高挂中天，点点银星眨眼闪烁。阵阵凉气侵袭肌肤，声声夜鸦啼叫凄然。儒卿为老丈换上热茶，喟然叹曰："世路坎坷矣！"月光下只见两行清泪从老丈脸上簌簌滚下。张骞连忙递去一方绢帕，也禁不住掩面而泣。

殷勤的野鹤子早已将晚餐备好。野雉肉羹，粗米干饭，不算丰盛，却也独特。这种粗膳野味，儒卿从未尝过，甥舅吃得分外可口。饭罢，宾主又畅谈起来，什么西域传闻，什么胡骑铁甲，什么戈壁风沙，什么瑶池仙宫……一会儿天上，一会儿地下。世界之大，宇宙之奇，使张骞耳目一新。

银月如水泻进柴门，倾诉半宵衷肠的人们已经面窗入眠。此时，野鹤子悄然出门，张骞机灵地尾随窥视。原来野鹤子奔上屋后平台挥剑起舞，时慢时快，张弛相间，徐缓如清风拂柳，迅疾似闪电雷鸣，把个自幼酷爱摔跤的张骞看得发呆入迷。

野鹤子刚刚停剑，从荆棘丛中扑棱棱飞过来一只野雉，只见他右手一扬，一道白光闪过，那只野雉"啪"的一声落在张骞面前。

"呀——"张骞脱口惊叫。

"小弟，深夜到此为何？"

"野鹤子大哥，不瞒你说，我想拜大哥为师，学习剑术！"张骞双手抱拳一拜，竟"咚"的一声跪地，叩了三个响头。

野鹤子见张骞学武心切，又经不住他再三恳求，便点头应诺。在月光下列起架势，为张骞从头至尾演练了一套精奇的剑法，然后一招一式地让张骞效法学习，关键处还边讲边做示范，直至掌握要领为止。张骞心领神会，不消半个时辰就有点眉目了。面对这么个勤学苦练的徒弟，野鹤子乐得眉开眼笑，恨不得把所有拳术、剑术、刀术一下子全倒出来……

酣练中月儿西坠，晨曦乍露。晓色中山雀叽叽，鹿鸣呦呦，他两个正在揩汗收剑，儒卿同老丈说笑着出现了。

"看来，你们俩是一夜没睡！"儒卿赞叹。

"我教骞弟习武，没一点瞌睡。"

"唉，武功万不可学，这是祸根所在。"老丈摇头叹气，眼眶不禁盈泪。

儒卿见触动老丈的痛处，旋即使眼色阻止张骞："你想过没有，练下武功没有报国之机又有何用？"

"没有报国之机，难道就无健体防身之用？"

"如此说来，武功不可不习。"几句淡淡的话儿把老丈心头的伤疤遮掩住，欲滴的酸泪又收入眼中。

这日，甥舅二人在老丈和野鹤子的陪伴下，徜徉在绿色的天台山顶，宾主互叙，老丈也向张骞讲了越王习剑、荆轲刺秦王等前朝故事，增添了游兴雅趣。

昼来夜去，不觉已是两日。尽管张骞迷恋天台景色，没有一丝归意，然儒卿怕家里老小挂念惦记，不愿耽误书馆教学，还是说服外甥，揪心割肝般向老丈告辞。老丈嘱咐野鹤子射猎两只山兔，再到山下小镇打酒为客人饯行。

第二天一早，老丈又为他们烙好干粮，才迎着旭日将他们送下山。稍等顷刻，张骞牵来两头毛驴，甥舅同行归去。

返回途中，张骞一直闷闷不乐。儒卿明白外甥舍不得离开野鹤子，也就不再絮叨什么，一味驱驴赶路，任张骞在驴背上回味近日来的见闻。

儒卿也在默默地思考着，决定把老丈的传奇故事回去讲给在家的学童们听听。他十分敬佩这位英雄！儒卿突然回头提醒外甥："你称野鹤子为哥，就称老丈为伯父，不要叫爷爷了。人家是父子关系嘛，怎能以胡子长短论辈数，懂吗？"

张骞不好意思地搔首摸耳。他还是没想明白："既然是父子二人，为什么野鹤子大哥仅大我数岁，他爹爹已经胡子齐胸，看上去却像个老翁呢？"

"前天夜里在一起饮茶，你就没听清楚。戚介夫为了躲避朝廷缉拿，故意留长髯遮人耳目，这正是你伯父的聪明机智之处。"

张骞茅塞顿开。

第五章

张骞培育黑米

天有不测风云，人有旦夕福祸。由天台山回到家不久，王儒卿因旅途劳顿染病不起，时而胸胀，时而头昏，右侧胁下阵痛，午后定时潮热。加之咳嗽吐痰，食欲日渐减退。王氏十分焦急，请来邻近的一位大夫诊断，只说他身体虚弱，中气不足，外感了点风寒，随便抓了两剂汤药。但药不对症，喝下去也是枉然。

正当舅妈束手无策之际，张骞跑回白崖村将舅父的病情向爹爹陈述一遍。张汉灵夫妇一商量，专程去三十里开外的扁鹊城，请来一位名噪四方的神医。这位大名鼎鼎的大夫先摸两腕脉象，接着察颜问病，又听张骞和他舅妈的述说，然后说道："王君病在脏腑，并非外感风寒。皆因昔日教读，过度疲劳引起内伤，大损元气，病出肺阴。至于天台山春游，冷热无常，饮食不周，此乃发病之外因也。故宜从培土生金，以水养金治之。"儒卿夫妇都觉得诊断在理，等候神医处方开药。

根据脉象沉数、细弱和胁痛、出汗诸症状，神医按照"五行生克"关系和辨证论治原则，经过一番思索，开出十二味药。汉灵立即吩咐张骞，让他同表兄子光速去城内药铺抓药。

午后时分两弟兄回来了，可是偏偏差一味鳖甲，找遍全城都没有。张骞心想，少一味药，势必影响治病效果。他在汉江里看见过这东西，只要能找到一只鳖，那背上的硬壳不就是鳖甲吗？于是他拉上子光便下河去了。

两弟兄在河滩上搬石头寻鳖，整整折腾了一后晌，连鳖的影子也没找见。精灵的张骞把衣服脱光，溜到深水滩里用脚踩，扎个猛子伸手摸，结果仍然令他失望。眼看红日落山，河风吹到身上不禁打起冷战。表兄子光早就上岸等他回家。张骞还是弯着腰，伸出两把铁铲般的手，在沙石里使劲地掏呀挖呀，指头磨破了皮，指甲缝里向外渗血，染红了水……为治好舅父的病，不找到一只鳖绝不罢休！终于，老天睁眼，汉江开恩，张骞从足有三尺深的沙层里掏出一只幼鳖，连泥沙也顾不得洗去，拿衣服裹住小宝贝，飞也似的向家门跑去。

药配齐了，儒卿一连服了几次。初觉精神稍振，但三五天后依然如故。又过数日，儒卿突然咳出一口鲜血。自知病情已经恶化，他便唤来全家老小说道："吾设教多年，所教弟子甚多，唯子光学业平平。今值盛世年景，依吾之见，不若潜心农耕或行贾作商，尚能家景丰足。这一室圣贤书简吾另有所托。骞甥孝悌，聪慧异常且胸有大志，可尽予其攻读享用。日后成大器，汝等也有个倚靠……"

儒卿的嗓子有些沙哑，说话有气无力，在旁的老小甚是悲切。张骞的眼泪最多，总想分担舅父的病痛，让他早日康复。不然，那些学童又到何处去求学呢？

厄运未能避免，希望终成泡影。不几日大限到底降临到王儒卿头上。一时亲友及弟子哭成一团，帮助料理丧事。

汉灵夫妇安葬兄长忙乱了数日，丧事结束又帮助寡嫂安排家里的余事，一切料理停当，才把张骞、张俭领回家，众学童从此失学。

遵照舅父生前的遗嘱，张骞把大部分圣贤书简搬回家中。不过，庄户人家不像官宦人家那样悠闲，夏秋两个忙季总得下田劳动。这样，张骞只能忙里偷闲，秉烛夜读。除此而外，还得早早起身，再练几套剑术。与他朝夕相处的张俭，对哥哥的坚强意志和惊人毅力佩服至极，自叹弗如。他心里清楚，不管读什么书简，哥哥只需要两三遍即可滚瓜烂熟，铭记在心，而自己却是前学后忘，脑筋反应迟钝。因此，自认无力学习的张俭，也就在农活和家务劳动方面当仁不让，使骞哥有更多时间在学业上努力上进。

秋收季节到了，张骞、张俭同到田里收割庄稼。一阵秋风吹过，眼前金浪翻滚，缕缕稻香扑鼻。望着自己劳动的丰收景象，感到分外自豪、惬意。弟兄两个跳下田坎，弯腰并肩割稻子。父亲和换工帮忙的在身后侍弄拌桶，"砰嘭砰嘭"地七上八下，只见雨点般的稻子有节奏地落进稻桶中。张骞手中的银镰嚓嚓作响，刀下生风，弟弟也不示弱，转眼工夫就把一块稻田割完了。

坐在田坎上歇气时，张骞顺手从另一块田里摘了一穗最长的稻子，想数一数到底有多少颗粒。

"黑稻子！黑稻子！"张骞突然惊叫起来。弟弟连忙伸过头看，不错，就是一穗黑稻子。稻壳麻黑，剥开的米全身黑透。和普通白米相比，黑米微细略长，茬口稍硬，但有特殊的香味儿。张骞觉得奇怪，仔细在周围寻找，再也找不出第二穗了。他把这穗黑稻子拿到父亲面前，父亲也觉稀奇。当地从来没有这种稗子，难道是天上掉下来的？

天上掉下来的？父亲随便说的这句话，竟引起张骞的苦苦思索。读书期间，听舅父讲过南方出产黑稻，头一茬最早，大半六月间成熟。据此推测，张骞认为可能是雀鸟在南方啄食此稻时在颈羽中粘带几粒，飞过此处偶然抖落田角自然生长而成。父亲觉得这个推测很有道理，就让他单独收藏起来，第二年春天专门培育秧苗移栽水田。过了一年，邻人得知消息，纷纷登门讨要。张骞一一相赠，并告诉大家栽植黑稻的方法。黑稻三五年就普及到县内各地，名声越来越大。

从此，每年秋后黑稻子登场，家户便煮稀饭尝鲜。米汤色黑如墨，喝到口里有一股淡淡的药味，特别爽心合胃。时间一长，人们也有了吃黑米的经验。煮稀饭时投入天麻、银耳、百合等，胜似琼浆玉液，作为待客佳品。头昏、目眩、贫血者常食，症状明显减退。尤其适合腰酸膝软、四肢乏力的老人食疗。故黑米又有"药米"之称。

张骞培育黑稻的名气越来越大。每当清明过后不久，亲戚、朋友都把他请去热情招待，到田间指导培育秧苗。就连一向不理农事的表兄子光，也把张骞当作培育黑稻的小农学家看待，常常跟上他走东串西，自愿充当他的助手。

平日里，张骞在人们眼中只不过是个毛小子，自从偶然发现、繁育出黑稻之后，竟成了响当当的人物。这件事很快传到县太爷的耳朵里，这个县太爷竟特意带上衙役亲临张家宅院，当面褒奖张骞的功劳。张骞摸不清来意，只好以礼接待。

称张骞为"小农学家"并不过分。自从舅父过世辍学在家，除了随父亲任劳任怨地务农，学会了春种、夏锄、秋收、冬藏的各样农活，还在汉江荒滩上开垦改造出一片沙土园子，栽植了半亩桑苗。利用农闲进行管护，每年春末夏初，桑叶繁茂碧绿。这是按母亲的吩咐，学习植桑养蚕。头一年没有经验，老蚕上蔟时突然得病死去大半，白费了数月工夫。

第二年新春过完，母亲领上他找到舅妈，由舅妈介绍，向县城南关一位"蚕把式"拜师学艺。张骞十分认真，很快掌握了养蚕要领——从桑树上摘下的叶子，一定要用井水淘洗一下，或放在太阳下晒晒。蚕宝宝娇气得很，干净卫生是关键，千万不可大意。这一年终于收获了百十斤蚕茧。他和母亲去城西一家缫丝坊取丝后，由母亲放在织布机上织成了一匹淡青色的绸子，为全家老少各缝制了一件绸袍子。父亲张汉灵和兄弟张俭，头一次穿上绸袍子，感到身价陡然提高，夏日穿上特别凉快爽心。父亲夸儿子有大智慧，在白崖村首家养蚕，也赞妻子心灵手巧，会纺麻又会织绸。

和培育黑稻一样，张家的养蚕织绸也牵动了左邻右舍的目光，纷纷上门向王氏学习织绸。没有织机的人家就把蚕丝卖掉，为家里增添副业收入。因有利可图，常有小商小贩上门收购，然后上郡下县出售，或长途贩运，更能赚大钱、盈大利。张骞表哥子光，读书长进慢，对长途贩卖丝绸悟性却很高，不几年竟变成了远近有名的"生意精"。

第六章

快嘴婶娘提亲

时光飞逝，年近十八岁的张骞已长得膀宽腰圆，臂壮腿粗。他懂得了人情世故，开始注意自己的仪表，慢慢脱去孩童的天真稚气而变得有些拘谨了。常穿一身淡青衫，头扎蓝巾。宽阔的额颅下竖起两道浓黑的剑眉，一双又大又圆的虎眼咄咄逼人。只要和他的目光一接触，便知这是一个刚强彪悍的汉子。

一个春光明媚的日子，院内梨花放白，墙外绿柳吐絮。一双喜鹊不知何时飞落在梅树上，"喳喳喳"叫个不停。院内门侧坐着张骞的母亲王氏，正在飞针走线纳鞋底子。纳了一阵子，渐渐漫不经心了。她偏起头稍一沉思，那萦怀日久的心事又搁不住了。这个妇道人家，每日烧饭，还喂猪养鸡，浆洗锥补，纺织刺绣，里里外外忙得团团转。虽有两个儿子帮做家务，可他们毕竟是男孩子，总不会天天如此呀！

"大妹子！你在想什么呀？小心老牛针锥了手！嘻嘻！"随着快嘴尖舌的说笑声，门外走进一位四十七八岁的妇人。她身胖脸圆，眉细眼小，笑眼成缝，扭捏而入。

"看，难怪我昨夜做了个好梦，今早花喜鹊老是朝着我叫，连那灶口的火都在发笑哩，原来是骞儿他婶娘来了。快坐快坐，我这就给你倒茶！"王氏一见来人，招呼应酬得分外热情。

在当时，一般农忙时大家都很少外出，可村野中少不了出东家、入西家专门替人说亲的媒婆。这个被王氏称为孩儿婶娘的，便属此类妇辈。她只凭三寸不烂之舌，便能赤绳系足，搭起并不相识者之间的鹊桥。即使是块石头，也能被她说得动心生情。今日来张家，无非是见张骞长大了，想为他穿针引线，讨个喜欢。一见王氏这般殷勤，知其有求于她，偏偏故作嗔态，稳坐钓鱼台守口如瓶。

王氏见媒婆笑而不语，只好开门见山地恳求道："骞儿他婶娘，你又不是外人，不瞒你说，我眼下心慌意乱，好像六神无主了，天天都为骞儿的亲事发愁。你今日不来，我明天还要找你，我看嫂子神通广大，就托你给骞儿操份心吧！"

"哎哟，大妹子真会说话！嫂子就是专为这事来的。你放心好了，骞儿的亲事包在嫂子身上。"

王氏一听，愁云顿消。她连忙下厨房为这个伶牙俐齿的媒婆打了两个荷包蛋。

俗话说，墙外说话墙里听。刚才院子里的一席话全部灌进正在里屋攻读的张骞耳里，他放下书简，只觉心里燥热，脸颊发烧，独自默默发笑。他想，女大当嫁，男大当婚，成个家也好，可是如意的人儿在哪里？

自从快嘴婶娘走后，张骞的心里好像平静的汉江被抛进一块石头，再也平静不下来了。白日里扛上锄头下错了田，夜晚总难闭目入睡。即使辗转反侧打起呼噜，也尽是断断续续的梦儿纠缠不清。一天夜里，昏昏然的神思把他驱使到一个酷暑炎炎的夏日。

弟弟和他光着脚丫正向绿柳垂丝的汉江畔疾步而行，走着走着弟弟竟不知去向，出现在他眼前的是一片碧澄见沙的江水。此刻，风吹堤柳，在水面搅起一圈圈涟漪，眨眼又荡漾逝去。艳阳灼热烤人，知了扯起嗓子此起彼伏地大叫。张骞费尽气力才脱掉被汗水浸得湿漉漉的白麻短袍，顺手撂到一棵古柳下，一头扎进清凉的江水里划呀漂呀地尽情嬉水游乐。一会儿仰游，见天上的燕子对对斜掠而飞；一会儿蛙泳，看水中的游鱼双双比肩而去，唯独他孤身一人，顿时游兴索然，这开阔的水域原来是个冰冷无情的世界，心下怏怏，便无精打采地游向柳岸。

将至岸畔，眼前的景象蓦然间把个周身湿淋淋的张骞惊愕了。一时面红耳赤，羞涩难当，又一头钻入水底，泥沙粘满鼻口。原来，岸畔柳荫下的一块青石板上，一位如花似玉的姑娘正在专心地搓洗他丢下的白麻袍。这就奇怪了，从未见过这位姑娘，不知高名大姓，家住何方，为什么藏在岸柳丛中悄悄为他洗衣？真是难以猜透！

凌晨时分，架上雄鸡啼晓，惊醒了梦中的张骞。他睁开涩乏慵懒的睡眼，把刚才的美梦仔细回味，仿佛那位窈窕淑女又和堤柳、石板、江水叠印在眼前了……

早饭刚刚用罢，张骞就谎言于母，讨得几文钱，匆匆忙忙直奔县城而去。

日上三竿，张骞转悠到东城门的墙角下，在这儿徘徊了一阵子，才鼓足勇气与一位头戴纶巾、旗绣八卦的方士搭话。

方士沉着干练，略捋髭须后笑眯眯地问明了张骞的生年、生月、生日、生时。先观相貌，继而掐指，口里还咕哝着天干地支，摇头晃脑了一阵子对张骞言道："无事不上街，上街必有事。请问你今日可是冲着婚事而来？"

满怀心事的张骞低头不语。

"对呀，我观你眉宇间自带七分喜气，这个喜非同一般，来得突然，叫你喜出望外……"

张骞听罢，双颊泛红。自那日婶娘提亲，夜夜都做好梦，此事岂能有假？他对方士之言连连道好。末了才试探地询问："倘若择婚宜在何方？"方士故弄玄虚地捭了个"阴阳卦"，信口诌答："讨卦要心诚，心诚卦则灵。观此卦半阴半阳，婚事前世已定，世间物象，阴阳论之。东为阳，西为阴；男为阳，女为阴。由此看来，你的如意人乃在西方无疑。"

张骞追根问底："距我家远否？"

"也不过十里之遥。"

这一年从春至夏，提亲者日踵其门，张骞都没应允。一时父母惶恐不安，他才讲明自己的隐衷。父母立即央媒人前去十里之遥的西方打探，果不其然，在一个名唤沙家铺的小村里住着个卖豆腐的杨姓老汉，家里正好有个待字闺中的女儿，品貌端秀。一经巧舌如簧的快嘴婶娘从中撮合，三日后就送去定亲彩礼，双方皆大欢喜。

张骞自从舅父谢世回到白崖村后，因辍学在家从事农耕，心头一直笼罩着灰暗的云雾。父母见儿子愁眉苦脸，也问不出个缘由，只好样样将就着他。弟弟看哥哥满腹惆怅，不好直言劝慰，却在心里思谋着为他分忧解愁。一日上午拿出两把铁锄，连说带笑地约哥哥下秧田锄草。

时近正午，天热难当，两弟兄钻进秧垄里劳作，仿佛捂在蒸笼中，挥汗如雨，头闷眼花。率先锄到田头的张俭，心想掉在垄后的哥哥早已疲劳，立即回头相帮，并劝哥哥上田歇息一会儿。张骞也有小憩之意，便顺水推舟地说："弟弟辛苦，那我先去歇息了。"

张骞独自来到一棵古柳下乘凉。树下是一条灌田的小渠，清流潺潺。时有跳出田垄的青蛙独蹲在渠边窥视水面的蚱蜢和小甲虫，这里确是恬静、清凉的世界。

他靠在柳树上打起盹儿来。此刻，张骞仿佛身轻如燕，在云雾中飞来飞去，忽然飘荡到一个仙山琼阁之处。这儿绿树红花，宫殿林立，但见天井小院中有一群天生丽质的仙女翩然而舞……张骞正看得入神，一位如花似玉的仙女来到面前轻声细语道："请客官到天宫一观皇榜。"说罢飘然领行。张骞见此仙女彬彬有礼，便不顾虑什么，怀着好奇心紧随而去。

富丽堂皇的后宫长满奇花异草，古柏劲松千姿百态，泉水竹影声色成趣，雕梁画栋庄重典雅。张骞随行而至一座金殿前，见门楣上方悬挂一匾，匾上镌刻"斗母宫"三个金色大字。进得殿来，临窗是一架金光灿灿的织机。那位领路仙女入机坐定，不慌不忙地左右飞梭，摇身而织，张骞站立身后观看。不看则已，一看惊喜欲狂。原来这锦绣皇榜之上织了两个斗大的金字——张骞。莫非我将来能成大器，皇帝早有钦命？有此万里鹏程，怎不叫他飘飘然呢？立时扬扬自得，有点忘乎所以了。忘形间张骞眉飞色舞地打量这位织女，觉得分外丰腴俊美，恰像一朵出水芙蓉，使他倾倒。心下为之一动，便有个"若为吾妻"的非分之念。岂料这一妄念竟被织女看透，当下黛眉紧锁，秀目含怒，用针几下就把"张骞"二字挑破。羞得张骞面红耳赤，无地自容，心中好不懊悔。尽管他满脸堆笑，两次三番赔礼道歉，织女还是怒冲冲地将两块支机石踢下尘世。就在这踢石的一瞬间，张骞忽地睁开眼，环视周围，依然是一片葱绿的秧苗，方知刚才只是南柯一梦。

张骞一时惶恐莫名，不知此梦是吉是凶。他将梦中情况告知弟弟，张俭笑了笑替他作解："人家都说你是白虎星下凡，这话很有道理。刚才是王母娘娘把你召上天宫，在皇榜前对你进行点化。那位织女用针挑破你的名字，又踢下两块支机石，可能是对你儿女私情的警惩。依我之见，此梦是你将要做出一番伟业的先兆。"

按捺住内心的激动，张骞故作镇静地点了点头。

经过颇费心思的一番准备，"六礼"即将告成，只剩下最后的"亲迎"了。岂料就在张汉灵为张骞操办迎娶杨家闺女的前三天，这位窈窕淑女偶染杂疫，高烧昏迷，上吐下泻，吃药无效而匆匆离开人世。这真是苍天不睁眼，绳从细处断啊！旦夕之祸使张杨两家悲痛欲绝。张骞泣不成声，为突然遭到不幸的杨姑娘整整哭了三日三夜，一双圆圆的大眼变成了两个红肿的桃子。

正当张杨两家互相安慰，受创伤流血的心灵尚未愈合之际，村子里又刮起一阵凄凉的风，说张骞本是天上的白虎星下凡投胎，没有福分的杨姑娘还未过门就被他给"克"了。即便杨姑娘在世成了亲，迟早难闯这一关……听到这些添油加醋、雪上加霜的闲话，张骞咬牙切齿，拳头捏得嘎巴响。可他哪里知道，这股风就是从为他穿针引线的快嘴婶娘口里刮出来的。因为快嘴婶娘多次和骞母王氏拉过家常，听到过王氏生骞儿时梦见白额大虎冲门而入的征兆，她联系起来进行猜想罢了，并无什么恶意。

年轻气盛的张骞，什么都不惧怕，却被此类"人言"封住了嘴巴，使他失去了活蹦乱跳的朝气，心情抑郁，闷不吱声。张俭看哥哥这般模样，终日受着煎熬，一定会愁出病的，加上父母也为哥哥婚事突变而气得吃不下饭。他劝了父母劝哥哥，劝来劝去，一家人总是走不出痛苦的深渊。他左思右想，想到一招，决定把哥哥支走。这样，父母看不见儿子，也许会将哥哥的婚事慢慢淡忘，心情也会好起来的。

当晚，张骞面对孤灯而坐，张俭推门为哥哥递上一盏热茶，说："我建议你明天外出走走，把满腹委屈抖落给大自然，不要窝在心里。事情已经过去了，就不要再想它，咱弟兄都还年轻，何愁遇不到意中人？"

弟弟越来越懂事，在劳动上帮助自己，在精神上关照自己，在家务上体贴父母，张骞感到十分欣慰。刚刚一番话说得多好啊！张骞终于想通了，不能让父母因自己的事而气坏了身体。弟弟的建议有道理，想第二日一早动身，告知父母，父母知道孩子的遭遇，丝毫未加阻拦。

北雁南归，黄叶铺地。萧瑟的秋风中，张骞站在未婚妻的坟前一动不动，衣襟、佩带被无情的秋风撕扯着，仿佛那是未婚妻在向他诉说不幸。坟头两棵檬树的叶子发出呜呜声，挣扎不了片刻，就脱离了枝头盘旋得无影无踪。突然，张骞的思绪随着秋风又飘到天台山，仿佛那位长髯老伯还在讲述戚夫人的不幸遭遇……她原是一位善良、美貌的民间女子，当年刘邦战败逃命，她正在井台边淘菜。刘邦向她再三求救，她顾不得男女避嫌，心生一计，让他站在水桶里，并把桶吊入井内，骗过追兵之眼。后来刘邦登基后，亲临旧地寻访，将她接进皇宫纳为宠妃，不久生下一子，高祖更加宠爱，特取名如意。岂料因福得祸，高祖驾崩，惠帝继位，吕太后临朝专权，把眼中钉、肉中刺——戚夫人囚入永巷天牢，令她终日舂米，服刑无期。她思念儿子心切，边舂米边唱自己的苦役，十分凄凉酸楚。歌曰：

> 子为王，母为虏，
> 终日舂薄暮，常与死为伍！
> 相距三千里，当谁使吾女（汝）？

这支歌传到吕太后耳中，如同火上泼油。她说："你还想靠儿子吗？"她立刻派人召赵王如意入宫，说是他母亲要见他。如意进宫不久就被吕太后用鸩酒毒死，接着吕后心狠手辣地把戚夫人的两只手和两只脚砍掉、一双眼珠挖去，扔在粪池里，还起个名字叫"人彘"。后来又被遣送故里展览，以显示吕氏的权威……

可怜啊，戚夫人！可悲啊，一代帝妃！这一出使世人触目惊心的"人彘"悲剧，留下了"红颜多薄命，伴君如伴虎"的感慨。

返回的当日晚上，张骞不吃不喝，无精打采，母亲以为孩子病了，想去为他求医，却被张骞拒绝了。

秋月照窗，长夜难眠。张骞感慨万千，遂秉笔在一册竹简上直抒胸臆，以泄愤懑之情。淡黄的灯光映照出沉沉的字迹：

> 鸾凤伏隐兮，鸱鸮高鸣，
> 贤愚颠倒兮，谁辨奸忠？
> 如意何罪兮，吕雉顽凶！
> 戚氏升天兮，苦哉英灵……

终日郁郁寡欢、闷闷不乐的张骞，突然又向父母禀告，打算第二天登天台山寻访师友。自那日同舅父从天台山返乡，转眼三个年头了。这期间张骞际遇不好，事事不遂心愿。尤其梦寐以求的婚事突变，使他对一切感到索然。昨晚青灯照影，形单影只地翻弄了半宵书简。正欲安寝，窗外传来凄婉的乌鸦啼叫，更添几分愁情。懒洋洋地推窗望月，冷风飕飕拂面，天地间一片灰暗。三年前就在这样的一个夜晚，银月如钩，高挂天际，树影婆娑，他和舅父在天台山聆听长髯老伯那"军功杯"的故事。两日后话别时，野鹤子哥哥相告，父子二人要去紫柏山缅怀先贤，凭吊子房，如今恐怕早归故地，张骞便决定前往拜会。父母始不允诺，可他执意要去，也只好作罢。

弟弟张俭听哥哥独自出门远走，怕途中有什么不测，便奉劝他带上前不久从铁坊购置的一柄长剑防身。张俭深知哥哥的剑术已练得相当精湛，料那些莽汉强梁难以抵挡。张骞对弟弟想得如此周到打心眼里感激，嘱咐他在家好好侍奉双亲。

东方破晓，张骞接过母亲备好的简单行囊，佩一柄新剑辞别家人。

秋尽冬初，路上行人稀少。张骞此次远行，没有兴致骑驴，全靠两只铁脚板跋涉。由于思念师友心切，便专抄小路捷径，穿村巷，走田埂，过土岭，当日午后就爬上天台山腰。但见昔日的木屋化为灰烬，四周蒿草丛生。屋前那片长过葱韭的菜畦子荒芜尤甚，竟成山雀孵卵育雏的场所。张骞伫立良久，泪眼蒙眬，鼻子发酸，顿觉一阵揪心割肝的痛楚。

山在水在人不见，睹物触景倍伤情。

此刻，身后荆葛骚动，草木呼啸，张骞骤然一惊。拭目搜寻周围，只见一只大黑熊张牙舞爪，正向他袭来。张骞立即拔剑出鞘。黑熊并不惧怕，仍然龇牙咧嘴，愤愤猛扑。张骞一剑砍去落空，小树被截为两段。张骞急中生智，甩掉肩上包袱，爬上一棵大树，那东西也缘木而上。眼看将近，张骞看准时机举剑一刺，一道白光横空闪过，黑熊的脑壳冒出一股血浆，扑通一声跌下树来，抖爪翻滚，顷刻毙命。

"啊——"张骞长出一口气，方觉额头大汗淋漓。好不险也！做梦也没想到，幼年为掏雀蛋练就的攀树功夫，还真有了用处！他从树上纵身跳下，斩下黑熊四掌，扯一根葛藤将熊掌一捆，拾起行囊匆匆下山。

然而，张骞并未回归，下山后找了个店家投宿。第二天清晨，他把四只熊掌留给店掌柜，随便换了几串小钱，又向紫柏山奔去。一来到那里追访长髯老伯，二来也好寻觅张良仙迹。

张良是刘邦的忠实谋臣，为了汉之统一大业投归刘邦，为刘邦出谋划策，运筹帷幄，呕心沥血。他在鸿门宴上，为救刘邦，冒危施计，让刘邦脱险逃命；为了刘邦能有率将之才，不畏山高路险，荆棘载途，披星戴月，往返跋涉，推荐文武全才的韩信，为刘邦创建大业；当韩信掌握三军大权，屡建战功，攻占齐国，辖统半壁河山之时，刘邦在正南部与项羽交战，形势十分不利，多次命韩信前往解困增援，韩信则按兵不动，反乘刘邦危困之机，以其强大实力派使者要挟刘邦封自己为王。心急如焚的刘邦，见状勃然大怒。此刻，足智多谋的张良，为防止因刘邦一时的怒气，引发韩信兵变，影响合力攻楚之大局，乃与陈平示意刘邦，顺势封韩信为齐王，满足韩信的欲壑，使其尽快出兵援助，以解刘邦南部战线之危困。张良此举，果真使韩信对楚汉战争起了决定性的作用，汉军一举将项羽围困于垓下，迫其自刎于乌江之畔，最终实现了汉之统一大业。

张良为了汉之大业久远长存，造福人民，又再三劝阻刘邦不要效法项羽分封诸侯，不能为了求得暂时取胜而做出错误决定。最难忘的就是刘邦被项羽围困于河南荥阳，粮草断绝，大有全军覆没之险时，谋士郦食其建议刘邦效法汤王伐桀，武王伐纣，分封诸侯，以定天下之策。言称："陛下若能复立六国之后，其君及百姓必感戴陛下之德，愿为臣民，楚则必将自行朝拜矣，此举汉之必胜也。"

这时，由于刘邦被围，急于摆脱困境，避免覆没之险，欣然应诺。立即委托郦食其前往各国代其授赐封印。

刘邦以为解围有望，准备用饭。张良得知刘邦采纳了郦食其分封之计，未等刘邦把饭吃完，便急匆匆从外闯入刘邦住处。

张良非常失望地说："陛下若照这样做，统一大业必难成功！"

刘邦不解其意，反问张良："为何能如此呢？"

张良随之走到刘邦饭桌前："臣请借陛下桌面之箸为大王筹之。"便拿起桌上的筷子，向刘邦比画着商、周之历史背景，分析了诸王割据混战之严重后果，担心地说："何况强楚存在，六国必然从楚，陛下怎么能让他们称臣呢？试问，接受郦谋士之计，陛下的统一大业不是全部告吹了吗？"

刘邦听后大惊，连饭都不吃了，大骂一声："好个食其昏儒，险些败了我的大事！"随即下令，取消授印。

接着，张良又巧施计策，让刘邦佯装向项羽求和，并敞开城门准备出城投降。项羽信以为真，遂在城外整军接受刘邦的投降，见宫女、卫士列队出城，投降者甚多，但一直未见到刘邦影子，最后方知刘邦早已从后城逃走。事后汉军重整旗鼓，仍以张良之计，调动韩信、彭越与楚军大战，直至"垓下灭楚"，实现了刘邦的统一大业。

张良的杰出谋划，特别是大家共知的"借箸代筹"，避免了二次封王，再蹈商、周割据分裂之辙，为后来的团结统一，建立了一大奇功。

从此，刘邦一直牢记张良所言分封割据搞分裂的危害性，因为春秋战国几百年来混战割据的教训太深刻了……

在晓行夜宿、饥餐渴饮中，张骞未看眼前的山，脚下的水，连林鸟的鸣叫似乎也没听到。一路上的心思全放在张良身上。他对"汉初三杰"之一的张良，既佩服其军事、政治智谋，又景仰其审时度势、急流勇退的超然。

终于来到留坝的紫柏山下。此山位于秦岭南坡，左右双溪夹流，四周青山拱围，松柏蓊郁参天，修竹涌翠滴绿，山巅云雾缭绕，自然风光如画。张良选此钟灵毓秀之地辟谷修道，足见其慧眼独具了。张良先祖任过五代韩王之相，后韩被秦灭，于博浪沙刺杀秦始皇未成，遂更名改姓逃匿于下邳，巧遇高人黄石公桥上坠鞋，他拾履敬奉。黄石公又三次约见，察其胸志，认为"孺子可教"而授予《太公兵法》，辅佐刘邦成就一代帝业，被封为留侯。

在张良塑像前，张骞怀着一片虔诚，双膝跪地叩拜。拜毕又上庙后半山腰瞻仰授书楼，思潮翻涌，仿佛眼前又浮现当年血气方刚的张良在博浪沙刺杀秦始皇的英雄幻景。一阵冷风袭来，山林顿时呼啸，只见楼侧的松枝不断摇动，也许是黄石公乘风归来了。张骞转身对授书楼投以崇敬的目光，接着三叩三拜，久久不愿离去。

张骞这次专程朝拜紫柏名山，为的是寻觅长髯老伯和野鹤子大哥的身影，却扑了个空。偌大的深山密林，他们的足迹又在何处？张骞心情失落，祭拜张良后无精打采地返回了老家白崖村。

第七章

父亲蒙难后的日子

　　文帝刘恒是高祖刘邦的庶子，因他母亲薄姬不受高祖宠爱，避过了吕后嫉恨，在臣民拥戴下顺利当了皇帝。他深明君道，颇有政治才干，不仅为汉王朝的巩固发展奠定了基础，在两千多年的封建统治史上也留下了光辉的一页，文帝与其后景帝的统治时期可以同西周最为强盛的"成康之治"比肩，被誉为帝王中的贤能之君。

　　文帝奉行汉初以来的休养生息政策。首先，废除了一人犯罪，家属连坐的法令，规定犯人服劳役有一定刑期，凡不逃亡而期满的可赦为庶人，这是爱惜和保护社会劳动力的一项重大改进。他强调教化，量刑宽大，断案审慎，凡不能判定的案子皆从宽处理，社会治安达到了盛世水平。其次，重视发展农业生产，一再强调："农，天下之大本也，民所恃以生也。"一方面做出种田的姿态以鼓励农耕，另一方面多次减免田租，甚至有时全免。口赋和徭役也减少三分之二。还裁减京都警卫部队，压缩皇室马匹，资助朝廷驿站。尤其是赦免官奴为庶人、赏赐孤寡老人的做法，深得民心。文帝在位二十三年中，没有新建一处宫室苑囿。他曾打算修建露台，工匠预算要花费百金，文帝一听便说："这可是十户中等人家的资产，万万不可。我享用先帝留下的宫室都感到不配而羞愧，还修露台干什么！"

立即打消这一想法。文帝驾崩前下过这样的遗诏："天下万物有生就有死，不必过于悲伤。丧事一切从简，并把大部分宫女放回家。"

在保境安民方面，文帝一直坚持惜兵非攻原则。曾派陆贾出使南越，通过交涉折服了割据南方的"南越武帝"赵佗，使他纳贡称臣，不再扰边。又采纳晁错建议，移民充实北部边区，加强对匈奴的防御力量。由于减少军事活动，百姓皆能安心生产，社会经济较快地恢复发展起来。粮食价格降到十多钱一石，全国呈现一派和平繁荣景象。

景帝刘启当太子时就受到父皇的教诲，继位后也是如此。他下诏允许农民自由迁徙到地广人稀的地区从事垦殖。正式确定田租税率为三十分之一，比过去减少一半。又规定男子二十岁开始服徭役，比昔日推迟四年。

由于文帝、景帝几十年的利民政策，社会财富积累惊人。到武帝即位之初，京城府库物资堆积如山。钱库里串钱的绳子年久朽断，铜钱散落遍地无法清点。太仓的粮食陈的未用完，新的又储进，装不下只好堆在仓外以至腐烂。民间普遍养马，田野到处都是马群。民众聚会、赶集大多骑乘健壮的牡马，骑牝马的人几乎没有。这同汉王朝初建时那种窘困状况简直是两重天地。

农业的发达为商业的兴旺打下基础，国运鸿昌，物阜民丰的太平盛世，为商旅大贾的南来北往创造了新的机遇。此时，蜀郡至南海之滨的道路打通，不少耕农种罢早麦，纷纷外出经商，贩运土特产到南越一带进行贸易。

王子光随表弟张骞指导周围农民栽培黑稻过了一段日子，总觉此事无聊。刚回家就有乡友上门相约，组成马帮小队，把当地出产的丝麻织品、铁器农具，运至夜郎销售，赚得厚利，一时家道中兴，邻人羡慕。眼看入仕有望，万分欣喜。值此返乡办货之机，很想与阔别已久的表弟见面，便拿上从南方带回的罕见的海产，到白崖村看望张骞一家。

一年多的商旅生活熏陶，子光原先那种文质彬彬的书生气不见了，穿戴也十分讲究。从前他在父亲指导下读书，背诵诸子文章结结巴巴，回答提问常常词不达意，现在仪表堂堂，能说会道，尤擅随机应变，完全成了一位地道的商贾。他滔滔不绝地叙述自己远程贸易和得到的经济实惠，汉灵夫妇连连点头，张骞也为之动心，佩服表兄见多识广，有出息、有胆量，而自己依然是井底之蛙。

姑父盛情款待，表弟执意挽留，这天晚上子光宿在姑母家，和张骞一直闲聊到月儿西沉。

初秋的一个早晨，东方刚刚泛白，院子里还黑乎乎的，汉灵就向张俭交代农事、家务，让他孝敬母亲，夜里注意门户。这时子光赶来了，带来了办好的出关文书，准备今日出门。王氏忙着做饭烧汤，打点行李；张骞和父亲捆货上驮，给牲口加料饮水。不大一会儿，一切准备停当，饭后重载麻包、木箱的六匹驴骡冉冉上路，赶脚人自然是汉灵、子光和张骞。他们商定的路线是经南郑过成都直达夜郎，然后顺牂牁江乘船而下到达南越。

这是个新组合的商队，刚出村是一条小路，马队走成了一条线。子光和张骞年轻腿快，又说又笑地在前边领路，手持红缨鞭的张汉灵，在后边关照着牲口。偶尔甩一声响鞭，惊醒路旁树上的鸟儿，喳喳叫着飞向东方晨曦中。

踏上城固直通南郑的官道，路宽好走，马队可以三三两两地并行。到底是农闲时节，出门做小生意的人较多，大都是单人匹马地进行小商品贩卖，有粮食、蔬菜，有山货、土产，也有布匹、丝麻。像张汉灵这样赶五六匹驴骡，驮运品种较杂且走乡过县，历时较长的远程跋涉，路上很少见到。张骞感到自豪，子光更是兴奋。在他眼中，仿佛驴骡驮的不是商品，而是满包满箱的铜钱。张汉灵也有满腹心事，但他想的是遥远的路途、山水的风险和交易中的不测……

路上一直没有歇脚，只吃了点干粮，喝了点水。虽是中秋过罢不久，但急着赶路，都感到身上汗津津的，正打算小憩一下，天上突然落了几点小雨。子光对姑父说："下雨是个好兆头，预示咱们做生意有润气。前面不远就是南郑的东关，还是赶到那里找个店家住一宿，好好歇歇气吧！"

三人各自戴上斗笠，吆喝着牲口进了城。

黄昏时分小雨停下，大街小巷又是熙来攘往，商铺、客栈都未打烊。子光为汉灵姑父安排了床榻，让他泡足后早早安歇。他领上表弟先逛街，后睡觉。说来真巧，二人安歇的房间窗口正对拜将坛的大门。二人都先后游历、瞻仰过这一名胜，因而成了他们夜话的谈资。

子光回忆自己和表弟在父亲书馆的那段日子，张骞读书非常认真，善于思考，从不偷懒。回答父亲提问，总是能抓住重点，有条有理，干脆利落，在弟子中出类拔萃。父亲为奖赏外甥，特意领张骞到南郑春游数日。他也佩服表弟腹有诗书，学识渊博。此刻，躺在榻上毫无睡意，便偏过头来问张骞："前几年我父亲领你参观过拜将坛，不知表弟有收获吗？"

和表哥床挨床的张骞回答，"大有收获啊！"

"那你说说吧，我洗耳恭听。"

张骞侃侃而谈："韩信是一位旷世奇才，作为一代兵家雄杰，他在拜将时对高祖的一番言论，成为指导楚汉战争胜利的基本方略。作为统帅，他那'明修栈道，暗度陈仓''背水为营''拔帜易帜''半渡而击''四面楚歌'及'十面埋伏'等出神入化的用兵技艺，为后世留下了军事经典。他指挥的陈仓之战、安邑之战、井陉之战、彭城之战、垓下之战等一系列战役，必定青史留名。不瞒兄长，我还作过一首诗，请表兄不吝赐教！"

煌煌帝业，始自汉中。良才未显，美玉尘蒙。高祖拜将，萧相之功。金鹏振翼，助汉一统。

子光说道："然而古语云，勇略震主者身危，而功盖天者不赏。韩信因其功高，屡有威胁高祖之意，故高祖对韩信一直不太放心，曾两次打算问罪。吕后为了扩展吕氏权势，也视韩信为主要障碍，早就对其不满，借韩信参与陈豨叛乱，和萧何密谋杀害了这一功臣。正所谓'成也萧何，败也萧何'。太可惜了！他拜将时风华正茂，大汉立国时亦才二三十岁，被害时年龄也不大啊。"

"谁叫他恃才傲物呢！一点也不明智，悲哉！"这是张骞对人情世故的感悟。

二人谈兴正浓，隔壁房间的汉灵发了话："夜深了，明日还要赶路。"张骞听见父亲的声音，立即向表兄示意入睡。

翌日，从南郑向西奔上金牛道，沔县一段好走，进入宁羌后全是山路，行走艰辛。翻五丁关山梁，牲口显得十分吃力，赶脚人更是累得大汗淋漓。秦汉时期由秦地通往大西南的道路天险处处，令人提心吊胆。有些地方的道路开凿在悬崖峭壁上，猿难攀，鸟难过，但绝佳风光正在这里。子光、张骞没有丝毫畏惧，一路谈笑风生，说什么"水在河中流，人在画中行"。没有走过栈道的张汉灵，虽感念修建者的智慧和匠心，却不敢四处张望，老是身贴山石低头而行，如履薄冰，心跳得失去了节拍。张骞发现后立即让表哥照看牲口，他搀扶父亲慢慢走过最险的路段。

对这次远程贸易，张汉灵三人是充满信心的。到了成都大约才走了一半路程。夜里住店遇到一位刚从夜郎返回的客商，交谈了一阵路上的情况，听到南越的交易行情正在火候上，心里更踏实了一些。第二天一行人起了个大早，给牲口加了草料，吃饱喝足，风风火火上了路。好不容易披星戴月赶到夜郎，浑身骨头好像散了架。为讨个好价格，只歇息了半宵，就把驴骡寄养在店家，将所有货物抬上牂牁江一艘货船，轻松坦然地随波而下。眼前的水域时而开阔，碧浪不惊；时而窄狭，水势湍急。船夫谙熟水路，过激流险滩如履平地，神情泰然自若。张骞久居汉江之滨，看惯水涨水落，芦花飘絮，但从未见过这"地无三里平，天无三日晴"的地貌天气。子光跑了一年多生意，见过大世面，走水路却是头一回。乘船是张汉灵的主意，是为了节省时间，不致错过商机。

初行数日，风平浪静。第三天傍晚，船至天峨一段紧水溜处，突然风起云涌。船夫慌了手脚，正欲落帆，桅折船倾，两三包货滚落江中。接着又一个排空巨浪像一头猛兽，大张血口吞噬了货船，连船夫在内的四人消失在无情的水域……

暮色中，狂涛怒吼，仿佛有人呼救，但辨不清谁死谁生。

夏历九月之末（秦汉时以十月为岁首，至公元前104年改为正月为岁首），已到岁尾年关。白崖村的庄户人家陆续赶集交易，把粮食、禽蛋、蔬菜运到城里卖掉，顺便买些油盐酱醋，再挑选一对面孔森严、手持苇索的神荼、郁垒二位门神的桃符板钉在门上，迎接新岁的气氛骤然出现了。

在张家宅院里，张俭按照母亲的吩咐，舂米、磨面、宰羊杀鸡，置办供奉祖先的黄梨、红枣、糖果。王氏忙得团团转，蒸好年馍、年糕，特意酿下一罐甜甜的米酒。心里老惦记着丈夫远离家门，骞儿不在身边，转眼月余。他们在外受尽风霜之苦，不知吉凶福祸，连个音信也没有。眼看新年将至，总该归心似箭了吧？待厨下的杂活忙毕，又和张俭打扫屋舍，洗浆衣被，直把里里外外收拾得干干净净，单等他们父子早日进门，全家开开心心地过年，同叙农商之事，共享天伦之乐。

除日，王氏坐立不宁，几次伫立村口的土包上候望，只见云山横天，莽莽苍苍，哪里有汉灵和骞儿的身影？突然，灰蒙蒙的长空哀鸿啼鸣，那声音甚是凄切悲凉。王氏愕然翘首，心里闪出个"不祥之念"，立即腿软手麻，仿佛灭顶之灾已经降临，横祸飞到身边……俄顷，稍觉清醒，毛孔冒汗，便顺势斜倚古柳，禁不住泪水夺眶而出，恨不得两肋插翅，腾越千山万岭，直至南海之滨寻觅亲人踪迹。

夕阳西下，冷风飕飕……

黄昏时分，王氏拖着沉重的步履，踉跄回家。张俭见母亲神志恍惚，连忙上前搀扶，却被一双冰冷如铁的手推开。她颤悠悠地走向神龛，点燃香蜡，泪水涟涟地跪在神位面前，虔诚地为汉灵、骞儿祈祷平安。不知所措的张俭，索性也跪在娘的左侧，双手拱揖，不住地向神位叩头。

"姑妈，子光他们……"王氏娘家的侄媳芸芸不知什么时候进门，她是来打听丈夫音信的，可是，汉灵姑父、张骞表弟也至今未归，满腔希望化为泡影。

芸芸和姑妈相对无言，各自默默抹泪。张俭向表嫂悄悄絮叨了几句，芸芸唏嘘而去。

二更过去了，门外没有动静。

三更敲响了，两扇门依然静静地闭合着。

四更将尽，蜡炬成灰。张俭母子迷迷糊糊进入梦乡，夫妻、母子幸福地相聚了。王氏正向汉灵敬酒，张骞正向母亲递去一块黄生生的年糕。正欲叙谈什么，一阵急促的敲门声打破了美好的梦境。王氏机警地倾听，分明是骞儿喊娘的声音。

"快，你哥回来了！"王氏喜出望外起身开门，对俭儿喊道。

"娘！"张骞一头扑入母亲怀抱，忽地号啕大哭起来。

王氏揉揉干涩的眼，先是一喜，久久牵挂的亲人总算归来了，再一细看，面前只有骞儿一人，顿生疑虑，转喜为忧，忙问："你爹呢？他在哪里？"

张骞不语，哭得更加伤心。

张俭跑出门外，朝着黑洞洞的村口大声喊叫，无人回应，只有被他惊醒的鸟儿啁啾几声，扑棱棱飞向远方，接着又是几声惨淡的犬吠……

"别……别喊了，爹……他……他……"张骞不忍心说出实情。

王氏见骞儿蓬头垢面，眼睛凹陷，料定遭遇不好，也"哇"的一声哭了。

原来，在牂牁江遇险翻船之后，张汉灵、王子光水中身亡，唯张骞抓住一块船板，凭他自幼练就的过人水技而大难不死，终于逃回故里。

是夜，全家痛不欲生。王氏哭昏好几次，俭儿的眼睛也哭红了。苍天真不睁眼，为什么偏把灾难降到善良的人家？几案上的蜡烛一个劲儿地流泪，霎时间昏黄的烛光熄灭了，一家人的希望也化为灰烬。

张汉灵头一回携子出门不幸蒙难，使一个温暖和睦的家庭变得沉寂、冷落。王氏遭此横祸，失魂丢魄，脸色苍白，仿佛害了一场大病。张骞忍着揪心的悲恸，劝慰母亲说："事已如此，娘不要过分伤心。家里有我和弟弟支撑，日子是过得下去的。"张俭捧来一碗黑米粥让娘喝下去暖暖身子。王氏见两个儿子这般孝顺，多少使她那颗绝望的心宽慰了几分。

这个新年过得实在压抑。左邻右舍合家团圆，一片喜庆气氛，张家院子亲人失散，母子眼泪汪汪。

王氏吩咐张骞、张俭在祖父坟侧堆起一堆黄土，权作汉灵的衣冠冢，以寄托全家人的哀思。兄弟二人依礼法在冢边守孝。转眼守孝期满，两弟兄跪在墓前祭奠、叩首，默默祝祷爹爹在黄泉下静静安息。王氏哭得死去活来，好不容易才被张俭抹去泪水，搀扶着走出坟场。

归途中王氏决定，让张骞回家留心门户，她同张俭直奔城南娘家探视孤苦伶仃的寡嫂和侄媳芸芸。一来给她们宽宽心，二来也到兄长儒卿坟头诉说一番自己的坎坷境遇。

张骞无精打采地往回走，阳光惨淡，冷风如刀。无意中凝目远眺，一只失群的孤鸿慢悠悠飞向天际，眨眼隐去了身影。这只孤鸿勾起了如烟的往事。去年秋天同爹爹、表兄到南越贸易，偶听店老板闲叙，提及本朝时事，说什么当今皇帝已封周亚夫为太尉，准备兴师讨伐吴王刘濞策划的吴、楚等七个诸侯国的叛乱。还未行动，那个做过吴王相国的袁盎进宫当面许诺，只要惩处了御史晁错，管保七国自动退兵。皇帝本不想大动干戈，听了此话心里犹豫了，思前想后，把心一横，遂酿出一桩错杀贤良的冤案。

"唉，真是个糊里糊涂的皇帝！"张骞暗中愤愤不平。谁料晁错死后，七国照样起兵，国内一片混乱。皇帝方知上当，立即派周亚夫率军前去平定，势如破竹……

一阵嘈杂声打断了张骞的回忆。他瞥见一深宅高墙外站了一堆村夫、老妪。拨开人群只见黑漆大门台阶下躺着一只死犬，一个披麻戴孝的红脸汉子面犬而跪。

"哦，曾小三！"张骞一惊。他是快嘴婶娘的娘家侄子，常到快嘴婶娘家玩，可不知今日闯下什么大祸？

　　再一细看，原来是本乡饶啬夫的儿子喂养的一只恶犬，狗仗人势，咬伤了曾小三的腿，被小三一锄送命，惹怒主人，拉住小三毒打一顿，又强迫小三为死狗吊孝。

　　曾小三正在述说，身后那个满脸横肉的管家，眼珠子一翻，迎面飞来一掌，小三的鼻口立即喷出血来，染红了衣领。张骞忍无可忍，一个箭步过去，五根指头像五齿铁耙搂住那家伙毡片一般的乱发，右膝盖朝腹部只轻轻一顶，对方便像一条瘫痪的长蛇横在一边，呼哧呼哧地直喘粗气。这时一个肥头大耳、臂腿袒露、手持利剑的胖小子从黑漆大门里跳出，大吼一声："哪来的孽种！"接着一剑刺去，张骞身子一闪，剑锋"铮"的一声插入道旁的柳树肚腹，拔也拔不出来。

　　他，便是饶啬夫的独生子饶雄，肥头大耳，腆起肚子恰像一粒大麦栽在地上。此人饱食终日，不务正业，是个鸡鸣狗盗之徒。

　　曾小三恐张骞吃亏，劝道："你快走吧，免遭他们的毒手！"话音刚落，饶雄又一剑飞来，张骞的袖管被割破。这是今日祭奠父亲才穿上的一件新衣，被割破了十分痛心，张骞忍无可忍，便转身飞出一脚，踢中饶雄手腕，那柄剑"当啷"一声落地。不等对方反扑，张骞上前抢剑，却被饶雄拦腰一抱，二人同时倒地。不知何时管家爬起来抱一块河石朝张骞头上砸去，哪知张骞一滚，那石头不偏不倚地砸在饶雄的头部……

　　"啊——"饶雄惨叫一声，吓得围观的人抱头鼠窜。管家见闯下大祸，顿时傻了眼，便来了个"恶人先告状"，溜进了黑漆大门报告主人去了。好汉不吃眼前亏，张骞拉上被惊愕了的曾小三向汉江河滩匆匆跑去……

　　张骞与饶雄斗殴时，管家帮了倒忙，为逃脱罪责便嫁祸张骞。张骞心知不妙，拉上曾小三潜入汉江河滩的茅草、水柳丛中暂躲风险。张骞本是彪形大汉，身材魁梧，平日习拳弄剑，练一套绝技在身，对付几个地头蛇不在话下。但他反复思忖，此冤一时难明，若告官，还可辩解，只怕饶家无视法度，派家丁捕人，施以私刑，自己何必以卵击石？若把事情闹大了，连累母亲、弟弟吃亏，还是躲为上策。只好偕小三避开家门，一直隐蔽到一弯新月悬挂中天。

饶啬夫岂肯罢休，派出一帮人马，气势汹汹地直奔白崖村张家宅院，却灰溜溜地扑了个空。大门上锁紧闭，村人皆言不晓。一个黑煞神模样的家伙，耳贴门缝偷听，里边没一点儿动静。为首者迟疑片刻恐怕上当，便打手势令人破门而入，翻箱倒柜，撬楼掘地，哪里有张骞的踪迹？

夜半时分，万籁俱寂。县城南门口出现两个身影，一个蹲在地上抖抖鞋子里的沙土，一个借着朦胧的月光观看悬在城门旁的诰令。

"好！"张骞朝皇诰捶了一拳。

"骞哥，什么好事？"曾小三偏起头问。

张骞把小三肩膀拍了一下，悄悄地说："皇上招兵买马，募人去边塞屯戍。你我明日就去！"

小三摇摇头："我怕母亲不答应。"

"不答应也得去。不然，饶啬夫能放过你？"

从遥远的地方隐隐约约传来巡夜的木梆声，越来越响亮了。

"此处不可久留，快走！"张骞提心吊胆。

"到哪里？"小三觉得好像太平无事。

"跟我走！"

这是一户书香人家的宅院，坐落在城南。七八年前张骞正跟随舅父读经，曾在这里出出进进。

小三仔细瞅了瞅关闭着的黑漆大门回忆片刻："唔，这不是你舅父家吗？你在这里读过书，我也常到这里来玩。"

张骞示意："小声点！"

张骞上前轻轻叩门。嘎吱一声，门开了。张骞和开门的表嫂芸芸打个招呼，领小三穿过庭院，朝亮着昏黄灯光的上房东屋走去。

张俭早已入睡，泪痕斑斑的母亲和舅妈还在灯下絮叨。一见张骞和小三深夜而至，骞母顿生狐疑。问明根梢又为张骞闯祸担心，虽说躲过了今日，明日还得遭殃。张骞劝娘不必犯愁，他倒有个好主意。

"什么好主意？"母亲急问。

"只要去投军，饶嵩夫不敢追到长安。"

小三趁热打铁："目下朝廷正在招兵买马，我和骞哥已经商量好了。"

一听"招兵"二字，骞母的手脚颤抖起来。这两个字如同一把尖刀插入她的胸口，疼得半天说不出话来。过了一会儿，她指着张骞的鼻子斥责："谁叫你给我闯下大祸？"

"他欺人太甚，活该！"张骞理直气壮。

曾小三连忙为张骞开脱："伯母息怒，是管家失了手嫁祸他的，即使日后打官司，也有我作证。"

"你作证顶什么事，人家会说你们俩穿着连裆裤。"

聪明的芸芸见表弟同姑妈争执不休，便把张骞、小三叫到厨房里吃饼喝汤，把他们俩照应得十分周到。一直等他们吃饱喝足、上榻安歇了才回到自己的房子里。芸芸温柔敦厚、能干贤惠。未过门公爹不幸病故，深知婆母孤单，就常来谈些家常话以宽慰她清冷寂寞的心。与子光成亲后最会处家过日子，小两口你敬我爱，冷热相知，两三年来一直和睦惬意。

天下的事真难料定，自古好人多灾多难。精壮壮的汉子，正是顶天立地的时候却在异乡蒙难，子光死得太早了，芸芸哪有活人的希望？年轻轻地失去丈夫，那酸涩的滋味够她尝的。夜夜孤灯照只影，朝朝罗帷空摇曳，没有了卿卿我我的夫妻恩爱，何处寻觅莞尔说笑的人伦乐趣？春去秋来，花开花落，她怎能不青丝蓬乱、面容憔悴呢？思前想后，两行清泪不禁潸然而下……

东屋还亮着未眠的灯光。王氏和嫂子早就眼皮打架，一听张骞决意投军，而且明日就要上路，走得这般火急，被这突然发生的事情冲撞得没有一点睡意了。

嫂子说："我看还是不去的好，时下皇上招兵，听说是去边塞屯戍和北方的匈奴打仗。骞儿他舅在世时说过，那些匈奴是吃野牲口肉长大的，个子高、力气大，脸上长毛，飞骑善射，厉害得很，连汉家皇上也给人家低头让步，要派使臣送去美貌公主和金玉宝贝，进贡讨好。若不是这样，恐怕人家的单于早把大汉一口吞了。你想想，骞儿这不是去送死吗？世上谁愿当这样的傻瓜？"

王氏点头："嫂子说在我心坎上了。投军就要打仗，打仗就得流血。我不能把孩子向火坑里推，更何况骞儿他爹又不在了。他是我将来的依靠，说什么也不能让他走。可是……"

说到这里她低头唏嘘起来。

"你别难过，我明白你心里的难处。张骞这娃谁不说他好？连个鸡都不愿意杀还能杀人？小三的话我信。就算饶家派人搜捕，我想总不能挨门排户吧？骞儿夜深人静时才到来，神不知鬼不晓，他们不会知道！就在我这里躲藏三两个月，明日干脆住在楼上，由芸芸端吃端喝。"

"使不得，使不得，躲过初一躲不过十五。骞儿迟早得露面，那饶啬夫又不会立即短命而死！"

姑嫂俩叙絮了半宵，还不知张骞的主意，只有等明日再决定。

王氏辗转反侧，心乱如麻。临睡时嫂子的那句话兴许是个好办法：张骞和张俭同样高低、胖瘦，面貌又像一个模子铸出来的，谁不说他俩是一对难分难辨的孪生弟兄？那就让弟弟代替哥哥去边塞，来个"李代桃僵"，就算饶啬夫上门生事，就说张骞上了沙场，看他们能把我这个妇道人家怎么样。又一想，这个办法也不是万全之计。张俭虽非亲生，可他在家里手勤脚快，做庄稼活是把好手，一旦远离家门，这田地里的安苗下种，耕耘收割，张骞是不如张俭的。再说，把亲生子留在身边，让养子出生入死，邻人指脊梁骨不说，日后怎向他亲生父母交代？

就这样思前想后，直到东方泛白。张骞起了个大早，来到母亲身边又陈述了一番非去投军不可的利害，王氏终于被儿子说服了。

芸芸从井上淘菜回来，向姑妈神秘地使了个眼色，又爬在耳边一咕哝，把姑妈吓得脸色苍白，浑身酥软。她怕连累嫂子一家，即速命张骞同小三带点干粮、衣物从后院小门逃走。

饶啬夫派出的管家、家仆到白崖村没抓到张骞，第二天一早又赶到他舅父家寻人。多亏同村人报信，当饶啬夫的爪牙从大门进来时，张骞刚从后门出去。

东躲西藏毕竟不是个办法。张骞、小三从舅父家出来，趁路上无人又溜进汉江河滩的芦苇丛中蹲了一天，才借着夜幕的掩护，抄田埂近道，过文水，翻猫儿山，踏羊肠茅路，高一脚低一脚地向西逃遁。头顶朦胧月色，耳畔山风呼呼。偶尔滑步打个趔趄，惊起山雀绕树飞鸣。

当夜雾渐渐退去，东方露出一线曙光，他们已奔波到褒谷口了。由于心里胆怯，生怕后边有人追赶，不敢在此停留片刻，依然拖着疲劳酸困的双腿向前挣扎，直到红日西斜、临近黄昏时分，才不得不坐在褒斜栈道口的一块巨石下歇脚喘气。这里山高林深，荫翳蔽日，倒是个幽静、太平之地。屁股还没坐稳，小三突然发现身后有一眼清澈见底的山泉，连忙招呼张骞："这里有水！"他们蹲在山泉边喝了个痛快，又拿出干饼子狼吞虎咽地啃起来。啃了一阵子，肚子不饿了，眼皮却不住地往一块合拢。张骞向来路上望去，全是一片寂静的草木，料他十个饶啬夫也难知道自己的下落，索性和小三背靠背打起盹儿来……

事情邪得很，两人刚迷迷糊糊不久，饶啬夫指派的管家带着三名家仆，骑着马追到褒斜栈道口来了。

"嘿嘿！你两个神出鬼没，连夜逃到这儿，看你们能上天，还是能钻地？哼，该没想到吧！"

张骞睁眼一看，一把寒光闪闪的利剑正对准自己的心窝。

"啊呀！"他的心"咯噔"一下，顺手把小三的手狠劲一捏，小三才睁开肿胀的眼睛，一看面前的阵势，吓得浑身抖颤不停。张骞遇事沉着，一动未动，那双含怒的眼睛，仿佛两束火焰直逼管家那张狰狞的面孔。

"快把这两个混蛋捆起来！"管家发号施令。

张骞忽地站起来，拎起手边的干粮袋朝管家打去，竟把对方打了个仰面朝天。三名家仆一齐拉开架势，三把刀剑同时指向张骞的喉眼胸背。

威风扫地的管家爬起来，从马背上拿下麻绳，吩咐家仆活擒张骞。张骞把双腿一叉，两手握拳，好似一尊铁打的翁仲，谁敢近身？

"先捆张骞！"管家又将利剑架在张骞的脖颈。

三名家仆使出九牛二虎之力，你拧胳膊他扳腿，将他二人五花大绑。趁勒绳子的一刹那，张骞飞出一脚，正踢到管家嘴上，立即掉下一颗门牙。管家气急败坏，一剑刺入张骞的小腿，殷红的鲜血汨汨流出，把小三吓呆了。

折腾了一阵子，安静下来时，已是月上东山了。本来就充满神话色彩的褒斜栈道，更显得神秘莫测、阴森可怕。管家和家仆们因活捉张骞可以邀功领赏，一时得意忘形，在褒河边燃起一堆篝火，从马背上取下所带酒肴，海吃狂饮，猜拳行令，直至酩酊大醉。

张骞对面前这伙豪强爪牙的行径越看越恼怒，恨不得拾起地上的长剑，把他们一个个都剁成肉丸子。可是手脚被捆，右腿流血，自己反而成了随时可能被宰割、杀戮的羊羔……

"骞哥，都怪我连累了你。"哭兮兮的小三，声音十分微弱，好像一只蚊子在耳边嗡嗡叫。他是怕饮酒的管家听到再来刺他一剑。

张骞为小三壮壮胆子："是我让你跑出来的。冤有头，债有主，即便押送官府治罪，有我张骞承当，你怕什么？"

"嗬，你小子还嘴硬！今夜驮你回去，饶大人专门请你吃鸡腿、喝美酒呢。"管家在一边揶揄张骞，那阴阳怪气的声音逗得家仆们哗然大笑。

此刻，只听"刷"的一声，但见一团黑影凌空飞来，一道银光划破夜空。正在篝火边酣饮饱餐的管家、家仆，登时被吓得魂不附体，一个个东倒西仰，转眼之间，被黑影手抛脚踢，扔进了滔滔南下的褒河……

张骞、小三也被惊愕了。看这眼前的阵势，注定在劫难逃。心想未死在饶啬夫的刀下，却要在褒斜栈道口丧命，真是冤枉！要不是双手被捆，也能抵挡几下，或许保住了性命。可眼下上天无路，入地无门，急得张骞用门牙啃咬缠在臂上的麻绳……

随着一声呼啸，黑影闪了过来。曾小三已缩成一团，唯张骞心头一横，要杀要剐，丝毫不惧。谁知黑影"噌噌"几剑割断麻绳，一边亲切地口称骞弟，一边搀扶张骞起立。张骞一时辨认不清这个救星到底是谁，不敢随便搭话。得救的小三却不问青红皂白，感激得直向面前的救命恩人连连叩头。

黑影见状，哈哈大笑："哈哈！骞弟好记性呀！才数年不见，怎么就不认得我了？还记得天台山学剑的事吗？"一经提醒，张骞恍然大悟："原来是野鹤子大哥！"他扑上前去紧紧地搂抱住野鹤子。张骞绝处逢生，千言万语一时无从说起，只有热泪盈眶。曾小三方才明白，这位救命恩人正是张骞在天台山结识的一位侠士。

野鹤子插剑入鞘。小三往篝火堆添了点柴火，火苗立刻扑扑上蹿。借着火光，小三为张骞包扎伤口。

"且慢！"野鹤子从身上掏出一支蜡烛模样的东西，抠下一团深褐色的绒毛敷在伤口上。这东西山野水边处处可见，人们叫它"毛蜡蜡"，是止血的灵丹妙药。

张骞自那年天台山拜野鹤子为师之后，生活坎坷，身世飘零。突然蒙冤，黄夜逃奔，做梦也没有想到今晚在此与故友相会。他迫不及待地问："鹤哥，老伯今在何处？"

提起野鹤子父亲——长髯老伯，野鹤子唉声叹气地摇摇头，接着道出了离别后的一段辛酸。

原来，当地县令听闻天台山中有人隐居，以为他们必有异能，便派人延请。父子二人不愿露面，便连夜奔上张良隐居的紫柏山藏身，不几日又听到官兵搜山的耳风，他们又奔入太白山密林中采药、习武。不料长途奔波，老伯竟一病不起，不久便离世了。

野鹤子悄悄抹泪，鼻子发酸，不堪回忆。

张骞不住地内疚自责："老伯死得悲怆可怜，我没有帮到一点忙。"

野鹤子安慰骞弟："你不在身边，安能帮忙？对，他临咽气前再三嘱咐我去城固向你甥舅二人告知。我安葬毕老爹，匆匆赶至白崖村打听，闻你舅早亡。又听伯父在贸易途中不幸蒙难。谁知你也是祸不单行，为打抱不平又负屈含冤，弄得无处立足……"

"骞哥就是为我而蒙冤的。"曾小三插话。

"怪不得你俩同路逃奔到此。"野鹤子说，"我随后又去你村，本想探望伯母，但听饶啬夫派人追捕你们，我怕你们吃亏，立即尾随而来，刚才乘其不备把几条助纣为虐的豺狼抛入褒河……"

夜色如墨，篝火炽燃。三人围住火堆叙完离情别绪，张骞才告知野鹤子，他们俩打算逃奔到长安投军避祸，免得吃一场糊涂官司。

野鹤子摆头摇手制止道："饶啬夫的管家落水后，肯定连夜逃回。这只恶虎还会卷土重来，恐怕不追到长安不会罢休。依我看，长安你们暂缓一时再去，还是先避避风头吧！"

"我们俩不敢回去，长安又有风险，该到何处落足？"小三心中茫然，感到走投无路了。

"先同我到太白山躲一躲如何？"

三人商定后，挑选了三匹骏马，这是管家和家仆的坐骑。小三把张骞扶上马背，野鹤子前边引路。他们迎着一轮旭日，沿着褒斜栈道摇摇晃晃地策马北行。

一路风餐露宿，不消三日工夫就来到太白山脚下。野鹤子领路开始登攀，处处山崖陡峭，时时峰回路转，难辨东南西北。忽行乱石中，高高下下，初见崎岖，片刻出现峭嶂摩云，只能面壁贴崖而行。脚下洞深荫翳，时闻画眉学舌，呼曰"山客留心"，声音嘹亮。一路泉响风清，使人乐而忘苦。午后始入太白山门户，倚石小憩又行，到云岭俯首下望，顿见涧底白雾喷涌如絮，顷刻弥漫山谷十余里。

山中天气怪异，刚才还是金阳绘彩，转瞬骤然落雨，山石峻滑，稍不留神即有跌入万丈深渊之险。有时路断，只见石窄如同剑脊，悬于云崖，令人目眩心跳。待雨止天霁，又见诸峰如洗，松翠欲滴，烟抹如画。过卧牛台，两山夹涧，似浮梁逶迤。不知不觉中日落山暝，飞鸟归巢。复憩宿崖下，五更忽见云海中霞彩飞流，金光进射。注目间日露半规，涌上后大如车轮，圆明似镜，云霞散而成绮。

爬上冲天岭四望诸峰，怪石嵯峨，山鹃野栀秀映草际。泉水叮咚，旁生白芽若草。野鹤子下马采集，向张骞、小三介绍这是太白茶，甚为稀奇珍贵。

太白山所处位置独特，中山地带遍长冷杉、桦树和金背枇杷，阴暗潮湿、气温低寒的密林中有形似鸭舌的独叶草。这里是天然药场，盛产太白贝母、太白手儿参、太白米及太白三七等。每年六月盛暑，四方药农纷纷来此采药，专觅桦褐灵芝、扭子七、老虎草，治疗人间沉疴顽疾。

面对这风景如画、气象万千的天然药库，野鹤子讲了个颇有意思的传说：这儿很早以前就长着又胖又白的人参，因为怕被药农发现便连夜逃跑了。神医扁鹊知道后十分生气，连忙带领人马追赶，一直追到辽东才将人参娃娃捉住，捆绑双手送回太白山。谁料回来一看，人参娃娃的身躯不见了，只剩下两只胖胖的手。此后太白山只长手儿参，但辽东生长的人参却少了两只手……

经过两三日的跋涉、攀登，他们来到太白湫泉处。这里一瀑飞泻，藤葛如织。奇峰高耸，恢宏险绝。一间草舍的后檐紧接山崖，崖壁上有个天然石洞。草舍前是个大草坪，小溪穿坪流过，溪边野花杂草丛生。野鹤子首先下马说道："二位贤弟，此草舍便是我们父子隐居的地方。"

张骞在小三照护下随野鹤子进屋，内设一张柴榻，柴门后吊一陶罐，罐下是个火塘，塘边堆放着大大小小的树根。除去墙上挂着落满烟尘的弓箭，别无他物。空空荡荡，分外幽寂。主人才离家不足半月，屋角的蜘蛛就辛勤地织出许多丝网。

一行人途中并不觉饿，稍事歇息始感饥肠辘辘。携带的干粮早吃完了，野鹤子大哥又一贫如洗，张骞不由地蹙眉担心起来。野鹤子深知二位贤弟人困马乏，忙整理床榻让他们俩歇息一会儿。然后取下弓箭说："我出去转一转，保管让小弟们饱餐一顿野牲肉。"说罢飞身出外，等张骞追到门口，已看不到他的身影了。

不到半个时辰，野鹤子肩扛一只肥滚滚的香色麂子回来了。三人立即忙活起来，架火、烧水、剥皮。霎时陶罐冒出团团白气，奇香弥漫草舍。张骞二人头一次吃太白野味，那种兴高采烈的神气是无法形容的。

住了许久，张骞的剑伤经野鹤子的精心调治慢慢痊愈了。弟兄三个和睦相处，亲如同胞手足。每遇天气晴朗，野鹤子带他们俩上山挖药或猎捕野物，下雨则教他们俩练剑习武，夜晚又向他们俩传授医道，在灯下辨认各种药草。如此山野生活，倒也逍遥自在，令人乐在其中。

六月盛暑，平川烈日如炙，热不可耐，这里却寒气袭人。翘首遥望太白高峰，依然是皑皑白雪封顶，犹如玉龙横卧。张骞、小三对那一时风和日丽、山色清明，一时烟云蒸腾、白雾迷茫，一时风啸雷滚、狂雨骤至，一时又天开云散、碧空如洗的异象奇观总是看不够，每日都要倚门久望。

一天，张骞在太白漱泉汲水，小三在泉边淘洗野菜，二人把野鹤子拉到身边问道："听说姜子牙在太白山上跑马练兵，有这事吗？"

野鹤子说："姜尚当年在这山上练兵，一吹号角必招来风雨，本领大得很哟！"

"真的吗？"

野鹤子却摇头了："其实他没有那样大的本领。我久居在此，早就看出其中的奥妙。"

"你看出了呼风唤雨的秘密？"

"对，你们不知，这太白山中的空气特别湿润，天空常布雨云，鸣号擂鼓甚至高喊大叫，都会使云中的小水滴受到震动而相互碰撞、合并，一旦体积增大就形成雨雪降落。你们看那奇峰高耸处，终日云雾缭绕，雨云不就像瀑布一样在山腰奔腾翻滚吗？在那儿即使大声说话也会招来风雨的。"真看不出，野鹤子对大自然的变化规律了如指掌。

这一番解说头头是道，驱散了二位贤弟心头的一团迷雾。

为维持生计，张骞二人先是挖药材野菜，渐渐地由药及医，他们对医道之术越来越感兴趣了。野鹤子早年从父亲那里学得一技之长，用草药为张骞治好剑伤，还教他接骨的本领。

真是稀罕，野鹤子用黄土捏了个小泥人，在泥人身上压进半露的绿豆，作为经络穴位的标记。张骞好奇地问："鹤哥，手艺真不错呀！把个小泥人简直给捏活了，但不知身上的绿豆是何用意？"

"骞弟有所不知，这是扁鹊神医研究的人体十二经络分布在全身的穴位。你看——"野鹤子指着小泥人身上的每一颗绿豆，"这是上星、印堂、环跳、曲池、河谷、足三里……特别是这三个穴能主生死，名字叫晕穴、哑穴、死穴。若得其道，可闭血脉之通。"张骞听完解释，始知气行筋络之外，血行脉络之内，血犹水，穴犹泉。闭之则凝淤，开之则疏泄。血循气行，皆发源于心。自子时起，昼夜十二时，周流十二经，潮血来回，百脉震动。若按其流行时刻，断其运输之道，则收反决逆流之效。

点穴真功夫是野鹤子从父亲那儿学得，又经过自身多年实践才悟出其中奥妙。若巧用其法，轻则使对手麻木肿痛，重则可使对手立时毙命。

野鹤子反复强调："点穴须会解穴，才不误致人死命。懂其法亦可为民治病，即用银针选穴锉刺，胜于灵丹妙药，收到立竿见影之效。"

张骞想起当年舅父之病，要是鹤哥在场，也许能保全他的性命。此刻他责怪自己那时候不懂此术，未能解除舅父的痛苦。他和小三私下商量，二次拜师野鹤子，潜心精学医道。只是张骞学得深透，小三只知皮毛，二人相去甚远。

一天夜里弟兄三个坐在草舍前的坪子上吃夜饭。山头的半轮明月透过坪子边沿几株白桦的枝叶缝隙，把银白色的微弱光辉洒在石桌上，于是盆里、酒碗里都漂起半块饼子似的白影子。这顿夜饭比平日丰盛得多，有麂肉、兔肉、山鸡肉，还有蘑菇、百合汤。但酒碗里并无酒味，而是以汤代酒，变了个花样而已。山里人吃野味乃是家常便饭，可小三不知鹤哥今晚为何以汤代酒。

野鹤子对两个弟弟盛情劝饮，不住向他们俩碗里夹肉夹菜，又端起汤盆向碗里斟"酒"。他风趣地说："明月当空，秋风徐来。今晚兄长略备小酌，请二位贤弟各饮三碗'美酒'！"

"咱们同饮！"张骞正欲端盆为鹤哥斟"酒"，被小三抢去，一下子就斟溢了。他恭恭敬敬递给野鹤子说："这段时间鹤哥对我们俩悉心教诲，习剑学医、挖药射猎，冷热同铺，甘苦与共。这一碗是我们俩的谢师'酒'，请鹤哥饮尽。"野鹤子没有推辞，仰头下喉。接着，张骞又斟一碗敬师。最后三人共同举碗，野鹤子语重心长地说："我同骞弟昨日商定，今晚特意为你们俩饯行。"他突然鼻子发酸说不下去了，转过身擦了一下潮润的眼睛，"本来我是舍不得的，我们相依为命，怎忍心把你们推出草舍？但你们青春年少，骞弟满二十四岁，前途功名要紧。闻听汉帝驾崩，马上有新帝登基，报效祖国时机已到。骞弟不是一心投军吗？如今我想那个饶啬夫也不会再追捕了。你们明日起程，直奔长安去吧！"

次日黎明，张骞、小三各跨一马与鹤哥分手。离情依依，草木惜别。野鹤子送了一程又一程，直到挡头岭下才怅然若失地回到自己那间空寂的草舍。

在一个向阳的高坡上，张骞、小三下马驻足。这里松竹环绕着一个黄土包，上面的小草枯萎凋残了。黄土包前立一通石碑，原来是鹤哥父亲之墓。见到此墓，张骞不由得埋怨野鹤子。多半年来你不该不告诉我们老伯的葬身之地，若早知他老人家长眠在此，也该祭奠一番，聊表小侄的一片孝心。张骞折下一把松枝插在墓前，拉过小三双双下跪叩头。瞬间，天台山的小木屋外，长髯老伯讲述夜光杯的幻影又在眼前闪现……

"好伯父，你静静地安息吧！孩儿不会辜负你的期望！"待二人上马前行时，张骞才把这位英杰的坎坷遭遇告诉小三，听得小三愤愤不平，涕零满面。

第八章

猗兰殿里降大喜

景帝前元元年（前156），未央宫猗兰殿里降下天大的喜事——刘启的又一位皇子诞生了。这个孩子刚生下来就长得十分壮实，哭声特别洪亮，宫中接生的老妇高兴地对景帝说："请皇上为皇子赐个名字吧！"

汉景帝心中早就有了主意，王夫人妊娠时曾梦见太阳入怀。昨夜景帝也做了一梦，有一头红色小猪从天上降落宫中，紧接着高祖又向他托梦嘱咐，让他将王夫人所生之子取名为"彘"。景帝仔细一想，民间的小孩出生后都喜欢取个低贱的小名，目的是企望孩子有个富贵美好的将来，便用了这个名字。

王夫人对这个皇子抱着很大希望，视如珍宝。提起这位母亲的经历，三言两语说不清楚，如果顺藤摸瓜，可追溯到楚汉相争时期。早在项羽分封诸侯王时，被封为燕王的臧荼，有个孙女叫臧儿，本是大家闺秀，可命运一直不好。她爷爷臧荼当燕王不久，便投降了汉朝，但至汉高祖五年（前202），却不安分守己，又参与叛乱，被高祖刘邦平定。侥幸活下来的臧儿不得不沦为乡野王姓之妻，家境一落千丈，可她放不下架子，依然做着富贵美梦，把希望寄托在女儿王姑身上，王姑生得俊秀漂亮，人见人爱。天有不测风云，臧儿夫亡，为了生存又转嫁姓田的家里，生了两个儿子即田蚡与田胜。有一天，臧儿去问卦，方士最会察言观色，开口就说她的前房女儿命中注定福寿齐天，将来定是皇室之人，前途无量。于是，臧儿就通过一名相识的宫女千方百计地把女儿送到太子刘启身边，适逢选秀又被选中，而且得到宠爱。她和刘启生了三个女孩，分别是平阳公主、南宫公主和隆虑公主。王娡最后一次怀孕，对刘启说她梦见太阳入怀，刘启以为这是大贵的征兆，但孩子还未降生，文帝晏驾。刘启即位不久，皇子出世了，这就是后来的汉武帝刘彻。

世上没有十全十美的事，刘启当了皇帝，但皇后却是薄太后安排，立了薄氏的内侄孙女为后。薄皇后入主后宫，却一直没能为景帝生个一儿半女，按照礼制，注定了她失宠的命运。薄太后病亡，她失去了靠山，不久就被废掉皇后称号，离开了正宫。

在皇位的继承上，一般是嫡长子（皇后所生）优先，如果皇后无子，可在嫔妃儿子中择长而立，但实行起来困难很多。一是由于皇帝周围的特权者，常为个人私利破坏祖上规定而立幼不立长；二是立长不等于立贤，所以矛盾斗争较多。薄皇后无子，妃子中栗姬所生的长子刘荣，按惯例被立为太子。

栗姬是景帝当太子时的宠妃，人很漂亮，又为景帝连生三子，景帝对她宠爱有加，她却目中无人、度量狭小，不能母仪天下，根本不配新立为皇后。由于王夫人生子有功，景帝就封刘彻为胶东王。

长公主刘嫖是窦太后的独生女，可以随便出入宫闱，与景帝关系非常密切，故后宫姬妾们都巴结她，长公主十分得意。她和陈午生下一女，取名阿娇，一心想让女儿做将来的皇后，见刘荣已成为太子，就想将阿娇许配于他，托人向栗妃提亲。

栗妃明白长公主的用意而断然回绝，碰了钉子的长公主便当着王夫人的面问胶东王："彘儿长大了要媳妇吗？"小刘彘回答："要媳妇哩。"长公主指左右侍女几十人，问："你想要哪个做媳妇儿？"小刘彘摇摇头："我都不要。"最后长公主指着自己的女儿阿娇问："你看阿娇好不好呢？"他笑答："当然好啊！如果娶阿娇做媳妇儿，我就造个金屋子给她住。"长公主一听太高兴了，多次请求景帝定下这门亲事。

景帝怕栗妃多心，也曾劝过她："你看，王夫人、程姬等，都是朕的嫔妃，她们的子女全是朕的骨肉，一旦你身为国母就要有容人之量，待她们亲如姐妹，应教育太子爱护她们，大家和睦相处，朕百年之后方能安卧九泉。"然而栗姬听不进去，反而对景帝不满："你对那几位妖姬的关心真是令我吃惊，连百年后的事都安排好了。实话告诉你，等我总揽后宫，定要好好调教她们。"

此事传到长公主耳中，她马上到宫中对景帝添油加醋道："栗妃背地里总是咒骂人，特别是对王夫人恨之入骨。要是她当了皇后，恐怕又有'人彘'的惨剧发生了。"

长公主说的"人彘"事件，是指高后吕雉虐杀戚夫人的事。由于刘邦宠爱戚夫人和她所生的儿子赵王如意，吕雉一直怀恨在心，刘邦一死，吕后就把戚夫人的四肢砍断，又挖去其双眼，让她吞服哑药，卷进草席扔进粪池里凄惨死去，戚夫人的儿子也被吕雉用鸩酒毒杀。

景帝终于下定决心，非但疏远栗妃，还把她儿子刘荣的太子身份废掉，降为临江王，而让胶东王刘彻接替了太子之位。王夫人深知宫闱斗争的残酷，总是提醒刘彻，让他谨言慎行，以免皇储位置风雨飘摇。刘彻颇有悟性，才干出众，深得景帝喜爱。不久，王夫人被景帝封为皇后，她的哥哥王信也跟着当了侯爷。

刘彻成为皇储，景帝用心培养，希望他成为未来的明君。在窦太后那里，他接受了黄老思想的熏陶，从景帝那里又受到刑名思想的影响，卫绾和王臧又教授他儒学的精髓。

不久，景帝因病驾崩，太子刘彻继承皇位，在未央宫承明殿前举行了隆重的登基大典，接受群臣的祝拜，在一片山呼万岁的声浪中，感受到皇权的威力。他所下的第一份诏书，是几张册封诏令。先封母亲为皇太后，窦太后为太皇太后，封阿娇为皇后，入主中宫，兑现了他小时候"金屋藏娇"的诺言。接着又封舅父田蚡为武安侯，田胜为周阳侯，封外祖母臧儿为平原君。

初登皇位的刘彻是个热血少年，充满活力，抱负可谓远大，一心要在先帝为自己搭好的历史舞台上，施展自己的雄才大略，干出一番大事业。他的治国方式与先帝不同，首先是大力选拔人才，诏令丞相、御史、列侯、二千石及诸侯国相推举贤良方正、直言极谏人士。其次是教化民众，把德行置于重要位置，建立帝王宣明政教的明堂。第三是罢黜百家，独尊儒术。武帝对董仲舒的上书极为重视，亲自批阅，召见面谈。经过三次论策，儒学在武帝朝廷的地位迅速提高，并成为治国的思想基础。

为加强中央集权管理，武帝建立了一套选用官吏的制度。武帝以前，中央大官多是功臣或功臣子弟，一般官吏多是郎官出身。郎官虽是个小官，人数很多，但若不是官吏出身或具有中等财产的人，是很难进入郎官群体的。武帝见官吏来源紧缺，竭力推行"察举"制度，命令各级官吏保举贤良方正、直言极谏人才。董仲舒、公孙弘就是经过"贤良"的策试而选拔出来的。对那些具有一定条件而未被举荐的人，则由朝廷征召，凡合格者立即授官。像东方朔、主父偃、朱买臣等著名人物，皆由上书言事、奇才超众而被朝廷重用。因而，汉朝官员增加较快，且都有真才实学，能独当一面，执政成绩卓然。

但历史也给武帝出了一道难题——如何妥善处理汉朝与匈奴的关系？

据传，匈奴人是夏后氏的后代，早在唐尧、虞舜以前，匈奴就有山戎、猃狁、獯鬻等部落居住在北边蛮荒之地，以畜牧营生，爱养马、牛、羊等，有些匈奴人还善于养骆驼和驴骡。他们不从事农耕，而是随水草而到处迁移，没有什么城镇及固定居所，但牧场各有范围，没有文字、书籍，把说话视为交流工具。

这是一个能骑善射的群体，自小就学拉弓射箭，射鸟射鼠，稍大后能射兔子、狐狸。凡男子全是披甲的骑兵，在草原上横冲直撞，争强斗胜。风俗和汉人相异，平时游牧，射猎禽兽，生活紧张时便侵袭征伐，这是他们的风俗，使用的远程兵器是弓箭，近战兵器是金属长刀和铁柄小矛，只要有利可图，根本不在乎亲情和文明礼仪。从君王至平民全吃牲畜肉，穿牲畜皮，外披带毛的皮袄。匈奴尊重健壮之士，轻视年老体弱者，健壮者吃肥美佳肴，老年人喝残汤剩羹。父亲去世，儿子就把后母作为妻子；兄长去世，活着的弟弟就娶已故兄长的妻子为妻。

匈奴的内部领导机构设置为左右贤王、左右谷蠡王、左右大将、左右大都尉、左右大当户、左右骨都侯，还有千夫长、百夫长、十夫长等。他们把贤能称为"屠耆"，常任命太子为左屠耆王，官职大的可领兵一万以上，小的可领兵数千。

匈奴的最高领导称"单于"，含有"大王"的意思。秦时匈奴的单于是头曼，他有个太子叫冒顿。头曼所喜欢的阏氏生了个小儿子，他想废掉冒顿而立小儿子为太子，便派冒顿到月氏做人质。此时，头曼加紧攻打月氏，目的是激怒月氏人杀掉冒顿，然而冒顿却逃回来了。冒顿很聪明，也很冷酷，他在训练部下骑马、射箭时发布命令说："大家要随着我的响箭一齐放箭，谁不射就处死他。"有一次，冒顿亲自射向他的好马，手下的亲信不敢射，立即被处死了。又一次，他跟部下打猎，突然用箭射他最爱的妻子，手下人十分害怕，不跟着放箭的又被砍了头。最凶狠、残酷的是冒顿随父亲头曼去打猎，趁父亲不注意，他一箭射向头曼，部下也跟着放箭，将其射杀。接着冒顿骑马回家，把母亲和弟弟全部杀光，自立为单于。

不久，冒顿领兵占领了东胡，抢走了百姓和牲畜、财产。接着向西攻打，赶走了月氏，又向西兼并了楼烦、白羊，占领了秦将蒙恬所夺回的全部土地，迅速强大起来，拥有能拉弓射箭的士兵四十多万。从此，匈奴单于的矛头便指向了繁华富庶的中原地带。

面对这样的强敌，年轻的武帝一直在寻找对付的良策。

第九章

养马未央宫

从太白山到帝都长安，绵绵数百里只消五日就走到了。多亏两骑蹄下生风，善奔疾驰。在山沟里栖息了多半年，不上就下，不晴便雨。俯首见溪流，抬头一线天，视野狭小。乍进八百里秦川，平畴无垠，眼界顿觉开阔。正值秋粮成熟季节，谷子、糜子铺天盖地，一片金黄。这儿同汉中盆地相比，大有粮仓与米罐之别。

坐落在八百里秦川中心的长安城，从南向北望去，城垣高垒，森然而立。正中高阁三迭，那是南门城楼。楼下有三个大门，中间大门专供皇帝出入，门口有兵卒把守。城楼上有几十名披甲执戈的卫士守城，日夜瞭望远处。

张骞、小三牵马由右侧门洞进城，守门卫士见他们山野农夫装束就没有盘查询问。繁华的大街上，楼舍鳞次栉比，饭馆、酒肆挨门排户；高冠、纶巾摩肩接踵；车水马龙南来北往；牲口杂沓，人声喧哗不绝于耳。与寂静的山林相比，真是两个天地！他们饥渴疲劳，不想东游西逛，就先找一个僻静的小店，随便点几盘小菜，打一壶酒，再买几个烤饼，靠墙临窗有滋有味地吃喝一阵子。

从店老板口中得知，汉景帝果然不久前晏驾了，他发出的募人戍边的诰令自然也废止了。如今又是一个新帝王登基，还不知会有什么新的动作。闻听此言，他俩顿感失望，连几案上的酒菜也觉索然无味了。小三愁眉苦脸，张骞低头沉思，一桩桩往事涌上心头。在故里惩治饶雄恶少，惹怒"土皇帝"饶啬夫派人捉拿。星夜避祸奔逃，岂料途中被饶啬夫管家一伙追捕，幸遇鹤哥搭救。太白山隐居半年，鹤哥又谆谆教诲，习武学医，大长见识。幼年虽学会骑马，哪有今日飞身跳跃、马腹藏身之技？也曾自制竹箭射伤过一只白鹭，哪有今日的矢无虚发、百步穿杨之功？至于舞剑、练拳，哪有今日的得心应手和变化无穷的套路？更何况新学点穴之术，那是可定生死的绝招！诸多回忆更添几分失望之情。

从小店出来，他和小三牵着两匹牲口在街头无精打采、漫无目的地溜达，对这个仰望已久的大汉都城，二人却感到陌生、渺茫起来。

"咴咴——咴咴——"突然身旁的两匹坐骑前蹄腾空、翘尾扬鬃、昂首嘶鸣，似乎在为它们的新主人怀才不遇而鸣不平。眼下人地两生，举目无亲，何处是归宿？小三心灰意冷地说："骞哥，如今投军无门，谈何报国？依小弟之见，还不如回太白山再过那自由自在的隐居生活，鹤哥定会关照我们的。"

"急什么？既然来了，好男儿绝不回头。咱们再打听打听，我想，一苗草有一苗露水，苍天有眼，不会给一条绝路吧？"

"流浪街头，鬼混日月，我可受不了。骞哥，咱们的盘缠没有多少了，食宿困难呀！"

张骞早就铁了心："没有多少也用不着担心，等山穷水尽再说。"

两匹马一前一后驮着主人快步向前。这时迎面驰来一队骑马的锦衣侍卫，扬起团团尘埃。张骞、小三立即下马让路，并向趾高气扬的锦衣侍卫投去羡慕的眼光。他们的两匹马又昂首嘶鸣，仿佛在向驰来的陌生同伴打招呼。常言"六畜比君子"，牲畜也有自己的感情。岂料这一声"招呼"惊得驰来的马队乱了阵脚。领头的一匹枣色马突然跌倒在地，四蹄朝上乱蹬。那位戎装的骑郎被摔下马背，滚得老远。

后边的骑士们纷纷下马，拥上前去搀扶那位满身尘埃、甚为狼狈的骑郎。一名手摇马鞭、气势汹汹的骑士逼近张骞。此时骑郎已经走过来了，瞅了瞅这两个山野农夫装束的青年汉子，顿生一腔无名怒火："快把这两个混蛋给我揍一顿！"

"郎君且慢！"张骞很有礼貌地打了个阻止的手势说："容小人讲个明白。"

"你小子故意牵马挡道，当街嘶鸣，我的坐骑受惊倒地，敢不知罪！"

"郎君息怒！你的坐骑并非我马所惊，实属火毒内结，暴病卧地。不信，你看它腹胀如鼓，若不立即抢救，只恐怕……"

骑郎回首一看，果然见躺在地上的枣色马，口吐白沫，肚腹结胀，痛得胡乱蹬蹄。看来，确是暴病无疑。骑郎怒色稍解，问张骞："你如何知道它是火毒内结？"

张骞神情坦然地回答："此病我们乡下称'结症'，我们俩从小就侍弄牲口，经见得多了。"

"就算结症吧，可怎么个治法呢？这匹马伴我多年了，万一有个三长两短，我可舍不得呀！"骑郎急得团团转。

张骞当机立断，顺手解下马缰，把袖子一挽说："郎君别发愁。"他让小三上前搭手，先将前后马蹄一捆，用手伸进马肛，掏那干结难排的小粪蛋，经过一阵紧张的抢救，那匹马终于起死回生了。它在原地打了个滚儿，"咴咴"几声站起来了。不住亲昵地向张骞、小三扬蹄甩尾，还吐出舌头舔舔张骞的手背，感谢他的救命之恩。

骑郎一把拉住张骞刚用水洗过的湿手："真没看出你有这个本事。今日救活了我的马，我特赏你钱五百文！"

张骞连连谢绝："郎君不必客气！今日是咱们有缘，能为郎君效劳甚感荣幸，何谈犒赏。不过我要提醒郎君，这种病夏秋季节多发，今后喂养，要多留心才是。"

你道那位骑郎是谁？他就是当朝天子最宠爱的侍卫公孙敖。自幼能骑善射，早在刘彻做太子时就常常伴随他出外射猎。如今刘彻即位，自然成为汉武帝的一名心腹大臣。今日出行是专为武帝去上林苑选择狩猎场地。

公孙敖问明情况，当即把他俩带回未央宫厩苑，当了专职养马的马夫。

真是天无绝人之路！张骞和小三进入未央宫，环境陌生，但年轻的朋友很多，没几天就混熟了。特别是公孙敖和卫青，对来自汉水之滨的两位新伙伴倍加关照，视为兄弟一般。

卫青是河东平阳（今山西临汾）人，他的母亲原是平阳侯府上的一个奴婢，后嫁于一户姓卫的人家，生下四个子女，即长子卫长君、长女卫君孺、二女卫少儿、小女卫子夫，因母亲没有名字，左邻右舍都称她卫媪（媪为老年妇女通称）。

平阳侯有钱有势，娶平阳公主为妻时，样样排场，声势浩大，曾把一位县吏郑季调至府中筹办婚事，恰巧卫媪在此。郑季竟使出手段与卫媪私通，生下私生子卫青。起始郑季还存有一点父爱，但总是应付，时间一长，就忘掉父亲的责任。

卫媪是个下层妇女，不幸丈夫病故，无力抚养这个孩子，就把卫青送到亲生父亲郑季家里，当面向卫青交代："这是你的亲生父亲，他对不起我，但毕竟和你血脉相连。我不想让你和我们一家受苦受累，今后这里就是你的家。"

回到亲生父亲身边的卫青，生活过得并不开心。郑季根本没把卫青看作亲生儿子，他的夫人更看不起卫青，郑家的几个儿子也不把卫青当作手足兄弟，随意嘲笑、打骂，吃饭也不让坐在案前，连衣服也不给换洗。没过多久，夫妻俩一商量，就让卫青每天上山放羊。白天，他躺在草地上看着天上的鸟儿自由飞翔，耳边却响着父母、兄弟的指责打骂声；傍晚回家，还要担水劈柴。吃饭时，只能和仆人在一起；睡觉的床铺便是羊圈一角。卫青受尽了生活的折磨，眼泪只能咽下肚子，从小学会了隐忍，没有一点锋锐之气。

卫青不愿再受郑家奴役，回到母亲身边哭诉，卫媪只得厚着脸皮又去央求平阳侯，让他暂在侯府栖身，当了一名马夫。此时，卫青三姐卫子夫已成为侯府的歌女，他可得到姐姐的照料。

在侯府养马并不劳累，每日空余时间常约几个好友练习武功。有一次，卫青和朋友公孙敖等人外出，遇到一位擅长相术的人，老人突然对他说："你天生贵人福相，将来必定封侯。"卫青笑道，"我身为奴仆，岂有封侯之日？只要不挨打受骂就算万幸了，阁下不必妄言。"

春和景明的一天，平阳侯偕公主外出游猎，公主见这位马夫气宇轩昂，行动敏捷，对其留下深刻印象。后询问府内侍女，得知马夫卫青是卫子夫小弟。她立即唤来对卫青说："让你喂马太委屈你了，从今日起，你做我的骑奴吧！"卫青本来骑术精良，当了骑奴，跃上马背更显潇洒英武。

汉武帝自封陈阿娇为皇后后，一直没有太子出世。姐姐平阳公主一直为此事忧心如焚，到处物色良家女子养在府上悉心调教，希望有机会受宠于弟弟。姿色出众的卫子夫能歌善舞，就是她调教的一朵含苞待放的花。

天下美女多如星，只有北斗星最亮。一日，武帝外出，傍晚顺便宿在姐姐府上，机会终于来了。平阳公主将数十名美女唤出歌舞，让弟弟刘彻欣赏，刘彻第一眼就看上了卫子夫。她那凝脂般的肌肤，盈盈的眼神，行云流水般的舞步，黄鹂唱春般的歌喉，凌波仙子般的身段，立即吸引了刘彻的目光。他不住地击节赞叹："太美了！太美了！真是一位难寻难觅的芙蓉花仙降临世间。"

公主打心底高兴，她深谙弟弟的心意，当晚就让卫子夫侍候武帝。未出三日，卫子夫被送入宫中，武帝特意安排四个宫女服侍起居。

子夫进宫受宠的消息传入皇后陈阿娇耳中，气得她火冒三丈，将子夫视为眼中钉、肉中刺，但卫子夫在皇上这棵大树庇护下，皇后不敢对新宠施展淫威。皇后日思夜想，终于有了主意，决定从子夫的弟弟卫青头上开刀。原来子夫入宫时，卫青同她一路，被武帝安置在未央宫骑郎公孙敖部下。皇后暗中派人抓捕了卫青囚禁于地牢中，等待机会除掉，以报复卫子夫。

世上没有不透风的墙。公孙敖得知消息，约上好友张骞、曾小三等一群忠义之士潜入地牢，把卫青救了出来，并报奏皇帝清查主谋。平阳公主也不答应，找到刘彻评理："陈阿娇太过分了，真是欺人太甚！卫子夫是你的爱妾，卫青是你安排在未央宫，这分明是冲着你来的。任她胡闹下去，皇宫能平安无事吗？"

武帝亦感到震惊，对姐姐说："阿娇太放肆了，朕非治治她不可。"

公主走后，夜幕降临。卫子夫侍候武帝就寝安眠，虽然二人紧紧相拥，卫子夫总觉得心里有事放不下来，思前想后，好一阵子才说："我入宫时日不久，宫里十分复杂，陈皇后的行为固然有错，幸好小弟卫青有惊无险，也是由于皇上宠爱臣妾而迁怒于卫青的。只要皇上以后对皇后好好规劝就可以了，万万不可把此事张扬闹大，不然臣妾担待不起。"

武帝非常亲昵地说："爱妃言之有理。不过，你放心，我自有办法。"卫子夫还想说点什么，刚开口就被一个长长的亲吻压住了话头。

第二日，武帝就把卫子夫册封为美人，并召见卫青，擢升为建章监。受尽人间坎坷的卫青，身份、地位骤变，但他对部下亲友亲近如故，甘苦与共，尤其对恩人公孙敖和张骞的情谊最深。卫青深知，自己命运的改变，都因三姐受宠之故，虽然逃过一次大劫大难，算得上福大命大，官运亨通，但不是自己创立的功业，算不上真正的男子汉。他不想今后再借光三姐，而应自强自勇，发奋向上，益民报国，干一番事业。

第十章

小郎官角抵显身手

一日清晨，东升的太阳像一位含羞带嗔的少女，从东山顶慢慢露出她那粉红的脸儿。露珠儿从小草、花木的叶瓣上悄然滴落。公孙敖与卫青信步来到张骞、小三的厩舍，只觉呼呼啦啦一股雄风迎面袭来。他们俩驻足发现东隅有人跌、扑、滚、翻，剑光闪闪，嗡嗡作响。上挑下挡，左刺右劈，迅疾如风驰电掣，连飞虫也难近身。公孙敖看得入迷，卫青连连称道。

舞剑人正是马夫张骞，闻声急忙垂剑揖礼。

"哈哈！有此绝技，为何藏而不露？"公孙敖笑问。

"是啊，骞弟进宫数月，我还是头一回见你舞剑，竟如此娴熟精妙！"卫青喜不自胜。

张骞笑答："谁不知二位兄长能骑善射，剑术亦精。我初学乍练，岂敢班门弄斧。"

这真是无巧不成书。偶然会面，犹如俞伯牙遇到钟子期，三人都找到了知音。公孙敖常同张骞切磋骑射之术，张骞也向卫青探讨舞剑之窍。日久得知张骞虽来自汉中村野，但是待人诚笃，胸怀大志，抱负不凡。前不久公孙敖特将张骞喂养得滚瓜流油、毛色光亮的骏马送到武帝御用马厩，专供骑射乘坐。武帝一见此马出众、行走如风，第二天就带上十来个护卫微服出巡，骑上这匹新马前往南山驰射。武帝一路上超越众骑，践踏即将成熟的秋粮作物，引起百姓愤愤告官，官府派人前来捕捉，随行骑士出示宫中御物方得脱身。是夕一行人至柏谷投宿，男店主怀疑他们是盗贼，欲暗引壮士缉拿送官治罪，幸被独具慧眼的女店主识破，认为是贵人到此，故用酒灌醉夫君，武帝才得以脱身。

翌日武帝回宫后遣人召店主夫妇，男店主酒醒，吓得魂不附体。妻子说明真相，放胆同到宫中谢罪，武帝却犒赏女店主千金，并将男店主赐为侍郎。夫妇连叩几个响头离去，遂传出因祸得福的一桩奇闻。

转眼寒风凛冽的冬季到了。一夜纷飘的鹅毛大雪，给长安城里的殿阁楼舍、郊外的平川大坝，以及远离京都的太一山披上了银光闪闪的铠甲。东山冉冉而升的朝阳，被不断散发冷气的皑皑白雪反衬得不再像往日那样喷薄橘红色的光束，而变得黯然失色，毫无半点光辉，恰像一块惨淡、苍白的碟形冷玉，悬缀在蓝色天幕上。

从严寒雪夜中睡醒不久的街坊百姓，启门一看半尺多厚的积雪，个个面呈喜色。好！又是一个丰年预兆！一些手勤脚快的老翁老妪起个大早，先低头弯腰清扫各自门前的雪路。那些闻雪即狂的童稚，先后"叽叽喳喳"欢叫着跑出家门，仿佛出林觅食的小鸟，忘却大雪初霁的寒意，三个一团、五个一伙忙着打雪仗，堆雪人，条条街衢都欢腾起来了。

皇宫里的晨钟撞响了。洪亮、悠长的音响震颤着长安的条条街巷，慢慢地越过城垣飘得很远很远。

轰隆一声巨响，两扇沉沉的宫门打开了，接着挎刀背弓的一队骑卒簇拥一辆雕玉镶翠的六骏御辇直奔大街。随风漫飘的旗下跟着六名彪悍的武士，护卫着辇内端坐的一位全身戎装的英俊少年。从那圆领宽额、黛眉凤眼、方口厚唇、鼻梁高隆的仪表来看，定是当朝天子刘彻无疑。拉辇的御马昂首扬鬃、奋蹄如飞，蹄下溅起层层雪浪，车辖辘辘轧轧鸣响，在晶莹洁白的雪地留下两道深深的辙印。随行的两只毛色略黄的猎犬龇牙咧嘴，在御辇两侧时前时后地奔跑。这一支皇家猎队浩浩荡荡煞是威风，把那些急急回避、垂首跪于街巷两旁的百姓吓得心惊肉跳。

武帝年少气盛，游猎是他的一大癖好。昨夜一场大雪铺天盖地，飞禽走兽觅食艰难，正是猎获佳机。他匆匆用过早膳，吩咐左右侍从，驱车向上林苑驰去。

上林苑原是秦国的宫苑，秦始皇统一天下后在苑中扩建朝宫，秦灭汉兴，此苑一度荒废。汉高祖十二年（前195）诏许百姓入苑开垦，到景帝盛世复收为宫苑。刘彻即位又在苑内扩其规模，已建离宫、观、馆三十多处，放养禽兽百种以上，专供狩猎游乐。

这个皇家猎场北起渭河，南到秦岭，方圆三百多里，还是一个别具特色的御花园和植物园，奇花名果异木达千余种，诸如桃、李、梨、枣、梅、杏等，都是朝臣从全国各地进献到京都的地方著名特产。透过那花红草绿、树茂果香的奇丽世界，人们自可领略出汉时长安的昌盛与文明。

进苑后在一个丘壑地带，猎队放慢了速度。跑在最前的一位彪悍骑卒翘首环视片刻，松缰下马向六骏车辇跪奏："陛下容禀，进苑二十多里，此处沟岭纵横，林木遮天，蒿草密布，最宜猎捕珍禽异兽。"

"即刻撒围！"辇内的武帝探出头来四顾一周，神采奕奕地向侍从发出御令。百多名骑卒立即勒缰催马，组成一个偌大的四周设防的包围圈。接着锣鸣鼓响，众卒呼号，猎犬在荆棘蒿草中乱窜，惊醒了卧雪懒睡的山羊、花鹿、野狐……

"梅花鹿！"车辇上的一名卫士惊呼。

武帝顺卫士所指方向投去锐利的目光，只见一只受惊小鹿在百步之外的荆蓬中探头慌窥。武帝立刻引弓发出一箭，可怜的小鹿便倒在地上翻着滚儿。

"射中了！射中了！"卫士中爆发出一片喝彩声。就在小鹿挣扎欲逃的一瞬间，武帝又飞出一箭，竟射中了鹿眼，小鹿两只前蹄弹了几下便一动不动了，喝彩声又雷鸣般地响起。

众人猎兴正浓，一只火红的野狐从毙命的梅花鹿身边一掠而过。武帝正欲开弓，那家伙却隐入蓬蒿中了。溜走罕见的红狐，武帝自觉晦气，将弓箭一扔，龙颜顿敛笑容。此刻，车辇后冲出几名弓箭手，向红狐隐匿的地方驰去，不大工夫，一个身材魁梧的骑卒高擎猎物而来。武帝正在惋惜不已，忽见红狐被猎获，甚为惊讶，遂向身边的公孙敖问道："他是何人？"

"陛下，此人就是宫中新选的马夫张骞，骑射之术超人，陛下的千里马就是他喂养的。"骑郎公孙敖举荐张骞的念头萌生已久，岂能错过今日良机？

张骞在御车前擎狐跪禀："陛下万岁！小卒特献上猎物！"

武帝龙颜大悦："张壮士平身。今日朕赏汝十金！"

"陛下恩赐，小卒安敢贪享！"

公孙敖又趁机进言："陛下，张骞特为圣上猎回异兽，忠心耿耿。依小臣之见，可否留在君侧，日后常随出猎？"

"正合朕意，那就封他为骑郎吧！"

随猎的卫青忙说："张骞还不快谢圣恩！"

突然受封的张骞由于惶恐不安而手足无措，一经别人提醒，马上谢恩，并说："侍君左右，愿效犬马之劳，万死不辞！"

张骞猎射红狐得到武帝赐封，一举成为俸禄三百石的郎官，每日可出入宫廷，侍奉皇帝，身价倍增而受人敬重。

"郎"是帝王侍从官的通称，始于战国，秦汉沿置，有议郎、郎中、侍郎、辇郎、骑郎、郎署长等，官无定员，多达千人以上。张骞刚入宫廷，处处感到陌生。他历经世事，已悟人生真谛。世态炎凉、宦海浮沉的世相提醒他谨言慎行。他前几天在宫廷御膳中偶然发现黑米珍品，一打听原是汉中城固所产。县令因进献此珍品官运亨通，不几日擢升为汉中郡吏，真乃天下奇闻。想起幼年在家乡培育黑稻，良种遍及渭汉平原，岁岁丰稔。一日县令亲临宅院，百般奉承嘉奖，年年巨量征收，原来包藏着不可告人的私欲官瘾，以黑米为阶梯，县令终于爬上显位。难怪汉中传出

"黑米郡吏"的笑闻！

一连数日的狩猎活动使武帝感到有些疲劳，兴味大减。早有窥测君心的侍从别出心裁地另筹良谋，遂传出某日在长乐宫御苑棋亭前举行角抵表演，对胜者进行嘉奖的消息。武帝对这个新鲜活动很感兴趣，诏令文武百官、宫娥彩女届时观瞻。

这一天长乐宫热闹非凡，胜过元宵佳节，张灯结彩，笙歌阵阵。棋亭前的广场上人山人海，围成一个水泄不通的大圆圈。里边有三个俘获的匈奴汉子正在和汉朝的三名侍卫比试摔跤。六人皆四肢如椽，力大如牛。在铿锵的紧锣密鼓中，三对摔跤汉龙腾虎跃，跌扑滚爬，各有胜负。

棋亭中武帝和宠妃们看得兴致勃勃，不时地被战败者的狼狈相逗得前仰后合。如此轮番比试，总是胡人最终取胜。武帝暗自思忖，听说胡人常年吃牛羊肉，果然力大无比。若是这样收场岂不长了匈奴的志气，灭了我汉家的威风？武帝不禁面呈愠怒，侧首询问卫青："侍卫中还有无敢于对阵者？"一言未了，从卫青身后闪出一位貌不惊人的壮汉，摩拳擦掌地请缨上阵。武帝见是前几日向他进献红狐的骑郎张骞，顿时龙颜大悦，即令出场。

那连连取胜的三名胡人中，已有两人志得意满而飘飘然了。分明是讥笑中原虽强，力士无几。唯有一人表情如常，对败阵的汉子彬彬有礼，此人是一个贵族家奴，因没有名字而被唤作堂邑父，也称甘父。他是景帝时随匈奴入侵汉朝边境抢掠粮物而被边将俘获的敌囚。武帝念其出身低贱、骑术超伦，特宽大为怀赦死为奴，让他在军中协助操练士卒。刚才与汉人摔跤斗力，此人表演得殊异不凡。

自幼常与乡野顽童进行角抵的张骞，又经十多年的练拳习剑，深谙摔跤要领。加之方才目睹胡人摔跤的"招数"，已经胸有成竹了。

赤裸着上半身的甘父，见对手是一位与自己相当年龄的汉人，顿时警觉起来，不敢掉以轻心。他们俩左盘右旋、前推后让，各寻战机。甘父一连猛扑三次全都落空，无名恼怒立形于色。他凝气于丹田，暴出双臂青筋，吼声如雷贯耳，来了个饿虎扑食，抓住张骞两腕，推如排山，拉如倒海，其势凶猛，非千钧之力难以抵挡。张骞既勇且智，巧妙周旋，见其不备来了个古树盘根，迅雷不及掩耳地使甘父打个趔趄，失去重心猝然倒地。惊得武帝霍然起身，宫娥彩女们鼓掌喝彩。

首次交锋张骞取胜，甘父并不服输。接着又来两个回合，依然是甘父败阵。至此，这个力大如牛的胡奴，当场跪拜诚服于张骞。

武帝把张骞召至面前，赏以重金。

夜晚，张骞、公孙敖被卫青邀约至府宅喝酒，同为张骞庆功。卫青说："你为汉朝争了光，得到陛下的奖赏，我们俩也荣幸得很。不过我想，你早该在京城娶妻成家了。"

"对，应该有个妻室，早晚享享天伦之乐。"公孙敖也再三叮咛嘱咐。

"唉，不提倒也罢了，一提此事我就心酸。不瞒二位兄长，七八年前我在家乡城固定下过一门亲事，还未过门她就离开人世。村里人都说我是白虎星，把人家'克'了……"张骞满腹惆怅，连斟连饮，借酒浇愁。

卫青说："别信那一套，那是无稽之谈！"

公孙敖说："我帮骞弟在京另寻！"

张骞摇头："我张骞来此投军，志在报效国家，岂能看重儿女私情？倘若误君误国，又怎对得起父舅母弟？如今远离故土，连个音信都未捎回，还不知母亲的死活，哪有娶妻成家的心思！"

从卫青府宅归来已是三更三点，张骞心乱如麻，久久不能入眠。破晓时分却做一梦，见弟弟携母沿路乞讨，到长安哭诉家宅突然失火烧毁，娘俩无家可归……

第十一章

找上门的亲人

张骞在褒斜栈道口遇救后，被野鹤子手抛脚踢摔入褒河的饶啬夫管家及三名家仆，于次日午后匆匆如落水之狗，慌张似惊弓之鸟而狼狈逃回。管家对饶啬夫谎言禀告，说张骞、曾小三勾结贼匪钻山为盗去了。

这个姓姚名拴子的管家，是个专欺弱小、为虎作伥的势利小人。那一日狗咬曾小三，就是他教唆饶雄挑起事端的。张骞打抱不平惹怒饶雄，两人厮打一块，仍是他一石误砸饶雄头部，为逃脱罪责而嫁祸张骞。张骞、小三惊慌中认为饶雄已死，有口难辩，只得东藏西躲。又因饶啬夫派人追捕甚急，才急急深夜而逃。

其实，饶雄并未殒命，从昏迷中醒来后不会言语，见人总是傻笑不止，即使支支吾吾，也是颠三倒四，不知所言。鱼肉百姓的饶啬夫越看越有气，加之姚拴子挑灯拨火，激怒他派出家仆前往白崖村破门而入，却没抓到张骞。

张俭和母亲从县城南关舅妈家匆匆赶回白崖村时大吃一惊，一把新锁子被砸烂后扔在一边，两扇大门迎风敞开，院子里一片狼藉，只有几只老母鸡在墙角觅食。张俭先去看大黄牛，大黄牛一见主人"哞——哞——"直叫；再看几只小山羊，小山羊饿得乱碰圈门。王氏最担心的上房内室，几案倒地，箱柜倾斜……经过仔细清查，所幸衣物、畜禽未曾丢失。

明眼人一看全然明白，原来饶嵩夫指示几个家仆抄家，不是为抢什么东西，目标是搜寻、捉拿张骞。幸亏张骞有脑筋、会判断，料定回家必遭殃，才在江边芦苇丛中藏身。

虽说抄家抓人有惊无险，但毕竟是一场劫难。自王氏嫁到张家以来，丈夫一直勤勤恳恳，待人友善厚道，做事规规矩矩，无人说过一点不好，可如今竟是这个下场，气得她啜泣了大半夜。

第三天早饭罢，一位年近半百的陌生男人，背一袋粮食喘着大气进了门，王氏感到十分诧异，不知是哪家亲戚，哪方朋友？一时记不起来。机灵的俭儿先开口了："老伯是卖粮的吧？你走错了地方。"陌生人笑眯眯地说："我是送粮的，不是卖粮的，没有走错地方，这里就是张汉灵家，我记得清清楚楚。"

一提张汉灵，王氏的疑虑更重。来客素不相识，但看他那一身灰土、黑压压的短胡茬，是个地地道道的农民，绝非心术不正之人。她示意俭儿奉茶，请他坐在案前慢慢叙话。

气氛缓和下来，陌生人自我介绍："今天头一次见面，我叫姚福，家住沙家铺西边，祖祖辈辈务农。来时没啥可拿，就顺便带来一点稻米，千万莫多心，谁家不遇个三灾八难？听说你们前几天被抄了家，只要人没吃亏就好。"说到这里，他把目光移到面前孩子的身上，突然发出感叹："日子过得好快呀，转眼孩子都二十多岁了。"

王氏见来客老是瞅着面前的俭儿，并能说出孩子年龄，她推测十有八九是俭儿的亲生父亲上门了。养子亲生父亲终于出现了，应当让他们父子相认相叙各自的岁月沧桑。可又一想，不行，天下哪有这样的好事？我把孩子一把屎、一把尿地拉扯大，现在成了精壮壮的小伙子，孝敬父母，知冷知热，会种庄稼，能犁能耙，岂能让他白领回家？此刻，王氏双眉紧锁，收敛了刚才的满脸喜悦。

姚福摸准了女主人的心事，趁机把话挑明："只管放心好了。我是来看望你的，不是来认领孩子的。"

王氏说："认领谁的孩子？这是白崖村，我们姓张，你明白吗？"

"我当然明白，请你回忆一下，二十多年前的那个夏天黎明有印象吗？"

提起这桩往事，王氏一阵心酸，那个夏日黎明让她一辈子也难忘掉。孩子都是母亲身上掉下来的一块肉，当初她还责怪那个丢弃婴儿的母亲。张汉灵还四处打听孩子亲生母的下落，始终无结果，只好亲自喂奶，视如亲生，转眼就是二十多年。

王氏也对俭儿谈过此事，俭儿产生过回到亲生父母身边的想法，但不知亲生父母姓甚名谁，家住何处，更主要的还是舍不得离开养父养母和满腹才华、胸有大志的骞哥。今日终于和亲生父亲见面了，真是喜出望外，庆幸自己又多了一位亲人。然而，王氏的心结没有解开，她最怕有人乘张家遭难之机，专程上门冒认孩子。于是，向姚福提问，凭什么证据来认定俭儿是姚家的亲生骨肉？

姚福一口说出孩子左侧腰上有一颗红褐色的痣，王氏见俭儿伸手去摸腰上的那颗痣，"扑哧"一声笑了："摸什么呢？你爹说得很准。"她立刻笑容满面地上前拉住姚福的双手："啊呀，俭儿他爹，终于把你盼来了。我要好好感谢你，是你为张家送来一个好孩子。说实话，你应当把俭儿领回去，可我说啥也舍不得呀！他爹已不在世，他哥出门投军至今没有消息。要是俭儿一走，我老婆子可就无依无靠了。"

姚福再一次表示："俭儿永远是张家的孩子！"

这一句掏出心窝子的话，使王氏悬了二十多年的心，总算落了下来。她也对姚福表态说："不，从今往后，俭儿是我们两家共同的孩子！"

俭儿一直少言寡语，一见母亲的心结解开了，立即一手拉住生父，一手拉住养母，无比激动。

第十二章

和亲中的征战

刘彻登上皇位时年纪尚幼，太后很不放心，总以皇室长辈身份为他出谋筹划。但刘彻人小志高，雄韬宏略在胸。起始总嫌太后碍手碍脚，听而不纳，阳奉阴违，继而斩断羁绊，为所欲为，慢慢摆脱了长辈参政。

有天，武帝批阅不少奏章，见对匈奴的"和"与"战"论者居多，各述利弊，纷纷谏言。读着读着，武帝飘忽的神思便牵引出昔日的岁月往事。

记得昔日幼读之上，曾有"学其诗书，可以识文断句，得书中之道，方治国安民，定邦振畿"之言，乃其师所教诲也。后来，博学多才的老师还讲了匈奴的历史，如今依然历历在目。还有一件事印象最深，那是高祖从平城撤军后，韩王信逃到了胡地。当时的匈奴首领是冒顿，拥有强大的兵力，光射手就有三十万，经常侵扰北方边境地区。高祖担心匈奴的威胁，就向刘敬征求意见。刘敬说："现在天下刚刚安定，将士们也都累了，不可再让他们去打仗。匈奴首领冒顿当年杀掉了自己的父亲，自封为单于，还娶了庶母当妻子，仗势欺人，横行霸道，跟这种人讲道义没一点用处，匈奴人不讲仁义道德。不过我倒有一个办法，不知皇上肯不肯接受？"高祖急问："什么办法？你快说。"刘敬侃侃而谈："可以使用长远之计，让单于的子孙成为汉朝的臣子。"高祖感到非常新鲜，笑着说："如果真能让他们归附，没有什么做不到的。依你看，具体该怎么办呢？"刘敬马上回答："皇上如果肯把皇后亲生的公主嫁给单于，再送去丰厚的礼物，问题就解决了。汉朝嫁了公主，送了厚礼，匈奴必定封汉家女子做皇后，皇后所生的孩子必然当太子，那就是未来的单于。皇上想一想，匈奴贪图汉朝的厚礼，如果每年能按时把汉朝剩余的却是匈奴缺少的东西赠送给他们，同时再派一些能言善辩的人去劝说冒顿，匈奴就不会对抗汉朝了。冒顿活着是汉家的女婿，死后，他儿子当了单于，就是汉家的外孙。哪有外孙和外公对抗的呢？所以，汉朝根本用不着出兵就可以使他们归顺服从。"

高祖听罢觉得颇有道理，担心的是皇后舍不得自己的亲生女远走草原，刘敬马上说："若是皇上舍不得嫁公主，另找一个皇族女子或后宫女子冒充公主也可以。但时间一长，匈奴会发现的，一旦发现，是否再受宠幸就难说了。"最后高祖还是决定另找一名宗室女子充公主嫁与单于，并派刘敬前去缔结和亲盟约。

刘敬从匈奴回来后向高祖报告："匈奴河南地区的白羊王和楼烦王，统领强大的弓箭骑兵正向汉朝疆域逼近，离长安超不过七百里。关中经过数年战争，到处一片破败景象，土地肥沃却人烟稀少，皇上应该立即移民到那里。虽然已经定都长安，实际上长安人力不足，势力不强。况且北境接近匈奴，东边是六国诸侯的王族，一旦发生什么变乱，关中可就危险了。我建议把齐国的田氏，楚国的昭、屈、景三家，燕、赵、韩、魏各国诸侯的后代以及天下的富豪之家都迁到关中。这样，天下不安定时可以靠他们抵御匈奴，诸国要是叛乱，可以率领他们去东征。这是加强中央的势力，削弱地方势力的好办法。"高祖十分赞同。领办的人亦然是刘敬，短时间内就有十多万人迁到关中，汉朝日渐强大，汉都日渐兴盛，刘敬又被高祖封为建信侯。

从此，刘敬的和亲之策成为惯例，每隔几年就得向匈奴进贡讨好，可是昂贵的代价并未换来边境的安定与和平，匈奴仍然无休无止地进犯中原。

高祖逝世后，惠帝及吕后时期，国力还很空虚，匈奴显得十分猖狂。冒顿竟然写信给吕后，态度极为无礼，气得吕后要攻打匈奴，消消他们的气焰。可将领们说："凭着高祖的贤能、勇武，还被围困在白登山数个日夜，出兵千万要慎之又慎。"吕后只好作罢，复与匈奴修好。文帝即位也是如此，但文帝前元三年（前177）五月，匈奴右贤王进入河南居住，不断侵袭上郡，杀害百姓，掠夺财物，得寸进尺。于是，文帝命令丞相灌婴带领八万多骑兵攻打右贤王，右贤王逃出了边塞。

第二年，匈奴向汉朝送信说："大单于不大愉快地问候皇帝平安无事。以前皇帝所说和亲之事，双方皆大欢喜，但最近汉朝边境的官吏侵袭、侮辱右贤王，右贤王未向我请示，而听信奸人的计谋，和汉朝官吏对抗，断绝双方君主的盟约，离间兄弟间的感情。皇帝责备的信两次送来，可我们派出使者送信回复，使者未能返回，汉朝又不派使者说明原因，看来不愿与我们和解。我们已责罚了右贤王，派他西征月氏。凭着上天的福佑，消灭了月氏，斩杀了反抗的人，降服了他们。而且还平定了楼兰、乌孙等二十多个国家，都成为匈奴的属国。所有弯弓射箭的人，都合并为一家，北方已经平定。我希望可以停止战争，休养生息，恢复过去的盟约，顺应自古以来的友好关系，世世代代和平快乐。不知道皇帝意下如何，所以派郎中系零浅呈送书信向您请示，并送上骆驼一匹，可骑乘的马两匹，可驾车的马八匹。皇帝如果不希望匈奴靠近边塞，那我就诏令百姓远离那里。使者到达后，请马上送他回来。"

匈奴使者在六月中旬来到薪望这个地方，书信送到，汉朝立即召集文武大臣商议攻打与和亲哪个办法更有利。公卿大臣都说道："单于刚打败了月氏，正处于胜利的形势，不宜进攻他们。况且匈奴的土地都是盐碱地，不宜居住，还是和亲最有利。"汉朝就答应了匈奴的请求。

文帝前元六年（前174），汉朝送信给匈奴说："皇帝恭敬地问候匈奴大单于平安无事。您在信中所建议的，我十分赞同，这是北方圣明君主的意见。汉朝愿和匈奴结为兄弟，所以才送给单于十分丰厚的礼物。但违背盟约、离间兄弟感情的人，常常是匈奴一方。如果单于能够明确地告知各位官吏，让他们不要违背盟约，遵守信用，那么我们将恭敬地按照单于信中的意思来做。我们现在送给您的有皇族官员穿戴的绣袷绮衣、绣袷长襦、锦袷袍各一件，黄金装饰的宽衣带一件，黄金带钩一件，绣花绸十匹，锦缎三十匹，赤绨和绿缯各四十匹。"

后来不久，冒顿去世了，他的儿子稽粥继位，号称老上单于。文帝就送皇族的女儿给单于做妻子，还派宦官燕地人中行说去辅佐公主。中行说扬言不想去，汉朝就强迫他。岂料中行说到了匈奴后立即投降单于，单于十分宠信他。

最初，匈奴喜欢汉朝的缯絮和食物，中行说说："匈奴人数比不上汉朝的一个郡，其强大的原因，是衣食和汉人不同，不用依靠汉朝。如果用汉朝的缯絮做成衣服，穿上在草原荆棘丛中骑马奔驰，衣裤都会被挂破，这说明汉朝衣裤比不上旃衣皮袄结实耐穿。而汉朝食物也比不上匈奴的乳汁和乳制品方便美味。"

后来，中行说还教单于身边的人如何计算、核查他们人口和牲畜的数量，彻底背叛了汉朝。

当汉朝送信给单于，写在一尺一寸的木片上，中行说就让单于送给汉朝的信用一尺二寸的木片，并且印章和封泥的尺寸都加宽加大加长，把信的开头话写得更加傲慢："天地所生、日月所置的匈奴大单于恭敬地问候汉朝皇帝平安无事。"

汉朝使者中有的说："匈奴的风俗轻视老年人。"中行说就诘难汉朝使者："汉朝也一样，凡派去屯守边疆的人要出发，他们年老的父母难道不拿出自己暖和的衣服和丰美的食物，送给出行的人吃穿吗？"汉朝使者说："是这样。"中行说又说："匈奴人都以战争为大事，那些年老体弱的人不能战斗，所以把丰美的食物供给健壮的人，这也是用来保卫自己啊！只有这样，父亲儿子才能长久地互相保护，怎么能说匈奴轻视老年人呢？"

汉朝使者说："匈奴的父亲儿子竟然同睡在一个毡帐中，父亲死了，儿子可以娶他后母为妻；兄长死了，活着的弟弟可以娶已故兄长的妻子为妻。而且匈奴人还没有帽子、衣带的装饰，以及朝廷的礼仪。"

中行说听后有点愠怒，可他是汉朝人不好发脾气，就做了一番解释："匈奴的风俗是人们吃牲畜的肉，饮它们的乳汁，穿它们的皮；牲畜吃草饮水，随季节而迁徙到其他地方。所以在危急的时候，人们就练习骑马、射箭，在和平的时候，人们就相安无事，他们受到的约束很少，君臣的关系也很简单，一个国家的政治，就像一个人的身体一样。父亲、兄弟死了，活着的娶死者的妻子为妻，是不愿意宗族灭绝。匈奴虽然人伦纲常混乱，但一定要立宗嗣。汉朝的人伦纲常虽然详备，不娶他们父亲、兄弟的妻子为妻，但亲属关系疏远，甚至于改名换姓，都是因为这个缘故造成的。过多的礼仪也有弊病，君臣之间会相互怨恨，都追求宫室的高大华美，必然耗尽民财。匈奴人靠游牧求取衣食，用精诚团结保卫自己，所以百姓在紧急时练习战斗，宽松时马上投入放牧劳动。唉，住在土石房子里的汉人最喜欢游手好闲，还是少言少语的好。"

从这以后，汉朝使者想要辩论时，中行说总是说："汉朝使者不要多讲了，只要你们送来布匹和粮食，而且数量足、质量好就行了，何必多说别的话呢？如果你们供应的物品不齐全，又粗劣，那么等到秋天庄稼成熟时，匈奴就会骑马来践踏你们的庄稼了！"

汉文帝前元十四年（前166），匈奴单于带领十四万骑兵进入萧关，杀死了北方地区的都尉，掠走了很多百姓和牲畜。匈奴的侦察兵逼近了雍地的甘泉宫。

大敌当前，文帝任命中尉周舍、郎中令张武为将军，出动一千辆战车，十万名骑兵，驻扎在长安城附近，防备匈奴侵犯。又任命昌侯卢卿做上郡将军，宁侯魏遬做北地将军，隆虑侯周灶做陇西将军，东阳侯张相如做大将军，成侯董赤做前将军，大规模派遣战车、骑兵去攻打匈奴。

单于指挥的精锐骑兵虽被汉朝军队赶出了边塞，却没有受到什么损失。匈奴一天比一天骄横，每年都侵入边境，杀害、掠夺百姓和牲畜，其中云中、辽东两郡受害最严重。于是汉帝再派使者送信给匈奴，单于也派当户送回信答谢，双方又讨论和亲的事情。

汉文帝后元二年（前162），汉文帝派使者送信给匈奴说：

"皇帝恭敬地问候匈奴大单于平安无事。您派当户且居雕渠难、郎中韩辽送给我的两匹马，我恭敬地接受了。先帝有规定：长城以北的地方，是拉弓射箭者的国家，服从单于统治；长城以内，是戴帽子束衣带的人家，全由我控制。我要让百姓耕种、织布、射猎来获取衣食，父子不分离，大臣君主相安无事，没有暴虐和叛逆的事情。

"如今我听说邪恶的好战者贪图攻战掠夺的利益，背信弃义，违反盟约，忘却千万百姓的性命，离间两位君主的友谊，但这些都是以前的事情了。您的信中说，两国已经和亲，两位君主停止战争，安定的日子重新开始。我十分赞同。圣人应该天天都使自己的道德言行进步，让老年人得到安养，年幼的人得到成长，人人都能安享天年。我和单于都遵循这个道理，顺应天意，体恤人民，天下之人无不获得利益。汉朝和匈奴是势均力敌的邻国，匈奴地处北方，寒冷、肃杀之气来临得早，所以我命令官吏每年都送给单于一定数量的金帛、丝絮和其他物品。

"如今天下十分安定，百姓和乐，我和单于作为他们的君长也很高兴。回想以前的事情，都是微末小事，是谋臣考虑失当，都不值得来离间兄弟间的情谊。我听说上天不会只覆盖一方，大地不会只承载一处。我和单于都抛弃以前的小误会，遵循大道理，消除以前的不快，共谋长远的利益，使两国的百姓像一家人。让我们都抛开以前的恩怨吧！我释免逃往匈奴的汉人的罪责，单于也不要再追究逃往汉朝的章尼等人的事情。我听说古代的帝王，善恶分明而决不食言。望单于记住盟约，天下就会特别安宁，和亲以后，汉朝不会先失约，望单于明察这件事。"

单于回书同意和亲，于是汉文帝就下令御史说："匈奴单于送信给我，说已经确定和亲，匈奴不入侵塞内，汉朝不出塞外，违犯现今条约的就处死，长久地保持亲近友好，今后不再有祸患，对双方都有利。我已经答应了。请向天下发布告示，让人们都明白这件事。"

此后的一段日子比较平静、安定。后来匈奴首领又换成军臣单于，军臣单于很不安分，突然大举入侵上郡、云中郡，各派三万骑兵越过长城南下，又对中原百姓进行抢劫掠夺，派张武等三位将军带兵分头反击，迫使匈奴退到塞外，并让周亚夫驻军长城沿线，时刻监视匈奴的动向。

景帝即位后，认为军臣单于领兵入侵，也许是忘记了父辈和汉朝订立的和亲盟约，便一边送信提醒，一边又向匈奴赠送珍贵礼品，表明汉朝仍然嫁公主与单于通婚，永远不违背盟约。军臣单于尝到甜头，好战行为有所收敛，然而积习难改，匈奴袭击坚守长城沿线边卒的事件经常发生。

但到武帝临朝就不一样了。武帝年少，足智多谋。虽效父皇所为，送给匈奴财物，还开通边境关市，让匈奴和汉朝边民多接触、多交往。他是希望单于以下的臣民逐渐亲近汉朝。但武帝时刻不忘反击匈奴，洗雪前朝之耻。最终，在派遣张骞出使数年后，武帝决定对匈奴用兵。他与朝臣商议，决定派马邑郡属下的聂翁壹故意违反禁令，私运货物和匈奴交易，佯称出卖马邑以引诱单于。消息传到军臣耳中，早就贪图马邑财物的军臣，立即率领十万骑士进入武州塞内。岂知汉军已在马邑附近分散埋伏三十多万精锐人马，并由御史大夫等五个将军临场指挥，专门伏击单于。

单于趾高气扬地进入汉朝关塞，深入一百多里，看到牲口遍野而无人放牧，觉得非常奇怪，就先攻打附近的哨亭。当时雁门尉史正在不远处窥探敌情，不慎被单于抓获，要当场杀掉。胆怯惜命的尉史马上下跪求饶，供出了汉军埋伏的地点。单于大吃一惊："好险！差一点上了大当。"他迅速带兵逃跑，不敢回看周围，直到出了关塞才对尉史说道："今日上天助我，抓到了你这个大救星，让我逢凶化吉。既然已来草原王土，那就封你做个'天王'吧！"

精明干练的武帝，初次用兵，到底缺乏军事经验，在单于面前失算了。如果不是雁门尉史这个软骨头叛变投敌，单于必在马邑一战中损兵折将，被杀个片甲不留……

第十三章

应募揭皇榜

一轮皓月当空，银辉烁烁透过窗棂洞孔，泻在御案的书简之上，与那摇曳的灯光融化在一起。深宫之中，武帝凝目静坐，不住地翻看成编的书简，眼前记载的是：

"使刘敬奉宗室女公主为单于阏氏，岁奉匈奴絮缯酒米食物各有数。"

读到此处，武帝禁不住怒火中烧，只听"啪"的一声，武帝把书简抛于地上，拂袖而起，在室内踱步、沉思，遂发出这样的自问："难道和亲之约就这般窝窝囊囊延续下去？"

霎时，飘摇在他眼前的又是一幅惨淡、萧条的图景：大汉初兴，人烟稀少，良田荒芜，经济凋敝；更有英布、陈豨，以及吴楚七国的叛乱……

而经文景之治的今天，村落毗连，六畜兴旺，沃土千里，五谷丰登；还有太仓积粮，谷米霉变；国库储金，堆积如山，钱绳朽腐，无以计数；市场繁荣，兵强马壮……

由不堪回首到今非昔比，武帝停止踱步，复来案前拾起书简。那紧锁的双眉被强盛的国力慢慢抚平。接着推开窗户，望那中天的玉轮，似乎比刚才更加皎洁明亮。在一阵悠扬的管弦歌舞声中，他看见了高耸的楼阁，辉煌的灯火；闻到了甘醇的酒味，甜美的稻香……

是夜，一幅彻底反击匈奴的军事战略图开始酝酿、描画：把匈奴控制的二十多国争取过来，不就砍去了匈奴的右臂吗？同大月氏联合起来，不就形成了对匈奴的夹击形势吗？使敌人东西受困，成为瓮中之鳖，看他们还能上天入地？

武帝越想越兴奋了，他筹谋定夺，要派使臣西去联络大月氏。

建元三年（前138）的早春某日，长安未央宫内垂柳轻摇，燕子剪飞，暖风习习，杏花吐香。宫中五步一楼，十步一阁，廊腰缦回，檐牙高啄。大殿正中的雕龙宝座上端坐着文韬武略的天子刘彻。宫女捧锦雉羽扇立于身后，内侍执白圭云帚站于两旁，气势威严庄重。

文臣武将衣帽各异，正在躬身朝拜。一阵山呼万岁之后，武帝向两厢朝臣言道："近日边关回报，匈奴背信弃义，在陇西郡治西部又烧杀劫掠我边民，数千生灵惨遭涂炭，朕甚为痛心。今堂堂大汉，物丰民康，士马强盛，岂能坐视不理？今日特召列位爱卿共商良策。"

御史大夫出班奏道："匈奴乃番邦游民，能骑善射，彪悍狂野，只可亲善，不能强攻。且高祖在位时已立和约，先帝沿袭至今。依微臣所见，先王之法万万不可随意更改。"

太中大夫王恢侃侃陈词："臣闻全代（战国初，"代"自为一国，后被赵襄子所灭）之时尚能击之，而今大汉崛起更能击之。"

郎中令石建一听王恢所言，惶惶不安，立即奏道："臣闻高祖当年被围困平城，数日不得食。解围后毫不动怒，反而派刘敬与之和亲，迄今已五世了。还是遵先祖之法，不击为好。"

王恢分寸不让，再据理争辩道："高祖不报平城之仇是因国力虚弱，民需生息，且为权宜之策。五世以来，天子曾嫁公主多人，年年赂贡金银珠宝、缯絮绸帛、粮物美酒数以万计，并未换来生民安乐。匈奴王公豺狼本性难改，只能以征讨报之……"

　　众臣颔首，以为言之有理。少言寡语的许昌等亦表示赞同支持。侍立在侧的郎官张骞心潮起伏，暗自激动。

　　武帝凝思良久，脑际又萦绕起不久前灯下的一幕。那一夜观阅卫青的奏章，写有匈奴降卒的一段供词：月氏国攻占邻国乌孙的土地，同匈奴发生冲突，汉文帝前元五年（前175）时，月氏人多次被冒顿单于挫败，国势日衰。至老上单于时已被彻底击溃。老上单于杀死月氏国王，还把头颅割下做成酒器。月氏经过这次国难，被迫西迁，大部在妫水一带定居下来，人称"大月氏"。他们十分痛恨匈奴人，时刻想着报仇，但自己力量单薄，一直苦于无人相助……

　　武帝把他那充满希望的目光移向刚刚晋升为侍中的卫青："卫卿有何主见？"

　　卫青早就拿定主意，他开门见山地说："陛下，微臣曾两次上奏。窃以为匈奴降卒的供词是个重要线索。若能与大月氏联盟，乃为上上良策。"

　　武帝突然离座，站在御案前把手一挥："侍中高见，就看诸爱卿有无胆略！"

　　诸臣面面相觑，个个俯首默然。

　　相国许昌怕天子动怒，连忙出面调和僵局："陛下既有此意，再容诸臣商议一番。"

　　王恢趁热打铁，奏献良策："机不可失，时不可晚。陛下可否张贴招募告示，广征群贤？偌大汉室，人才济济，必有人挺身而出！"

　　是夜，武帝专召田蚡入宫计议。

　　派人出使西域，此举非同小可，难怪诸臣装聋作哑，只怕重任落到自己肩上。因为中原人对西域了解甚少，而且受着诸多神话传说的影响。比如说很多人都相信住在西南地区的苗民两肋生翅，会在空中飞翔；有个宛渠国，其国人身高十丈，以鸟兽之毛编织御寒；更有周穆王西行昆仑，见到西王母，二人互相在饮宴上酬唱的故事。西王母助兴的诗曰：

> 白云在天，
> 山陵自出。
> 道里悠远，
> 山川间之。
> 将子无死，
> 尚能复来。

周穆王应答的诗曰：

> 予归东土，
> 和治诸夏。
> 万民平均，
> 吾顾见汝。
> 比及三年，
> 将复而野。

这些美丽的传说，使许多人误认为西域有群玉之山，有瑶池、瑶台，有西王母一类的神仙，而另一些对西域地理状况摸不清楚的人，又认为汉朝居世界之中心，它的北面是一望无垠的沙漠，西面全是险峻的高山，东南两方被大海包围。山、海、沙漠之间只有一些"夷狄蛮族"，山、海、沙漠之外便是神秘莫测的宇宙空间。欲寻大月氏，要艰难地跋涉在千里流沙之上，忍受难觅一滴水的痛苦。更何况必须经过匈奴浑邪王和休屠王控制的广大地区，随时都有被掳被杀的危险，谁去做个扑灯蛾投火——自焚身呢？

武帝果断做出了决策，三日后长安城内的通衢大街上悬出一榜招募出使大月氏的皇诰，诰文系汉武帝御笔亲书：

> 匈奴猖獗，屡犯汉朝，杀我边民，掳我财物。为除此患，特募出使月氏勇士若干名。凡大汉臣民，不论军民工商，只要身强力壮者均可报名应募。事成归国，皆按功论赏。

皇诰刚刚贴出，担任郎官的张骞，心潮澎湃，喜出望外。他暗自思忖，多年来一直想忠君报国，苦于无机无门。虽一箭知遇皇恩，但不过是个皇帝身边的侍从郎官。今日天赐良机，该是我张骞大显身手的时候了。是夜，他做了个有趣的梦，仿佛到了西王母的瑶池旁边，在仙山琼阁里慈祥的西王母为他祝酒洗尘。恍惚中又同月氏将士夹击匈奴得胜而归，武帝为他设宴庆功……

带着这个美梦，张骞乐滋滋地来到卫青府宅。二人开怀畅饮，谈笑风生。

张骞说："多蒙你和公孙兄举荐提携，要不我这个乡野小民只怕要闻一辈子马屁。哈哈！"

"哈哈！"卫青仰身大笑，"老弟怎么说起这种话来？你不闻马屁怎能喂出四蹄生风的千里马？没有千里马献给皇上，又如何能到皇帝身边当上郎官呢？这个马屁闻得好啊，一闻就闻到皇上身边了！"引得张骞也笑起来了。

张骞试探着说："我有一桩心事要……"

"那就痛快点！"卫青又举起酒杯："来，边喝边谈！"二人频频举杯。

张骞说："今日早朝议事，陛下提出联合大月氏对付匈奴，正合我的心意。可有人担心无人完成这一重任，我想——"

"看，又想让我举荐是不是？"

张骞点点头。

"这件事，我劝你打消念头。"

"为什么？"

"通西域谈何容易！那里的山川、地理，中原人一无所知。且语言不通，民俗不晓，路径不熟。"

"这我知道。"

"你不知道。听说西域尽是飞沙走石，百里无人烟。夏天热死人，冬天冻死人，难道你不怕？"

"既怕就不去，既去就不怕。我小时候读过《山海经》，书上说西域是神仙住的地方。王母娘娘就住在高高的昆仑山上，那里有瑶池，有蟠桃园。这次正好去一探究竟！"

"可你是凡夫俗子，不是神仙呀！"

"难道月氏人是神仙吗？他们是怎样去的？"

卫青把手在胸前摇了摇："好好好，反正我说不清。如果你决心要去，我一定支持！"

第十四章

汉武帝授节杖

未央宫亭阁相间，台榭相连，轩窗雕花，临竹敞开。池中水碧波粼粼，倒映着金碧辉煌的风凉亭，巍然矗立在高台上的玉堂阁，台阶栅栏全系汉白玉雕砌而成。玉堂阁顶上有五尺高的铜铸凤凰，以金镀身，栖息屋顶，借助转枢，向风若翔。

汉武帝坐在亭中吹奏一支玉笛，卫子夫偎依在身边听曲遐想，含情脉脉。笛音悠扬婉转，时高时低，像一泓涓涓春溪泻在池中，荡起一圈圈涟漪。

武帝停止了吹笛，起身陪卫子夫散步，悠闲自得地观看池中的游鱼、鸳鸯。

卫子夫问："招募皇诰贴出数日，怎么没有一点动静？"

武帝胸有成竹："我朝人才辈出，不会没有勇夫，你不必忧虑。"

丞相许昌随一内侍来到池边。

武帝急问："招募之事如何？"

许昌启禀："陛下，千石以上官员无一人应募。"

103

武帝大失所望："堂堂大汉朝廷，竟无一人承担出使西域之重任，真乃可悲也！"

许昌躬身垂听，面渗如豆冷汗。

武帝又问："千石以下呢？"

许昌抹一把汗水："千石以下只有侍郎张骞揭榜，军士百姓应募者倒也不少。"

余怒渐消的武帝挥了挥手："命张骞来见！"

子夫想了想，似有所悟："刚才丞相所言，可是那位射狐之人？"

武帝点头。

过了片刻，张骞身穿侍郎官服，随内侍疾步而来。

张骞毕恭毕敬地参见武帝："陛下，小臣听候吩咐！"

武帝笑问："闻听张卿揭榜，可有此事？"

张骞回答："正是微臣揭榜应募。"

武帝继问："朕知你文武双全，才智过人，欲留你在宫中为官，随朕左右。你却应募揭榜，远赴西域，这是为何？"

张骞答道："微臣深蒙皇恩，不断栽培，由一名马夫升至郎官，已知足矣。为报答陛下，微臣下定决心以身许国。见皇榜贴出数日无人应募，便带头揭榜，赴西域建功立业。虽身在天涯，但心仍在朝廷，并未远离。"

武帝侧身对子夫说："看到了吧！张卿志在远方，忠心耿耿，定能肩负重任。"

卫子夫笑道："有张公这样的英雄豪杰出使西域，陛下的'外事四夷'

宏图必然大展天下！"

武帝吩咐张骞："明日早朝再听听文臣武将的意见。"

决定出使西域系军国大计，第二天文臣武将无一缺席。

武帝正襟危坐，气宇轩昂，群臣严肃，鸦雀无声。

为活跃气氛，片刻后武帝笑道，"数日来，众卿对张骞揭榜一事议论纷纷，各执一词。现当张卿之面，最后做一定夺。如有疑虑，尽可直言。"

丞相许昌发问："西域属不毛之地，道路漫漫，沙漠无边，野兽横行，险象环生，请问张骞，难道就无一点畏惧之心？"

张骞微笑道："此去西域，的确困难重重。但天下事难易相辅，福祸相生。未行而止，大业难创，望难却步，一事无成。据我一位友人所言，近几年他随长安游侠多次去过西域，见西域广阔，邦国甚多。虽有大漠冰川，也不乏绿洲沃野，还有不少繁华关市，并非不毛之地。如果广结朋友，诚信相待，定可逢凶化吉，完成圣命。"

丞相许昌点头。

侍立在侧的东方朔以能言善辩著称，反诘张骞："你非禽鸟，亦非神侠。此去西域之险，主要是匈奴猖獗挡道，铁骑巡逻。你身为使臣，不能多领兵马，倘双方交战，如何取胜而抵达月氏？"

张骞陈述两条理由："匈奴单于和汉朝冲突已久，完全可能从中阻隔，但我身为使臣，受陛下之命代表大汉，并非征战，量他单于不敢随意杀害，此其一；如今的汉朝已非旧时，国力强盛，将勇兵强，声扬匈奴。绝大多数匈奴人都羡慕、喜欢汉家丝绸、珠宝。此行若带去各种礼品，一律作为馈赠，何患无友接纳？何愁难抵月氏？此其二。这两条就是我出使西域的护身符。"

东方朔被张骞的英雄胆识征服，默然无语。

武帝越听越高兴，突然把目光移至随侍的卫青："卫爱卿意下如何？"

卫青血气方刚，出言斩钉截铁："陛下'外事四夷'之策英明，使团领队非张骞莫属。"

武帝对张骞回答东方朔的一席话十分佩服，其揭榜之勇亦证明他绝非庸碌之辈，不禁龙颜大悦。又问张骞去西域有何要求，张骞说："恳求陛下恩赦甘父，随我一同西行。他通胡语，熟悉路径，可当向导。"

武帝哈哈大笑："这有何难？出使西域的使团成员由你选择安排。"

建元三年（前138）暮春，西汉历史揭开了新的一页。这一天上午，阳光明媚，万里无云。未央宫丹墀之上彩旗飘扬，五光十色。丹墀之下，文武百官排列两厢，正面站着出使西域的使团成员，共百余人。甘父、曾小三也在队列之中，张骞站在最前边，穿一身使节服装，容光焕发，双眸直视丹墀之上的汉武帝。他多年来一直想报效国家，为大汉建功立业的愿望即将实现。此刻，他的思绪展翅，飞过了高山大河，飞过了蓝天白云，落在了舅父和父亲的墓地。在想象中，张骞向二位老人的在天之灵叩拜，然后娓娓述说："你们的孩子张骞长大了，已经二十七岁。你们的谆谆教诲，我永远铭刻于心。"他呼唤母亲数声，始终听不到回应，向四周搜索，也看不见身影……这是怎么回事？忽然一声鸟叫，他才明白过来，自己好糊涂呀！母亲和俭弟还在白崖村等着他，他立即又向家里飞去，还没到门口，喧天的鼓乐响了，原来他是在未央宫丹墀之下遐想。

汉武帝也不同往常，身着十二章纹的冕服，头戴通天冠，显得特别雍容华贵。两年前登上皇位之时年方十六岁，就踌躇满志，将年号定为"建元"，寓意创建良好的开端，意味着他要大干一番事业，决心以武威兴国安邦。今日宏图初展，登上丹墀检阅出使西域的队伍，仪式隆重，气氛热烈。他从左到右，从右到左扫视队列成员，见个个英姿勃勃、意气风发，严阵以待。数日来为无人应募而悬着的心顿时落了下来，长叹一声："我汉室自此兴旺矣！"

"郎官张骞听旨！"内侍一声呼喊，鼓乐声骤停，张骞立即下跪。

"朕封汝为出使西域联络月氏国的全权使臣，特赐玉璧一枚，旄节一柄！"武帝那洪钟般的声音在丹墀之下久久回旋。内侍将玉璧、旄节捧给武帝，武帝走下丹墀先将玉璧挂在张骞胸前，又把旄节递给张骞道："爱卿平身。朕将大汉重任托汝，卿只能尽职，不可辜负！"

张骞起身接过用竹子和牦牛尾制成的大约五尺来长，上端束扎三重赤色节旄，且柄上铸刻刘彻玉玺印记的汉朝旄节，凝视良久。他深深懂得胸前的玉璧，是陛下希望自己的意志像玉石般坚硬，表现出汉朝的骨气和气节。张骞暗想这一柄旄节是陛下对自己的信赖与考验，这样的信物将朝夕与我为伴，头可断，血可流，旄节不能丢，日后回国还要面交陛下之手。

武帝传令："向使团成员每人敬酒三盏！"话音刚落，鼓乐再次响起，宫廷乐队的《壮士出征曲》特别洪亮，曲调悠扬，意境高远，振奋人心。

宫中侍从及文武百官纷纷执樽斟酒，三盏饮毕，张骞特意走到甘父面前，又给他满满斟了一盏，甘父恭手接过一饮而尽。

这一细节，武帝看在眼中，他打量了一下饮酒人的面孔。前几日，张骞向自己要求赦免为平民的人一定是他。于是，武帝上前问道，"你就是甘父吧？"

甘父见刚才发号施令的汉朝皇帝询问自己，立即下跪连连磕头："甘父深谢皇上大恩大德！"

武帝说："快起来吧！朕早就认识你了。"

甘父说："皇上日理万机，怎么还把奴才记在心上？"

张骞忙插言："甘父兄弟，别再奴才奴才的，你现在是出使西域的副使，也是陛下恩准的。"

武帝又说："你是匈奴的降卒，协助公孙敖训练骑射之术有功，现在被张使君选为副使，作为汉朝使臣，出使西域后还回汉朝吗？"

甘父回答："请皇上放心，我虽是匈奴人，可父母早被右谷蠡王杀害，无家可归。这几年在汉朝生活很好、很开心，尤其张骞大哥待我亲如手足，我一辈子都不会离开他，他到哪里，我就到哪里。他回长安，我也跟他回到长安。"

武帝笑了："你在长安不久，汉话说得十分好。对了，听说你的胡语也说得很流利，懂得大宛语、月氏语，是吗？"

"是的。我父亲生前和西域游侠来往密切，会说西域好多国家的话，我是跟他学的。"甘父做了解释。

"好一个了不起的甘父！"武帝当着张骞和众使臣的面夸赞了一句，使这位匈奴降卒对年轻皇上的气度、仪态和言谈更加敬重，他暗暗发誓，今生以汉朝为家，生是汉朝人，死是汉朝鬼。

在一片鼓乐声中，张骞叩拜武帝："请陛下放心，微臣西去大月氏，不完成圣命绝不返回！"

长安街头人声鼎沸，官民争相欢送，摩肩接踵。张骞骑一匹枣红色高头大马，一手提缰，一手持节，气宇轩昂地带领一队人马从夹道欢呼的人群中缓缓穿行，向长安北城墙下的横门走去。

横门又名光门或便门，门外临渭河横桥，是通往渭北繁华城邑、沿泾河西北直达陇西的近道。这里也聚集着欢送的人群，张骞的好友公孙敖、卫青等，手捧酒盏为他饯行。公孙敖说："愿你壮志早酬，愚兄等候佳音！"卫青又问："还有何事相托？"

张骞两盏下喉，把嘴一抹不禁泪水盈盈："兄弟君命在身，西行火急，来不及告诉家母，只望兄长设法捎回家书一封。"说着从怀里掏出一块白绸子包裹的小包，颤颤悠悠地递给卫青，并在马上揖礼而别。

在一路平安的欢呼中，代表汉王朝出使西域、走向世界的第一个使团，浩浩荡荡地奔上西行大道……

组成这个使团的成员是张骞从几百人的应募名单中精挑细选出来的。有平民、武士、儒生、商贾、骑手和小官吏，还有习枪舞剑技艺娴熟的民间侠士。众人出身、职业各异，南北口音不同，但个个二十上下，气血方刚，身强体健。

曾小三骑一匹高头大马走在队列前边，穿一身铠甲戎装，扛一竿绣着"汉"字的杏黄色大旗，"汉"字下边绣着一个圆圆的白月亮，随着旗的飘动，那轮白玉似的月亮在阳光下熠熠闪光。紧挨着的是两位并肩而行的使团首领。坐骑上那个头戴高山冠、身穿汉朝冕服、手握旄节的便是被汉武帝赐封为使节大臣的张骞。他比随员们年长一点，看去也不过二十六七岁罢了。同他并行的那位胡人甘父，头戴圆形小帽，一双明亮、锐敏的鹰眼底下，鼻梁高高突起，丛生在两片厚唇周围的络腮胡子，像毡片似的伸延至左右耳垂之下，他由胡奴一举变为今日的使团成员，并充当张骞西行的副使和向导，显得十分得意，话也多起来了，不时地同张骞说这谈那。他们的身后俱是身披铁甲、臂挂蛇形大弓、手执长矛、腰佩钢刀的彪形虎卒，驱赶着几十头驮运行李的骆驼。骆驼的背上压着沉甸甸的粮袋、水囊，还有成捆的丝绸，整箱的黄金白银、珍贵珠宝，就连那乌黑的铁块也带了许多。汉武帝深知，西域许多国家不会炼铁，赠送这样的礼物，他们会感到稀罕的。

第十五章

河西走廊被俘

从长安至陇西郡，其间一千二百余里，属土壤肥沃的渭水流域，是汉代休兵屯田基地。驰道两旁田亩、村舍毗连。时届暮春初夏，金黄的油菜花已经凋残结荚，抽穗的小麦正在灌浆满子。稍远一点的丘陵坡地上桑园成片，青翠葱茏。穿红挂绿的采桑女在林中忽隐忽现。时见十里一库，五里一塘，碧水清莹，群群鹅鸭在水面追逐，翻掌振翅，抢食零星的小甲虫。渭河滩上绿草如茵，牛羊欢叫，或懒洋洋地静卧回嚼。三个一群、五个一伙的小牧童，嬉戏玩乐在柳林中，与那舞姿翩翩、陶醉在野花丛中的彩蝶相映成趣。

刚走过一个不大的小村庄，突然一群扶老携幼的人们，踉踉跄跄由远而近。张骞示意使团停止前进，他首先下马上前，一位满身血迹，挂着一根干树枝的老年人慌忙一拐一瘸地为他让道。张骞说："老丈！请问你身后这一伙老百姓要到哪里去？"

"全是逃难的——我们全村都被匈奴骑兵赶出来了，粮食抢完了，牛、羊抢光了，房子烧毁了，小伙和姑娘也被他们捆去了，就剩下这些老的、小的，没法过活才逃了出来。"过度的悲伤使这位老年人神情木然，说话愣里愣怔，泣不成声。

　　人群中一个小孩子已经饿得面色焦黄，一见到骑马佩剑的使团人马，立即吓得哇哇直哭。孩子的母亲连忙把干瘦的乳头塞进孩子口里，但孩子吸不到半点乳汁，哭得更加厉害。母亲生气地在孩子屁股上拍了几巴掌："早知这样，还不如死在匈奴的马蹄下。"这位发丝蓬乱的母亲竟放声哭了起来。

　　张骞立即从马背上的口袋里取出几块长安烧饼递给孩子母亲，她接手马上送到孩子口中，孩子不哭了。

　　"给点吃的吧，大哥！"

　　"大叔，给我个饼子吧！"

　　张骞一转身，面前伸来了好几双骨瘦如柴的小手，还有战战兢兢手端破碗的男女老人，他们的眼里充满了期待。

　　张骞向使团弟兄们传话："赶快拿出些干粮来！"

　　在张骞的吆喝声中，大家纷纷将粮米、饼子送给了逃难者。

　　迎出旭日，送落晚霞。不到十天光景来到边城——陇西郡治所狄道城下。张骞西行的消息郡守早就知悉，对这位朝廷派出的使臣，郡守岂敢怠慢！这天一早就率领官民迎候在城外。两厢夹道摆满茶点，护卫士卒列队排班，直至傍晚使团才到。张骞一行由于难却盛情，只在郡治驿馆歇息一晚就匆匆告辞了。

　　出狄道城便进入长长的河西走廊，这儿另是一层天地。陇西至祁连山东脉大约一千五百里之遥，自东向西由农耕逐渐变为畜牧。零星的村落和分布在村落周围的良田、沟渠，随着驼队西进而隐没在身后。前边出现了一望无际的草原，尽头处仿佛与天相接，天边浮游着朵朵白云，草原上蠕动着白花花的羊群。若注目良久，则辨不清哪儿是羊群哪儿是白云了。要不是蘑菇般的帐篷点缀其间，时闻牧笛声声，是断然想不到此处尚有"人间烟火"的。

天似穹庐，笼罩四野。广袤的草原空旷、寂寥、荒凉……唯有云雀、百灵偶尔在头顶欢唱几声，有的飞向远方，有的藏匿草丛。它们的婉转歌喉并不能给行人带来兴奋与欢乐，只会反衬出草原的静谧和恐惧。百余人的使团置身于此，依然显得十分渺小，难怪随员中的儒生感天地之悠悠而怆然泪下了。

其实，草原也是充满生机的，众人时见黄羊惊窜疾驰逃避利箭，野驴比赛快腿跑南闯北，旱獭亮出利爪扒土挖洞……这些家伙倒像是草原的主人，自由自在地表演，快乐逍遥地生活！

脚下出现了岔道，一条、两条、三条，蜿蜒而去，不知是朝南、朝西还是朝北。甘父仔细看了一会儿，搔首摸耳认不清哪一条是通向西域之路。在草原上生活二十多年，哪一株草没被他踩过？哪一片草地没留下他的足迹？可是在这里摇头无主了。张骞先令大伙扎篷小憩，生火煮饭，由他带上甘父、小三前去探路。

三匹坐骑缓缓前进。走了一会儿发现方向不对头马上返回，又朝另一条探寻。这一回又错了，返回时听到悲愤的牧笛声飘来。张骞极目远眺，见草原的尽头处有几顶小蘑菇似的帐篷，大概笛声就是从那边传来的。于是，由甘父领路，同向那儿驰去。

草原上的天气多变，刚才阳光灿烂，霎时乌云翻滚，风驰电掣，大雨滂沱，惊得坐骑扬鬃嘶鸣，淋得他们个个都像落汤鸡。

"这个鬼天气！"曾小三抹一把脸上的雨水，狠狠地骂了一句。

张骞满不在乎，他知道西行途中缺水，视这猛雨为好的先兆；不管怎么说——总是有"润气"呀！要比干旱强得多。雨越大心越高兴，雨水很难冲掉他脸上的笑意。

甘父看了看四周，慢条斯理地说："小三别烦，这雨无根，下不了多久。"

果然，甘父的话应验了，不大工夫云散天开，又是金阳绘彩，碧空如洗。雨后的草原一尘不染，晶莹的雨珠挂在草叶上，闪闪烁烁，玲珑剔透。叫不上名字的各种野花，红的、黄的、紫的，都从绿叶下探出头来，互相争芳斗妍，引来翩翩粉蝶。

离几顶蘑菇似的帐篷越来越近了，甘父指着北边的一大片草地说："这个地区和匈奴、羌族相毗邻，匈奴人常常南下牧马，他们掠夺汉人的牲口、财物，还伤害羌人的性命，弄得羌族、汉人时时提心吊胆，一有风吹草动就奔走相告，立即搬家逃难。"

"听说那一带是匈奴休屠王常常盘踞的地方，是吗？"张骞问道。

甘父点点头。

曾小三插话："今天碰得见休屠王吗？"

"不会的，距这儿还远着呢。再说，休屠王的王庭还在长城以北。"

又一阵凄楚的笛音传来，几顶蘑菇形的帐篷横在眼前。没等张骞一行下马，那个吹笛的青年牧民迎上前来："请问三位客官找谁？"

张骞示意甘父回答："我们是汉朝使臣，奉天子圣命出使西域，来此大草原辨不清方位，遇到几条岔道特来讨教，请指点迷津吧！"

青年牧民看他们穿着戎装、官服，一听是朝廷派出来的大臣，吓得惊慌失措，把笛子一扔跪下叩头不迭："小民不识大臣到来，有罪，有罪！"

张骞扶起他笑道："别怕别怕，我们是来问路的，你阿爹阿娘呢？"

提起阿娘，青年牧民"哇"的一声哭了。他说："半月之前匈奴休屠王带一伙强盗又来抢劫财物，阿娘不幸被掠去了，阿爹为找回阿娘，出走六七天未归，不知是死是活，就我一个人在家牧羊……"

原来如此。张骞从地上拾起笛子一看，难怪青年牧民把一腔血泪倾注在这支用兽骨做成的笛管里！

青年牧民见张骞彬彬有礼，把他们邀进帐篷里，捧出酸奶子和食物招待。眼看日落黄昏，牧民便让他们留一夜，晚上请几位老牧民详细指点路径，张骞答应了。

张骞自幼喜欢音乐，会吹笙、弹琴，但从未见过草原上这种吹奏乐器。他请青年牧民教自己吹笛，又走访了其他牧民，收集了十多支长短不一的兽骨笛子。这种七孔笛制作得十分精巧，不但能吹奏乐曲，在一端系上皮绳，还能用作策马的鞭子和放牧时相互联络的信号工具。

夜深了，几位老牧民还不愿离去。他们向张骞介绍了西去的路径方位，还讲了个侠士"草上飞"的传奇故事：

相传不久之前，草原上来了位不知名姓的大侠。行踪不定，时隐时现。说也奇怪，牧民遇险，多是这位神侠搭救。前几日一个匈奴百夫长正欲侮辱一牧女，说时迟，那时快，只见神侠大臂一挥，那百夫长的脑袋便飞出几丈远，血淋淋地在草地上滚了几个滚儿，吓得淫火烧心的其他匈奴骑兵夹尾而逃，屁滚尿流……

老牧民哈哈大笑起来："真乃英雄豪杰，可敬可佩！只是他从来不和牧民交往，不知他的名姓，我们就给他起了个'草上飞'的大号。"

草原沉沉入睡了，老牧民走后张骞还在想心事。这个神侠"草上飞"使他回忆起野鹤子大哥，他们两人何等相似！看来，世上与鹤哥一般志向的人绝非一个两个！

翌日清晨，青年牧民把他们送出帐篷。临别时把自己的七孔笛送给张骞，把保存多年的祖传《摩诃兜勒》曲谱也慷慨赠送。

叮当，叮当……单调而有节奏的驼铃声给沉闷的草原注入了一丝生气。又跋涉了十多日，张骞一行进入巍峨峥嵘、连绵千里的祁连山东脉，经过甘父的仔细察看，他们是沿着北麓西行。这里是沙漠草原区，由于地处北方，春天来得太迟，五月初积雪才开始融化。柔嫩的草芽刚刚拱出地面，有些还没散叶，像是无数支绿箭倒插地上，和贴地的枯草构成黄绿相间的杂色斑点，恰似一块无边无际的花地毯。草原与沙漠相接处，长着一丛丛芦苇和灌木，间或还长一些中原地带罕见的骆驼刺。最惹人注目的是那些稀疏的红柳和白杨，始终倔强地挺立着。它们自甘寂寞，无忧无虑，一遇行人便摇动枝条打招呼，仿佛要倾诉什么肺腑之言。这里人迹罕至，三五十里见不到炊烟，自然也没有可耕种的良田美地桑竹之属。只有灰色的圆顶帐篷散落在被沙漠分割成岛状的草地中央。仔细看红柳、白杨的枝头，常常栖息着一种形似画眉、嘴尖足高、黑毛白点、红头绿尾的小鸟。据甘父说，这种鸟的名字叫"哈拉火卓"，若捕养日久能懂人的语言。还有一种连甘父也叫不上名字的小鸟，短喙甚坚，爱结伙觅食，有惊人的记忆力，飞得再远都能归来。沙漠行路迷失方向的人，可跟踪此鸟走出沙海。

"得得"脆响的马蹄声渐渐变成"扑啦扑啦"的响声，唯有负重的骆驼走得非常得意，鼻孔"呼哧呼哧"地响着。偶尔一驼嘶鸣，瞬间便是群驼响应。它们的行速迟缓，大盘子似的蹄掌在沙窝里摩擦，那"沙——沙——"的声音颇似船桨划动水面，也许这就是人们把骆驼称为"沙漠船""戈壁舟"的原因吧。

前行的曾小三突然松开马缰对张骞说："骞哥，你看那不是呱啦鸡吗？"张骞朝小三指处一看，灌木丛中确有一群麻麻鸡，正在"呱啦呱啦"戏闹。"对，和咱家乡的一模一样。"甘父更加兴浓地说："这种野生鸡，胡人称'克里克里'，饮啄于山溪林间，飞不甚高，体肥易捕。"说着飞出数箭猎获几只。

在草原上露宿充满野趣。几顶帐篷，几堆篝火，烧兔烤鸡，或窃窃私语，或笑声朗朗。骆驼马匹也"进餐畅饮"，或立或卧，高兴时弹蹄嘶鸣，扬鬃翘尾，与主人同乐。

篝火渐渐熄灭，帐篷里飘出甜甜的鼾声。小三、甘父东倒西歪地和衣

116

而卧，张骞还在驼队里检查货驮、清点牲口。一阵夜风吹来，他不禁打了个寒战，紧裹了一下衣服，拉低了帽子。正要进帐篷休息，骆驼后边突然响起好熟悉的牧笛声，在寂静、旷远的深夜里显得分外响亮、悲愤。他摸了摸怀中揣的那支兽骨七孔笛，疑心顿起："该不是那个青年牧民吧？他怎么会在这儿呢！"刚一拧身，吹笛人已跪在面前了。张骞大吃一惊："你为什么尾随驼队而来？"边问边上前扶起对方。

青年牧民泣道："求张大人恩典！那一日你们找我问路，我就想随你们一同西行，联络大月氏共同对付劫掠我阿娘的匈奴骑兵，只因阿爹未归，便没开口。你们刚走他就垂头丧气地回来了。是阿爹让我骑一匹快马赶来的，我要为阿娘报仇！"

张骞再三劝阻不成，只好无可奈何地收下了草原上的这个新随员。他叫迟浩，刚满二十岁。能骑善射，尤擅吹笛。刚才吹的是他自己新做的一支，声音特别洪亮。

"那你快进帐篷去睡吧，明早要赶路。"张骞吩咐未完，远处又传来"呜呜——呜呜——"的怪叫声。

"迟浩，那是什么声音，会不会是匈奴骑兵来偷袭我们？"

"张大人尽管放心，那是狼群在嚎叫，这些家伙专爱夜间觅食。不信你再听听，那里一嚎叫，咱附近必有回应。"正说着驼队后边果然有狼接应而叫。

张骞悬着的心这才落下来了，拔剑说道："如果真的是狼，就让它吃我一剑！"

迟浩说："我有办法，无须动刀动枪。"他很快燃起一堆篝火，吹奏一阵响笛，狼群竟跑得无影无踪了。

从此，张骞才知晓狼的弱点是怕火光，怕响声。他真佩服迟浩的聪明机智和丰富的草原生活经验。

黎明、黄昏，黄昏、黎明，如此交替多日，众人不知不觉走到一座高高的沙梁下边。甘父的精神似乎有点紧张了，他扬鞭指着沙梁的北端悄悄对张骞说："那边就是赤土岭，匈奴骑兵常在那儿设防驻守，我们要格外小心才是。"

张骞机警地说："还是向南绕道，免得被他们发现。"他立即吩咐小三卷旗，传话摘掉驼铃，所有随员手握兵器提防，向南火速转移。又派小三、甘父带两名随员悄悄爬上沙梁侦察敌情。

甘父等四人拨开一丛丛骆驼刺向梁下望去，果然有一匈奴马队急奔而来。小三急忙拉弓，却被甘父阻拦："千万不可莽撞。"匈奴骑兵来到梁下，绕个圈儿又朝另一方向奔去，小三才松了口气，将弓箭收起。

在他们下了沙梁跨马追赶使团队伍途中，未用吹灰之力就抓获了两个匈奴人，押到张骞面前处治。

张骞见是两个牧民模样的人，没有动怒也未立即审问，急得迟浩拔出环首刀晃了几晃说："张大人，你看他俩贼眉鼠眼，定是匈奴暗探。他们抢走我家牛羊，又掠去我阿妈，现在不杀他们还等待何时？"说着一个箭步上前，吓得两个俘虏打了个趔趄，额头上直冒豆大的汗珠。

"对，干脆宰了这两只狼，把黑心肝掏出来喂鹰！"随员黎杰也怒目圆睁拔剑出鞘。

"这一老一少比狐狸还狡猾！要不是甘父一把揪住马缰，险些让他们逃跑了。看来定是侦察我使团去向的，如不杀掉，我们会吃大亏，请骞哥当机立断！"曾小三说罢又将俘虏推到张骞面前。

张骞挥了挥手没有说话。他心中的疑团越来越大，说他们是匈奴暗探，为什么偏偏是一老一少，只骑马不带武器？从他们刚才不惊不慌、泰然自若的表情来看，根本不像匈奴兵将的样子。他突然眼前一亮，斩钉截铁地宣布："我们不能妄杀无辜！"他向甘父说："人是你抓的，由你审问处理。"

甘父说："刚一抓获我就问过了。老头子叫塔尔，少年叫尤斯，是父子俩。他们说是千长的牧奴，前几天狼把羊群冲散，为寻羊到此被俘。依我看他俩不会骗人。"

使团随员中议论开了，有的说张骞心肠太软，匈奴杀死多少汉人，对俘虏太仁慈了；有的指责甘父，胡人向着胡人，为他们说情包庇，将来后患无穷……

张骞不听这些风言风语，亲自为"俘虏"松绑，黎杰、小三想不通，拉住张骞的手质问："凭什么为暗探松绑？"

张骞推开黎杰、小三，从塔尔、尤斯的马鞍下抽出两条牧鞭："就凭这东西！"

在场的许多随员都傻眼了，刚才还在乱嘀咕，顿时哑口无言。黎杰、小三抢着为两位牧奴解开五花大绑的绳子，并连连道歉："误会，误会，实在对不起，让你们受委屈了。"

塔尔、尤斯站立不动，呆若木鸡。

张骞送去自己的干粮袋："拿上快找羊去吧！"

甘父用胡语做了翻译。

两位牧奴接过牧鞭没有回答，但心里却在想着：这位大人真的开了恩呀！塔尔把干粮袋挂在身旁的柳桩上，翻身上马，同尤斯头也不回地飞驰而去了。

绕过沙梁继续西行的第三天，他们远远地望见秦时修筑的万里长城西端，弯弯曲曲顺着山脊伸向天际。张骞深知修筑长城是为了阻挡北方匈奴对中原的侵扰，当年的秦始皇派蒙恬大将军率领几十万民工，硬是用一块块石条和夯土砌垒起来的，有多少人劳累而死？有多少人妻离子散？又有多少人倾家荡产？真正是用血肉筑起来的呀！这条防线至今还十分牢固，是保卫汉朝安全的一道屏障。每隔一定距离筑起一个城堡，供守卫军士休息、瞭望。城墙上还建有烽火台，上边堆积着柴草和狼粪。一旦匈奴骑兵进犯，长城守军不能对付时，白天就烧燃狼粪，用狼烟报警；夜里则点燃柴草，用火光告急。只要一处报警，十里以外的烽火台也立即报警，如此连续下去，消息就可传到朝廷，即刻发兵投入战斗……想到这里，张骞对当年舅父讲的"狼烟滚滚"这个词才有了具体的理解。再一看，在重要山口、关隘处，那长城墙壁上还留有宽大的城门作为孔道。匈奴屡犯中原大概就是杀掉守门兵将，从这些孔道长驱直入的。

长城外是匈奴的控制区。后有匈奴兵，前是戈壁滩。越走离汉朝越远，遇上敌人的危险性也越大。他们不时碰见匈奴牧民，都用惊奇的目光注视浩浩荡荡的使团队伍。为避免和匈奴兵的冲突，他们尽量躲开那些帐篷和羊群，放弃大道专抄小径。夜里还比较安全，白天总是提心吊胆。小心小心着，一百多人的使团还是被匈奴巡逻队发现了。

这是一个夕阳西下的黄昏时刻，人困马乏、饥渴难忍的使团成员刚走到一个避风的小坡崖底下，正欲小憩片刻，吃点喝点以便昼夜兼程冲过这个危险区，只听一阵急促的马蹄声由远而近。张骞高举旌节传令："即速上马，向南转移！"

一言未了，几百名匈奴骑兵冲上前来举刀乱砍，护卫驼队的几名使团成员立即毙命，其余随从持刀与敌肉搏。拼杀间张骞猛一伸手，把敌将从马背拉下来提在半空，另一敌将冲上来一刀砍向张骞，张骞用手中敌将一挡，刀刺入敌将腹部，鲜血喷了张骞一脸。敌骑正为杀死自己人而发愣，被曾小三从身后刺死，滚下马背。又一敌骑扑上来，张骞正好将手中敌尸掷去，敌骑被推下马压在了尸体之下，更显狼狈。

不知敌骑中谁打了个呼哨，众敌一涌上前将张骞围住，张骞看寡不敌众，将坐骑狠抽一鞭，那匹枣色马立即嘶鸣一声，扬鬃翘尾，四蹄腾空，飞越敌圈，去护救其他正在浴血奋战的弟兄。猝不及防的一场激战，使团伤亡惨重。匈奴骑兵也有栽下马背而亡的，但毕竟是人多势众。

甘父和小三故意把敌人引向另一边，暗示张骞逃走。黎杰杀到张骞身边，命令似的喊他："张大人，你赶快离开这里！"张骞听而不答，依然立马横刀，厮杀相搏。黎杰二次催促，他却说："圣命在身，我岂能丢下众兄弟而保全自己！"

一个匈奴小头目听见张骞说话，又见他手握旌节，必定是使团头目，便决定要捉活的。他向身后发令："快上套！"接着一阵呼叫拥上几十名持套骑兵，向张骞及其他随员纷纷放套。这种套是在长竿一端系上"活圈"而专门擒套狂奔马匹的。张骞从未见过，更不知道这玩意儿的厉害，虽用利剑砍坏数杆套具，终因敌强我弱、饥渴疲劳、无力抵御而触套落马。

百多名使团随员一时乱了阵脚，陷入重围，想杀出一条逃命活路的希望破灭了。英勇的侠士被砍去右臂，含恨的儒生身穿乱箭，护卫驼队的将卒倒入血泊，小三、迟浩、黎杰等也受了重伤……

阴冷的晚风中弥漫着血腥的沙雾，黄昏的月色里飘荡着揪心的呻吟。马在呼啸，骆驼在嘶鸣。被俘的四十多名随员，眼在流泪，心在哭泣。满身的箭孔刀痕，满脸的沙土烟尘。

张骞见自己的弟兄不幸蒙难，头顶惨淡的月光，走到每一具遗体前，把他们深情地看上一眼。又走到一匹骆驼身边解开货捆，取出崭新的丝绸覆盖在遇难弟兄的身上。心里默默地悼念他们："我的好兄弟，英魂安息吧！"

趾高气扬、不可一世的匈奴小头目走过来，贪婪地抱起几卷丝绸撂上马背，然后吩咐部下："汉朝货物谁也不能乱拿，一律运到单于王庭！所有俘虏一个不能跑掉，全部押送到大单于面前治罪！"

张骞怒发冲冠，高举旌节面向周围的刀丛吼道："你们这伙强盗，为何拦路抢劫我大汉货物，杀戮我大汉使臣？"

"咦，这家伙口里咕哝些什么？"小头目听不懂汉话，遂转头询问身边一位穿着胡服、长得却像汉人模样的随从翻译。翻译指手画脚、眉来眼去地嘁嘁几声，小头目听明白了，只见他那山羊胡子一翘一翘、摇头晃脑地说："哈哈，我不是什么强盗，我乃大单于帐下的一个大千长，札木便是我的大名。"

"哼，你们为什么乱杀无辜？"

"这个嘛，我说不清楚，见了我们的大单于，你自会明白！"札木很不耐烦了，马上传令押送张骞一行连夜北上。

在告别使团众弟兄英魂的时候，大家默默地向遇害的使团弟兄深深地鞠了一躬。张骞悄悄问甘父："这儿是什么地方？"

甘父说："这儿叫赤土岭，前几年我就是在这里当了俘虏的。那年右大将逼我们来陇西掠边，我最讨厌打仗，一见到汉军就跳下马当了俘虏。"

张骞说："你心善良，难怪圣上赦你无罪，真是好样的。"

"可右大将杀了我的父母……"

曾小三暗暗叹了一口气："匈奴当官的太狠毒了，他们不光杀汉人，还杀自己人，全是一伙豺狼！"

第十六章

饶啬夫和姚拴子

　　饶雄自从脑袋受伤变得痴傻后，父亲饶啬夫到处求医问药，可两三年来始终没有好转的迹象，让饶啬夫伤透了脑筋。他只有饶雄这一根独苗，还指靠儿子将来养老送终，谁知突然变成一个废人，怎不日夜焦愁，心无宁日呢？思来想去，最后打定主意，让儿子骑上马，由管家姚拴子和两个家仆护送到汉中郡城，请大名医再行诊治，希望弄到灵丹妙药，让儿子一吃见效，和从前一样聪明伶俐，能说会道。唯此，他心中的那块千斤巨石才能慢慢落下，彻底消除后顾之忧，心无旁骛地当好地方官。

　　三日后的傍晚，管家和家仆把雄公子送了回来，一问结果，反而加重了饶啬夫的思想负担。名医诊断如下：一、饶雄因大脑突然受到重创，未及时就医，留下后遗症；二、患者脑袋受伤过重，无法改变痴傻现状；三、大家要多和患者交流，防止其猝然死亡。

　　饶啬夫气得一屁股坐在座席上，垂头丧气，半天无语。

　　姚拴子殷勤侍奉，双手递过去一杯热茶，柔语如春风般温暖："大人，不必过度担心，公子年轻体健，没有其他毛病。带回的药丸可长期服用，必有神奇疗效。郎中嘱咐家人多和患者交流，我和公子相处多年，知道他的脾气秉性，今后多和他说话，一定好生照料。大人就放宽心吧。"

姚拴子虽在安慰主人，但他的神情非常胆怯，生怕张俭这个兔崽子将此案告到县衙，官府把他嫁祸张骞的事查个水落石出，关进监牢治罪。

甜言蜜语并未打动饶啬夫的心，尽管拴子说得天花乱坠，他全当作耳边风一吹即过。是夜，他在榻上翻来覆去，没有一点睡意。他明白郎中的诊断，三条医嘱里最让他担心的还是最后一条。他曾见过这种病，大脑受伤流血，没有把瘀血排除，引起失语，变成痴呆。前任县太爷的公子骑马游山，滚下山谷撞在巨石上就是这个结果，虽然天天服药，痴呆并未好转，不出半年就一命呜呼了……

天明时分，饶啬夫紧握拳头狠狠地捶了一下床榻，接着起身洗脸，让厨下准备了丰盛的早餐，特意煨了一壶黄酒。拴子看在眼里觉得奇怪，往日的早餐十分简单，大都是稀饭、小菜加酱菜，可今日备了四个菜，不知啬夫要招待哪个上门的贵宾。

早餐时，夫人回娘家没有到位，家仆们都在厨房隔壁的小房间围坐，上房厅堂里只有啬夫和管家两人。

啬夫问："姚管家，到府上干事多少年了？"

拴子答道："岁月如流水，一晃七八年了。"

"我待你怎样？"

拴子站起来弯腰弓背，彬彬有礼："大人知礼厚道，待我亲如手足，大恩大德难报。"

"看来你是个有良心的人，我很高兴。"啬夫斟满一杯敬酒，双手捧起说："拴子兄弟，这是我敬你的感谢酒。七八年来，你替我东奔西跑，忙里忙外，辛苦了！"

酒逢知己千杯少。拴子双手接过一饮而尽，话也多起来了："大人公务繁忙，应酬又多，小的辛苦点，应该，应该。"

早餐吃得有滋有味。姚拴子回想在饶啬夫手下当差以来，今日变成了座上宾。第一次同主子平起平坐共同进餐，感到身价倍增，已有七八分醉意，确有点飘飘欲仙了。眼睛半睁半闭，身子摇摇晃晃，只听面前"咣当"一声，他吃惊地睁开鼠眼，却是金灿灿的铜钱在闪光，估计不下两千枚。饶啬夫起身弯腰，凑近拴子耳边嘀咕了几句。起初拴子有顾虑，不敢应诺。不过啬夫把铜钱推向他面前，铜钱似乎为他壮了胆。是啊！他已经三十出头，还是光棍一条，有了钱就有了媳妇，想媳妇早就想疯了。这些年来，他看上的大姑娘、新寡妇不少，就是弄不进门来，原因是囊中空虚。现在啬夫这么器重他，还想亲自为他说媒，多好的一桩美事啊！只要能有个媳妇，还有什么不敢干的事呢？他立即把胸膛一拍："这事就包在我身上，只希望大人宽限时日。"

啬夫点了点头："由你决定，什么时候合适就什么时候行动。"

从此，姚拴子有意和饶啬夫靠近，大大方方地又说又笑，主子和奴仆的隔膜日益淡化，好像成了两弟兄。由于管家亲自照管公子服药，可以随便出入厅堂，不再像从前那样唯唯诺诺、小心翼翼了。时间一长，家仆们都对他刮目相看，仿佛姚管家升了级，变成了饶家的二掌柜。

不知不觉中，传承已久的民俗节日——寒衣节到来了。按当地风俗，此日傍晚家家户户要为祖先和新逝的亲人焚化祭品。岂料天象不测，当天浮云蔽日，冷风阵阵，树梢呜呜，落叶片片，傍晚更是天黑风吼，阴森可怕，但朴实的农民依然在各自的家族坟茔或房前屋后烧衣叩头，一时火光明灭，烟灰乘风乱飞。

时机终于来了，应诺饶啬夫的那件事该兑现了。姚拴子胳肢窝下夹着一把木柴，假惺惺地为他老娘寻找祭奠的地方，先到白崖村转了一转，观察傍晚的狂风是从西北方向刮来的，然后溜到张家西厢房后檐下，发现张家刚烧过的灰堆里还有明火星子闪烁，立即点燃木柴塞进檐下的一个稻草垛子底下，迅速逃离现场。跑了数百步回头一看，草垛子已经燃起来了，随着一阵阵卷来的西北风，大火很快上了屋檐，一瞬间张家三合头小院火光冲天，浓烟滚滚，惊动了前邻后舍，只听"张家失火了——快来救火"的呼喊声此起彼伏，夹杂着人哭牛叫、鸡鸣犬吠，乱成一团。

小小的白崖村群众全出动了，大家挑着水桶，端着脸盆，提着水罐，一齐涌进张家救火。由于取水不方便，要从井里提水，又无得力灭火工具，火势乘风势越烧越旺，眼看八九间房子化为灰烬。家里的财物抢救出的不多，满院子都是烧焦的椽檩，塌下的瓦片和流淌的污水。幸运的是，张俭和母亲保全了性命。

正当白崖村父老乡亲舍生忘死帮张家奋力灭火救灾的时候，姚拴子却在雄公子房子里和饶啬夫对坐，欣喜若狂地举杯欢饮，直冲鼻子的酒气在恶意的狞笑声中慢慢扩散着。饶啬夫特设酒肴庆贺姚拴子为雄少爷报仇告捷。

姚拴子得意扬扬地说："真是天助我也！"

饶啬夫夸他："是你能掐会算，知道寒衣节那天家家户户都在房前屋后祭奠，又遇西北风助阵，吹得烟灰满天飞舞，难免引起火灾。这事干得神不知、鬼不觉，天衣无缝，今夜再奖你五百钱，请兄弟笑纳！"

"谢谢啬夫大人，这五百钱兄弟不能要，万万不能要。"拴子一再拒绝，似有难言之隐。

"有话就说，在我家里，又无外人。"

拴子叹了口气："唉，只怪我运气不佳！"

"什么运气不佳？"啬夫追问。

拴子压低了声音："前一次抓张骞这个孽种，碰上那个疯疯癫癫的快嘴婆娘，骂我撬门拧锁是土匪行为。今夜去白崖村放火，又碰见这个扫帚星，你说倒霉不倒霉？"

"怕她作甚！出啥事由我承担。"啬夫为拴子壮胆的声音特别洪亮，把

126

躺在榻上的雄公子惊了一跳，接着咳嗽不止。姚管家立即倒了一盏水端去，连喊几声"公子"，不见一点动静，伸手去拉，却见枕头上满是鲜血，喊来饶啬夫上前，连喊数声"小雄"也不见回应，连眼睛也不睁了。

饶啬夫把夫人叫过来，夫人见孩子一动不动，"哇"的一声扑在他身上呼天喊地。家仆们也进来了，一看少爷病危，马上拆下木板，七手八脚地将人抬至县城抢救，费了九牛二虎之力，饶雄却再没有苏醒过来，就这样无声无息地离开了他的父母。

大夫的结论是长期卧病，大脑缺血，心力衰竭而亡。消息传回，白崖村好不热闹，有人说："这是雄少爷被小鬼们送到地府享福去了。"有人说："饶啬夫亏心事做多了，这是上天对他的报应。"也有人说："谁叫他狗仗人势，父亲当了个官，他就作威作福，欺侮弱小。前几年小三子帮姑妈锄地返回路过门口，被他放出恶狗咬伤了腿，小三子一锄挖死了狗，他就让小三子为狗吊孝下跪，死得活该!"

贼偷火烧当时穷，张家一院房屋糊里糊涂被火焚烧，是难以预料的灭顶之灾。住了几十年的老宅，一夜之间成了断壁焦木，残砖破瓦的一片废墟，王氏母子整整哭了半夜。天亮后，左邻右舍纷纷上门安慰，送汤送饭。快嘴婶娘连夜做了些饭菜趁热送来让娘儿俩充饥，接着又把他们接到自己家里洗脸后换上干净衣服。

王氏悄悄问快嘴婶娘："昨夜救火中听见有人说张家遭了'天火'，也有人说不是'天火'而是'人火'，他婶娘，依你看呢?"

快嘴婶娘不假思索地回答："依我看，绝不是什么'天火'，分明是故意害人的'人火'。"说完顺手把门关上，向王氏告知昨日傍晚她碰见饶啬夫的管家，鬼鬼祟祟地在房后游转……

张俭听到"管家"两个字，立即想起前几年他们抓骞哥抄家时管家破门砸锁的情形，莫非这次又……下边的事他不敢再想，连忙把快嘴婶娘拉到一边问："管家是谁，做官没有？"婶娘把嘴一噘，眼一瞪："呸，他就是饶啬夫的一条恶狗，叫姚拴子，尽干坏事，总有一天会遭瘟的！"话刚落点，王氏就把俭儿支出门为婶娘到井上去担水，她怕说官府的事再引火烧身。

真是祸不单行。三天后，乡里贴出一张告示：白崖村张骞家田产已被饶家所买，契约已经具结，报城固县衙批准，转至饶家经营，特此公告。

张俭看过告示怒火满腔，朝告示狠狠砸了一拳头："简直是胡说八道！"契约已结，自己却没见到一文钱，简直是强夺！可骞哥和小三子都不在家，到何处说理辩冤？他忍气吞声回到婶娘家，对母亲一字未提，催促母亲赶快离开白崖村。他说："咱们和婶娘仅是同村邻居，非亲非故，住到这里不合适，还是另寻栖身处。"

王氏觉得儿子说得在理："你婶娘是寡居的妇道人家，日子过得艰难，不能给她再添负担。可咱们又能到哪里去呢？"俭儿悄悄地说："快跟我走吧，有地方。"

张俭母子趁快嘴婶娘外出，不告而别，一直朝沙家铺方向奔去，当日午后就到了张俭亲生父亲家里。到底是亲人见面，谈不完的事，说不完的话。张俭让母亲先坐下歇歇腿脚，他一头钻进厨房为母亲煮了一碗粥，在和父亲一同安排床榻时，告知三天前家里突然失火，一院房舍全没有了。今日饶啬夫又让家仆贴出强买张家田产告示，他怕母亲知道后更加伤心，才护送她到家里暂时栖身。

临睡前，姚福哀其不幸地说："你家失火和田产被夺的事，我听俭儿说了，损失太大，无法弥补，但只要你们母子平安无事，这比什么都强。"

王氏大惊："田产被封查了？为什么？"

姚福说："明摆着的嘛。饶啬夫的少爷死了，他能善罢甘休吗？人家是用你们的田产补偿他家的人命，真是无法无天！"

"人命?"王氏想了想，"哇"的一声哭了出来，当着姚福的面又数落前几年骞儿惹的祸来："如今他倒好，跑得没远没近，给我和俭儿接二连三地带来祸害，我怎么养了这么个早该栽崖滚坡的儿子？要是他哪天回来，我非啃他几口不可!"王氏越哭声越大了。

俭儿急得为娘擦眼抹泪："娘，别哭了，哭坏了身体咋办?"

姚福忙说好话："张骞这孩子从小就有大志向，读书用功，到外边闯荡定会有出息的。说不上人家干上了大事，公务繁忙脱不开身。更何况这些年天下不太平，想捎封家书也不容易，我想这娃在家是个孝子，迟早是要回来看望你的。"

王氏摇了摇头："唉，他是死是活，是上天还是钻地我管不上了。可我和俭儿吃没吃的，住没住的，只能流浪当叫花子了，这苦命怕是前辈就注定的，还不如一死了之。"

"看你把话说到哪里去了？若不嫌弃，我这里就是你们的家嘛，你把俭儿养了二十多岁，我都不知道要如何感谢你！好歹我家还有几亩薄田，凭俭儿这精壮壮的汉子，还愁没你吃的、喝的?"

张俭一听父亲热情收留，连忙说："爹，娘，你俩放心吧，今后我一定勤劳耕作，好好侍奉二位亲人。"

"听见了吧，这就是你千辛万苦教养的孩子，这几句话多么暖人心呀，尽量想开些，再别提'一死了之'的话了。"

王氏脸上泛出一丝微笑，在姚福的安慰下，她坚信俭儿就是她实实在在的靠山，有了这样的靠山，就没有什么过不去的坎儿。

张俭的生父姓姚名福，实际上没享过一天清福。早年丧失父母，靠伯父拉扯成人，缔结姻缘，生下长子忤逆不孝，和母亲常打口舌之仗。其母忧劳成疾，卧床日久。次子出生后，母亲产后大出血身亡。姚福无法抚养，将其暗弃张汉灵家门口，被张家养育成人。张俭亲哥就是姚拴子，成人后好吃懒做，不务正业，在社会上流浪鬼混，后到饶啬夫府上当了管家，仍然心怀鬼胎，投机取巧，胡作非为，长时间不回家门，连父亲也不知他到底在干什么，父子关系早已疏远。

突然，张俭领母进门，为孑然一身、清贫度日的姚福带来了生活中的欢乐，为死气沉沉的姚家院子注入了几分生机。

张骞家庭的不幸遭遇，直到他接受君命、出使西域前夕，才由一位到长安经商的城固老乡口中得知。但君命在身，他不能立即返回故里寻找母亲和俭弟下落，只好修家书一封，托好友卫青代转母、弟。卫青曾派人持信探寻，因白崖村无人知悉下落，只好作罢。

不久，张骞出使西域的消息传回汉中郡城固县白崖村。曾为张骞说过媒的快嘴婶娘，走村串户，逢人就说："看看看，我早就看张骞有出息，能干大事情。瞧，人家如今已是朝廷命官，皇宫文臣武将成群，皇上一个也看不上，偏偏挑上了咱白崖村的张家公子。他饶啬夫算什么东西，也不撒泡尿照照自己！害得人家家破人走，日后张骞衣锦还乡，不砍他们的狗头才怪哩！"众乡邻无不点头称是。

饶啬夫闻听此事，像遭棒打后夹起尾巴的一只野狗，连哼也不敢哼上一声。就连管家姚拴子和吆五喝六、欺凌百姓的众家仆，也一个个大煞威风，噤若寒蝉，再不敢到白崖村耀武扬威了。

第十七章

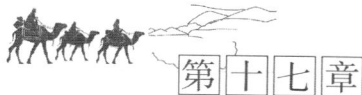

张骞怒斥中行说

四十多个使团成员，一个个都被五花大绑起来，并用长长的皮绳串在一起。虽说每人都骑一匹马，但行动极不自由。毕竟张骞身为使团首领，代表汉朝的皇帝。古有"两国交战不伤使臣"之训，大千长札木不敢胆大妄为，他想的是活捉使臣邀功请赏，以显示自己的本领，也就宽大了张骞。张骞没有被缚，仍然骑着自己的马，虽手持旄节却没有了佩剑，且左右前后都有胡骑严加防范。

马队在沙漠上整整颠簸了一夜。黎明时分，正当四野空寂、人困马乏的时候，突然一骑嘶鸣、马群大乱。朦胧夜色中只见头包黑巾、身穿黑衣的一骑勇士挥剑疾驰而来，乘人不备闯入匈奴马队中。黑衣人浑身是胆，剑法精绝，弹指间将数人砍下马背。领队的大千长札木以为队伍中自相起哄，开始不予理睬，后听刀剑鸣响才驻马察看，见已有二十多人倒地，始觉与敌遭遇。

黑衣人正欲劫持张骞，被札木一箭射中右臂，好汉不吃眼前亏，黑衣人带箭而逃……

这场出人意料的厮杀相搏，偏偏未伤被俘的使团随员。大家稀里糊涂，只有张骞心里明白。他料定这是"草上飞"勇士前来搭救汉朝使团，只可惜身单力薄，无济于事。

向东北方向走了两千多里，张骞及其他幸存者被押到了单于王庭所在地。

这里是个北高南低的扇形大草原，绿草如茵，滩水碧清，牛羊遍地、帐篷密集。一条东西走向的大河环绕大草原北沿奔流，波澜壮阔。弯曲的河滩上丛生着水柳、芦苇。时值盛夏，水草肥美，正是放牧旺季，老少牧民全家出动，至晚始归。

河南岸，毡包星罗棋布。在周围扎有木栅栏的一大片土地上，撑着三个引人注目的大帐篷，从左向右"一"字形排列。中间一座特别高大，当地牧民称为金帐，面向正南，雍容华贵，外表全由黄绫子包裹着。金帐正门左侧，竖起一杆白旄，这是匈奴部族的标志，旗上绣有象征勇猛的巨鹰图案，旗边镶着九角狼牙，牙端悬有表示力量的九条白色牦牛尾。"九"这个数字在匈奴牧俗中随处可见，表示"吉祥如意"。正门右侧，插有一杆大旗，标志着"战神在此"。大旗的尖端系有四束黑色马尾。金帐的方形天窗下，四根包着金片的雕花大柱擎着帐顶。包金的高门槛更加显示出金帐的豪华。这座至高无上的金帐可容纳数百人。

大帐两侧分别是左右骨都侯的营帐，宛若大金帐的两翼，威风庄严，神圣不可侵犯。帐前侧是一个大广场，有拴马桩、弓箭架等设施。一群匈奴幼卒正在汗流浃背地赤胸操练。

大千长札木押着张骞及四十多名汉使随员来到金帐前的广场上，负责教练的小头目向札木打了个手势，示意单于正在金帐内等候。札木解下腰刀交给护帐卫士，大摇大摆进帐跪禀："大单于，札木完成王命胜利归来。"

军臣单于身披羊毛织成的披风，头戴插着羽毛的毡帽，身束红丝绸腰带，脚蹬马革制作的黑皮长筒靴，端坐金帐正中，两边分站着千长、百长、诸裨小王等大臣。他向札木扫视一眼，见千长风尘仆仆远道归来，开口就问："可曾截获汉朝使团？"

"大单于，汉朝使臣张骞被我抓获，四十多名随员及行李货物全部带来。"

军臣单于听说捉住了汉朝的使臣，顿时高兴不已，端起奶酒畅饮三碗，一边抹嘴一边传令，决定亲自审讯。

张骞被几名匈奴兵押至金帐前，整整衣冠，双目炯炯。手持汉节，大气凛然。

按照匈奴的军法规定，凡是外邦人进入单于王庭，必须在脸上刺青，并用黑色颜料涂抹，张骞已成俘虏更须如此。

这时，手拿小尖刀的匈奴兵走出帐外，向张骞呜里哇啦大喝几句。张骞正在为当了俘虏完不成武帝圣命而犯愁，听了匈奴翻译官的话，心里非常气愤。他认为这种非礼行为，是对堂堂汉使人格的侮辱，便站在那里一动不动，横眉冷眼，一言不发。

一卫士上前去夺旄节，张骞身子一闪扑了个空；另一卫士跃上，遇着张骞的胳膊肘，碰得鼻青眼肿。手拿小尖刀的匈奴兵强按张骞下跪，张骞伸出右指只在他的曲池穴轻轻一点，手中的小尖刀便"当啷"一声落地，那人顿时两眼昏花，全身麻木，站在那里不能言语了。

张骞心里发笑："我在太白山鹤哥那儿学来了点穴法，你小子算是碰上了。"

张骞略施小技，把护帐的卫士竟吓呆了，既不敢向单于报告，也不敢再提刺面的事情。

军臣单于在帐内等得不耐烦了，便同仆忠等人走出金帐，见张骞昂首挺胸，桀骜不驯，对他也不以礼相迎，开口训斥道："大胆囚徒，见我为何不跪？"

张骞头也不抬地反问："我乃汉朝使臣，现有天子旄节在手。见天子旄节而不下跪，你这个汉朝外臣难道不知失礼吗？"

听了翻译，单于生气地说："什么失礼不失礼，此地不是你们汉朝土地，这是我们匈奴王庭！"

张骞毫不示弱："这里不是汉朝土地，你却是汉朝外臣！"

"我是王！是堂堂正正的大单于！"单于说着拔刀晃动，耀武扬威，仆忠连忙阻拦。

张骞面无畏色："谅你不敢下刀！"

翻译官厉声呵斥："张骞放肆！你当了俘虏还摆什么架子？老实一点，当心掉了脑袋！"

"哼，这吓得了谁？我生为汉臣，死为汉鬼。既来不怕死，怕死就不来！"

掷地有声的几句话慑服了不可一世的单于。他见张骞既有绝妙高超的武功，又有视死如归的英雄气概，是难寻难遇的一个杰出人才，倘若归顺匈奴，有朝一日马踏长安、攻取大汉，是可以大显身手的。于是，单于将刀入鞘，态度和缓起来，淡淡地问道："你是汉使，来我匈奴想干什么呢？"

张骞开门见山地回答："我等百余人奉圣上之命出使西域，到大月氏访问交友。"

大月氏本是匈奴的敌国，照直说出来也许会暴露汉武帝的意图，但张骞生性耿直，不屑于藏首缩尾，编造谎言虚词，还是实打实地说了。幸好月氏人和匈奴打仗已是三十多年前的事了，那时军臣还是个小孩子。因此，对张骞的回答并未留心。说真的，军臣根本不知道大月氏具体位置在哪里，更没有去想张骞出使大月氏对匈奴有什么不利。他下决心要让张骞归顺匈奴，又问："大月氏在我国的西北，你们交友怎么从我的土地上经过？假如我要派人到南方的越国去，经过你们汉朝能行吗？"

张骞见单于并不追问他出使大月氏的目的，心里轻松了许多。为了蒙蔽单于，他故意装聋作哑，好歹再不开口。

单于哈哈大笑："好一个汉朝大使，怎么理屈词穷了？好吧，不谈这事了。也许你在汉朝升不了官，想去外国见识见识。既然去不了，那就留在我这里，保证给你个大官做做。"

张骞摇头："汉朝使节从不做匈奴的官，你看错人了。"

刚才的一切，仆忠完全看在眼里。他乘机插话说："张骞不愧为忠良之士，本当斩首，大单于看你仪表非凡，有胆有识，一肚子的文韬武略，死去实在可惜。给你一条活路，还让你在我们匈奴做官，这可是做梦也想不到的好事呀！"

张骞不愿听这些奴颜媚骨的话，故意扭转身子，给仆忠一个脊背。

军臣单于见张骞扭头沉默，无动于衷，耐不住性子，又拔刀施展淫威："干脆吃我一刀，免得白费唇舌。"

仆忠皮笑肉不笑地向单于连连施礼："请大王进帐歇息养神，我们同是汉人，就把张骞交给我吧！"他向单于使了个眼色。

军臣单于传令："把张骞交给仆忠好好款待，四十多名随员归札木部下为奴，汉朝货物统统入库！"

当天下午仆忠把张骞请进自己帐内，酒菜摆了一桌子。张骞只立不坐，不吃不喝，弄得仆忠无趣，只好独酌独饮。

张骞早就看出仆忠的鬼胎，一语挑明："是想让我归降吗？"

仆忠马上敬酒："张使君倒是个明白人。请坐，请喝酒！咱们慢慢谈。"

张骞将计就计，顺藤摸瓜，面对仆忠而坐，酒杯却不沾唇。他试探地问道："听口音，你怕是中原人吧？"

"张使君，好眼力！不瞒你说，咱们都是中原子孙。"

"请问高名大姓？"

"对，我还没有介绍自己。我叫仆忠——奴仆的仆，忠诚的忠。"

"何时来匈奴？"

"先帝驾崩之前护送公主和亲来此，转眼十七八年了。"

张骞早在未央厩喂马时，就听公孙敖说过，有一年朝廷派宦官中行说护送公主同往匈奴，得到老上单于的信任留胡未归。他见匈奴贵族都喜欢穿绸缎衣服，就对老上单于说："匈奴的人口没有汉朝那么多，可是很强盛。这是因为匈奴能够自给自足，不必依赖汉朝。要是匈奴人都喜欢穿中原的衣服，吃中原的粮食，而这些东西匈奴没有，那么，只能依赖汉朝了。其实中原的绸缎怎能抵得上匈奴的皮衣服，中原的粮食又如何抵得上匈奴的牛、羊肉和酥油呢？"

这个一味奉迎讨好匈奴的中行说穿上绸缎大褂，骑上马在长满荆棘的草原上跑了一会儿回来说："你们瞧，绸缎大褂全被荆棘刺破了，还是你们的牛、羊皮衣服最结实。"

中行说劝匈奴不要学汉人的样子，又故意跟汉人作对，每回汉朝使者到了匈奴，他总是作威作福地把使者辱骂一顿。使者离开的时候，他老指着使者的鼻子说："回去叫朝廷多来进贡。放明白点，挑选上等东西送来，不然就叫你们尝尝骑兵南下的滋味！"

老上单于未死之前，他就提出不要把汉皇放在眼里，连来往书信格式和称呼都要比汉朝高出一等。汉文帝给单于的信通常是长一尺一寸，头一句写着："皇帝恭敬地向匈奴大单于问安。"接着就写礼物的名称和件数。中行说建议老上单于的回信要比汉朝神气些，有一尺二寸长，印信又阔又大，头一句写着："天地所生、日月所置的匈奴大单于恭敬地问候汉朝皇帝平安无事。"

回忆至此，张骞心生疑窦，这眼前的仆忠莫非就是当年的中行说？想到此处，张骞厉言斥责道："想不到你这个仆忠原来就是叛国降胡的中行说！"

仆忠见身份已败露，也就脸色一变："中行说又怎么样？我为匈奴单于效劳，这些年来大单于没有亏待我。我有成群的牛羊，有成百的奴隶，常在大单于面前出入，哪一件不比在汉朝时强？你若归顺，按你的才能，官位定在我仆忠之上。"

"嘿嘿，"张骞笑了起来："要我归顺，除非日出西山，河水倒流！"

"由不得你！"军臣单于突然进帐。

张骞见军臣又来威逼，依然守口如瓶。他将汉武帝赐予的玉璧从怀里掏出，"当啷"一声摔在地上。

仆忠顺手拾起，见玉璧刻有螭纹，连忙送到单于手中。

单于问："什么意思？"

仆忠答："汉朝有句成语，叫'宁为玉碎，不为瓦全'。"

单于仍把玉璧扔到地上："好吧，我今日就成全你——拉出帐外斩首！"

仆忠再献殷勤："大单于息怒！张骞骂了我个狗血淋头，我不与他计较，还要好言相劝。既然交给我了，就请大单于放心。"

"只怕是石头上泼水！"

"人非草木，孰能无情？"

"诚恐不易！"

"依我看，张使君通情达理，刚才是在气头上，一时转不了弯，让他思考半日再说。难道大单于忘了吗？小臣当年刚来，不也是这样吗？"

单于点头收刀，气冲冲退出帐篷。

"嘿嘿！看见了吧，连大单于也听我的。"中行说更加得意忘形了。

张骞对叛国求荣、卑躬屈膝的中行说恨入骨髓，若是刀剑在手，定叫他不得好死，可自己手无寸铁，只好强压心头怒火冷冷地讥讽道："你既有如此通天之能，上前来，我有一事相求。"

中行说不了解张骞，信以为真，得意地拱手上前，冷不防被张骞狠狠地打了一巴掌。那蒲扇般的粗壮大手，在他脸上留下五条紫红色血印。狐假虎威的面纱被一举撕下，弄得他狼狈不堪，自觉丑态百出。仆忠转过身悄悄地摸了摸麻酥酥、火辣辣的老脸，容不下这一掌之仇。突然，他像狼嚎一般，朝帐外尖叫一声："把这个不知好歹的东西拉出去，扒掉衣裳关进木笼，让他尝尝草原麻蚊的滋味！"

立时，跑进两三名如狼似虎的匈奴兵，推的推、搡的搡，把张骞关入木制囚笼。

如此遭遇，张骞早就有所预料。身子失去自由，心反而平静下来。眼望囚笼外将要落山的斜阳，那一束束金色的余晖中，仿佛隐现着京都长安的壮观，西行队伍的绵延，赤土岭的殷殷血泊……转眼又幻化成白发苍苍的老母，满脸泪痕的俭弟……

不知什么时候冥冥暮色退去了，黑色天幕上出现了哀怨的繁星，惨淡的黄月。时值盛夏，虽没有了白昼的烈日灼烤，草原上的毒蚊却猖獗起来。像小蜻蜓那么大的麻蚊，嗡嗡飞上张骞的前胸后背，用它们那锥子似的尖长毒嘴，拼命地吮吸他身上的血浆。他被叮咬得浑身发麻，两只手不停地拍打，岂知宁死不逃的麻蚊越打越多，无意间手触笼底竟感到死蚊堆积了厚厚的一层。

翌日晨曦，凉风习习，那些喝足血浆的麻蚊像一个个醉汉，陆续隐匿到草丛中养精蓄锐去了，疲惫不堪的张骞才得以靠在笼栅上昏昏入睡。

美滋滋睡了一夜的中行说端着一碗奶酒，边喝边踱到木笼旁对张骞奚落道："张使君，昨夜的滋味怎样？哟，看你满身红疙瘩，像一簇簇含苞欲放的花蕾。唔，不过这种开不出鲜艳花朵的花蕾，不会带给你芳香，怪令人可惜的。哎，这就是中原人常说的——敬酒不吃吃罚酒！"

张骞听而不闻。

中行说又咬文嚼字："英雄空负报国心，岂料世间苦难多。依鄙人之见，识时务者为俊杰。还是归顺了吧，何必受这皮肉之苦？"

张骞虎眼怒睁，咬牙切齿地说："大丈夫能屈能伸！我张骞死也不会学你那副没有骨头的可怜相！"说罢便合上肿胀的眼睛，平静得像一位打坐的老道，再也不理中行说的话茬。

中行说自讨没趣，为挽回面子，生气地把奶碗扔向笼栅。碗碎了，奶乳溅到笼栅上，也溅到张骞的身上、脸上，张骞依然合着双眼，平静得像没那回事一样。

日悬中天，微风徐来，绿草摇曳，碧波荡漾。忽得单于召见的札木，骑一匹褐色骏马奔驰至距金帐一箭之遥的拴马桩前，跳下马背，系好马缰，神采飞扬地向金帐走去。札木对单于的意外召见，感到无比自豪，那颗一直平静不下来的心，总难猜透单于召见的用意，连那卫护金帐、向他致意的匈奴兵他也未曾留意，致使那些手持刀枪的卫士心生几分愠怒。

金帐里，单于和中行说团坐在华丽的地毯上，面前那张雕镂精奇、式样考究的小圆桌上摆着丰盛的酒肴。单于一改往日呼臣议事的威严，向刚刚进帐的札木热情招呼道："来来来，就坐在我身边，先海喝上几碗。"不待札木就座，中行说便一脸讪笑，起身谄媚揖礼。

札木是个经不起奉承的人，一见单于和中行说如此厚待，一时喜得合不拢嘴，那山羊胡子已高兴得抖动起来；屁股刚挨地毯，就接过单于递来的一碗酸香扑鼻的马奶酒，将头一仰咕嘟咕嘟灌下肚去。把嘴一抹，连忙向单于拱手致谢。接着中行说恭敬地递过一碗，亮起鸭公嗓门："千长大人，鄙人也敬你一碗庆功酒！"札木接碗又一饮而尽。就这样一连喝了九大碗后，架不住中行说的奉承，便云里雾里海侃起赤土岭捉拿张骞的经过。

"……这位汉使武艺惊人，骑术绝伦，胆略更非常人可比。被俘那日，他一连刺死我十多名骁士，要不是护卫驼队成员，凭他的功夫，就是有我十个札木也近不了他的身。我硬是用套索将他擒获的。真是厉害呀，竟斩断我五六副套索。大单于，若使这位汉使归顺，来日马踏长安、攻下中原定有大的用处！"

"千长言之有理。那日我一见他面，就像在沙漠里看见一颗祖母绿，谁不想弄到手？只是如何才能让他臣服我们，我心里还没个底儿。"单于说完，不住地眨着他那双充满希冀的眼睛。

中行说稍思："大单于，依臣陋见，还要在人世间常说的'英雄难过美人关'上大做文章。"

札木摇头："只怕张骞这样的人物难得动心。"

"还是听他说吧！"单于示意札木。

中行说瞟了札木一眼，照着单于的眼色吞吞吐吐："大单于……何不赐一美女……拴住张骞的心。"

"嗯嗯，这个主意高、高！"单于拍了拍札木的肩头："就将你的千金婚配吧，张骞这个如意郎君可是打着灯笼也难找啊！"

札木是个巷道里扛椽子——直来直去的人，心里藏不住弯弯曲曲的事儿。他哪里晓得中行说早就给单于谋划好了，更没有料到赐婚的事儿竟落在自己女儿的头上。立时搔头摸耳，慌了手脚："大单于，这……怕使不得呀，我那女儿不大听话，如果……"

中行说见单于依了他的计策，心下大悦，便趁热打铁："你女儿的脸盘像十五的天上明月，眼睛像草原上的两汪碧水，黛眉仿佛焉支山那么美，丹唇犹如红花点染。身姿袅娜，一腔柔情。加之又会说几句汉话，保他十个张骞五双销魂。我倒想高攀高攀这个汉使，可我没个'千金'，想也枉然。唉，还是大千长你有这个福气哟！哈哈哈……"

这番别有用心的漂亮话并未引起札木的好感，反而使札木怒火中烧。但在单于面前，一个小小的千长岂敢吐出半个"不"字？札木欲推不能，只好强抑难言之情，脸呈难色地默许了。

既然札木未敢拒绝，单于和中行说就无必要继续相劝，便轮番为札木斟酒贺喜。札木抓起一条熏烤得发黄油酥的羊腿，一边大口大口地撕嚼，一边同他们连连碰着酒碗，以此消除充塞在心头的愤懑。

席上之人心态各异的饮宴直到红日偏西，单于和中行说才将札木送出金帐。他俩望着酩酊大醉、牵马南去的札木背影，彼此会意地笑了。他们笑得非常开心，似乎感染了头顶一双欲栖的白天鹅，竟嘎嘎欢叫几声，仿佛为其"成人之美"的心机叫好。

被毒蚊彻夜叮咬，又经烈日暴晒灼烤的一团团布满张骞胸背的红疙瘩，此时变紫溃烂，渗出黄水，更加疼痛难忍。然而，张骞依然像一头雄狮，赤臂露身地蹲靠在笼栅中，只有满脸怒容，寻不见半丝疼痛的表情。

札木酒量似海，看起来走路东摇西晃，但经凉风一吹，顿时清醒了许多。他随着给张骞送衣的卫士走近木笼，看见张骞威武不屈的英雄神态，不禁怜爱、仰慕起来：好一个钢打铁铸的硬汉！做我札木的女婿真真够格……札木的思想转弯了，他明白"不转弯绝对不行"。

想到这里，札木的满腹愤懑反而化为乌有，一股欣喜的暖流在全身涌动。若是单于在场，他真会跪地叩上几个感谢王恩的响头。他亲自打开木笼把张骞亲热地拉出来，然后从卫士手中拿过中行说扒下的使臣绸袍，披在张骞身上。

张骞的坐骑——汉武帝御赐的枣红马，单于也让卫士牵来了。这匹马多日不见主人，精神抑郁，失去了往日那威风凛凛的风姿。如今重会张骞，竟仰脖长嘶，尥地摆尾，还急不可待地挨近主人，张骞不由自主地抱着马脖，亲吻着马脸。多好的亲昵感情啊！看得札木及两名卫士也啧啧称赞……

札木将张骞轻轻地扶上马背，二人并辔东行。不等日落西山，便回到距此十里之遥的千长驻地。

札木的部落北依一条河，东接一处山麓，地盘广阔。这片水草丰腴的草原上，每隔里许，便有几顶蘑菇状的毡包群。在众多的毡包群中又有一片密集的、引人注目的大毡群。其间兀立着一顶偌大的毡帐——这就是大千长札木的住处。距大帐一箭开外的地方有一无人居住的空帐，便是札木的客居处，如今却为他未来的女婿暂居派上了用场。

札木和几个牧奴刚把张骞的食宿料理完毕，一小队匆忙驰来的匈奴兵，就在客帐周围搭起了五顶小帐，像众星捧月般护卫着张骞。这队匈奴兵的小头目就是十夫长阿忽勒。

阿忽勒长得贼眉鼠眼，络腮胡须黑里透红。形体剽悍，一脸横肉，搭眼一看就不像个良善之辈。他原是札木部落里的一名奴隶，因其力大无穷，擅骑善射，被单于看中选入王庭，赐封为护卫金帐的十夫长。

因此，当札木刚步出客帐时，阿忽勒匆忙上前跪礼道："千长大人，小奴奉大王之命，前来护卫张骞，也就是伺候你未来的姑爷，请大人多多配合。"

札木一看这个阵势，心里明得镜子一般。他看出单于对自己不大放心，特派阿忽勒前来监视。他没有回答阿忽勒，只是无可奈何地点了点头，便怏怏地回到大帐，同女儿猎娇商量单于赐婚一事。

猎娇听罢札木阿爹的话，噘起嘴巴赌气地说："不，我死也不嫁汉人，管他什么大使、小使！"

"孩子，不嫁也得嫁啊，单于已经降旨，他说只有你嫁给张骞，才能拴住张骞的心，使他慢慢归降。"札木语重心长、言不由衷地劝说女儿。

"我可不愿离开阿爹呀！"猎娇用娇嫩的双手使劲摇着札木的肩膀："阿爹好狠心呀，硬撵我嫁汉人！"竟伤心地呜呜起来。

"好孩子，勿哭！听阿爹给你讲，男大当婚，女大当嫁，乃人之常情。况且太阳和月亮的女儿不也一个嫁胡人，一个嫁汉人，难道你忘了阿爹给你讲的那个故事？"

"记得，记得。可我就是不嫁那杀我亲阿爹的汉人，这事，阿爹你不是不知道吧？"猎娇停止哭泣，非常气愤地反诘札木。

"哎——那不能全怪汉人，阿爹不是给你讲过嘛，两国交战，难免各有死伤。听阿爹的话没错，你嫁的汉人可是个了不起的难得的人物！"札木眯起一双笑眼，捋着一抖一抖的山羊胡子，高兴地钻进内帐又向夫人尼额嫩叙叨去了。

猎娇是个懂事早、爱扮饰的姑娘。她常常穿上母亲为她缝制的红绸衫，把自己打扮得像一朵春日盛开的红牡丹。虽说草原上的风沙大，聪明的猎娇每到冬日出帐便脸涂马血，并天天用马奶洗面，脸蛋儿白嫩、红润得一掐即破，不知迷住了多少青年牧民。

她自小在草原上长大，把整个草原都装在自己心里。亲生母亲死得早，那时她还不满五岁。而她的生父并非札木，而是札木的一个结拜兄弟。后来，那位兄弟随札木南下再没有回来，札木重义气，便把他的女儿收养，并视为掌上明珠。渐渐长大的猎娇，既恨汉人凶狠，杀死自己的阿爹，也恨单于不安分守己，屡屡出兵南下劫掠汉人财物，还随意残杀生灵，酿成一幕幕匈汉两族家破人亡的悲剧……可如今，单于又让自己和汉人结亲，这葫芦里究竟卖的什么药，真叫她百思不解。不结这个亲吧，如何抗得过王命？单于一言既出，就是骏马也难追回。草原人的生死祸福，全在这个凶煞手中捏着。猎娇思前想后，陷入极度的苦闷之中。

转瞬，她的眼前浮现出单于迎娶汉朝公主的热闹场景。是啊，这位远嫁草原的汉家姑娘，来匈奴做了阏氏，她那渊博的知识、温柔的性格，谦恭的礼仪，高洁的心灵，使猎娇窥见了一个难以猜透的秘密——汉朝并非野蛮、凶狠，而是一个众所向往的文明国家、礼仪之邦。从札木阿爹的言谈中得知，张骞是汉朝皇帝派往月氏国的一位使臣，她断定他必然是个很不平凡的人物。是夜，猎娇辗转难眠……

翌日晨起，猎娇轻盈地走出帐篷，徜徉在野花竞姿、牛羊乱窜的碧水之畔，透过清澈见底的碧水，无意中瞧见了自己那如花似玉的俊俏容貌，不禁偷偷地笑了。她猜想那个张骞一定会喜欢她的，她感到从来没有过像今天这样甜蜜、幸福。一股来势猛烈的爱情之火，把个娇滴滴的猎娇姑娘，立时给融化了。

生活在札木身边的猎娇姑娘，每日除帮牧奴们挤挤羊奶、放牧牛羊，有时还随阿爹出外射猎……阿爹因她乖巧，爱她疼她，日子过得非常舒心惬意。但她毕竟是个大姑娘了，不能一辈子守在阿爹的身边。不少千长、百长托媒为儿子提亲，都被她不愿离开阿爹而拒绝了。这一回若嫁汉朝使臣，她将永远生活在自己的部落里；两人形影相随，恩恩爱爱，又能照看阿爹，报答养育之恩，那可是两全其美的事啊！

仿佛爱神已经降临到她的身边，她按捺不住因激动而跳得失去节拍的那颗少女芳心，竟手之舞之、足之蹈之了，旋即又羞羞答答唱起一支草原情歌来。

正在帐内喝着奶酒的札木，忽然听到女儿猎娇的歌声，暗自颔首，乐不可支地走出帐篷，悄悄溜到猎娇身后，仰天哈哈大笑："这就对了，这就对了！"

"什么对了？"猎娇的歌声戛然而止，藏住喜悦，扭身追问："阿爹，你在同谁说话？"

"我的好女儿，阿爹听到你的歌声，犹如听到你愿意成亲的心声。"

猎娇娇声娇气："阿爹真坏，连女儿唱歌你也乱猜一通！"她像一只快乐的百灵飞进帐篷。须臾，又为札木阿爹端出一碗马奶酒。刚刚回转的札木接过酒碗，望着从河洲飞起的一对白天鹅，高兴得一仰脖子就喝了个碗底朝天。

这真是人逢喜事酒兴浓啊！札木又让猎娇搬出一坛好酒，迎着东方的晨光，坐在马鞍旁喝个没完没了。

猎娇的心热乎起来，可那个汉人张骞到底是光脸还是麻脸，他情愿不情愿当自己的郎君呢？多心的姑娘总是忐忑不安。于是，她鼓足勇气，向正在放羊出圈的阿爹婉转恳求，为她找个适当机会，让她亲眼瞧瞧未来的郎君再做决定。女儿要见张骞，札木也巴不得早日促成他俩。此刻，张骞那眉清目秀、潇洒文雅、武功精绝、胆略过人的神态和气概，又浮现在札木眼前。他突然内疚忏悔起来，万不该在赤土岭血战一场，把张骞押至单于王庭受审，又接着斥责那个中行说把张骞打入木笼遭尽麻蚊之苦。幸亏张骞没有绝命，不然，我怎能得到这个文武双全的好姑爷呢？

第十八章

猎娇姑娘的选择

三日后，猎娇和提着酒肴的女奴们，迎着旭日吐金的朝霞，在徐徐晨风的送行中向张骞住着的帐篷走去。

"站住！"一匈奴兵横眉竖眼地大喝一声，挡住了走在前边的猎娇姑娘。

"哼，你想找死，也不看看她是谁？"拎着马奶酒罐的女奴趋前质问。

"真是有眼无珠！"另一个提着一篮菜肴的女奴又狠狠地顶了一句。

"我不管她是谁，单于有令，没有札木千长的腰牌，你们休想进帐！"卫兵抽刀阻拦。

"怎么？连千长的女儿也不认识了？真是瞎了一双狗眼！"盛气凌人的猎娇，扭动盈盈碎步继续前行。两个女奴也一改往日的畏惧神态，不屑一顾地紧随猎娇。

"哎哟——"正欲趋前追拦的卫士，猛不防挨了一皮鞭，尖叫一声扭头后望，见皮鞭就在自己的顶头上司——十夫长阿忽勒手中攥着。狂暴的卫士立时像霜打的茄子，蔫得缩成一团。

阿忽勒一步跨到被惊愕的猎娇面前，低头哈腰、满脸堆笑、连连讨好："哎哟——猎娇妹去见如意郎君吧？他正在帐中等你。嘻嘻嘻！"这个善于奉迎谄媚的家伙，似笑非笑的面容里隐藏着嫉妒、淫邪、怨恨。尤其那双鼠眼射出的两束淫光，那副弯腰伸手的架势恰似一只欲火灼心的疯狗，把猎娇吓得打了个冷战。

"少啰唆！"拎酒的女奴对阿忽勒厉色斥责。

"别理他！"提菜肴的女奴为猎娇助威。

猎娇朱唇微启："我奉父命为汉朝使臣送点酒菜，要不，八匹骏马也把我驮不来！"

"是！是！"阿忽勒闪至一边，伸出左手指向帐篷，恭请猎娇进帐，而那讪笑的胡椒仁似的鼠眼，却像钉子一样久久地盯着猎娇那袅娜多姿的身影。当猎娇、女奴们进帐后，他又咬牙切齿地咒骂："该死的张骞！"

阿忽勒比猎娇年长五六岁。早在札木帐下为奴时，就把美丽的猎娇视为天上的明月。可惜身份低贱，对猎娇的爱慕只能是癞蛤蟆想吃天鹅肉——空想而已。自从被单于封为十夫长，他就暗自发誓，有朝一日为单于立下大功，定娶猎娇为妻。岂料札木俘获汉朝使臣，单于偏偏赐婚猎娇，让他的如意美梦破灭了。不过，他认为猎娇不会做汉人的妻子，仍对猎娇寄予一丝希望。可如今万万没有想到，猎娇竟为张骞送来佳肴美酒。看来，娶猎娇为妻的梦想已彻底化为泡影，这怎能不使他嫉恨、哀伤呢？他那沮丧的心仿佛在一滴滴流血，酥软的双腿站不住了，一屁股塌在草地上，酸涩的泪一个劲儿地向外涌滚。刚才那个挨了一皮鞭的卫士，看到十夫长那副失意的神态，不禁暗自掩鼻嗤笑。

"使臣大人，千长命我姐妹给你送来酒菜。"身穿胡服、说一口流利汉话的女奴，进入张骞帐中十分殷勤地揖礼告知。

坐在地毯上的张骞，头也不抬，话也不说。连日来，不时有一些穿胡服、说汉话的女奴为他送这送那，还坐在身边絮絮叨叨，总是劝他归顺单于，做札木的女婿。张骞心里明白，她们全是些厚颜无耻、没有半点气节之辈，被匈奴俘获到草原上为奴，处处百依百从。自己叛逆汉朝，还厚着脸皮劝服别人，真是恶心透顶了。可细细思忖，张骞又同情怜悯她们。是呀，蝼蚁也惜命，何况屡遭劫掠的边民？俗话说："好死不如赖活着。"他觉得不吃不喝是蠢事，还不如小小的昆虫。他想至此，索性拿起面前熏烤得酥香流油的羊腿大口大口啃起来，又咕咚咕咚倒下几碗奶酒。

可今天不同往日，送酒肴的女奴领来一位身材苗条、含情脉脉的草原姑娘。张骞终于抬起头来，用那双猜疑的目光仔细扫视一眼，心下不禁为之一动。啊——她是谁家的漂亮女子？身材修长，肤色白嫩，双肩浑圆，胸部隆起，以及那苹果似的脸庞，清泉般的眼睛，远山形的黛眉，白玉样的皓齿……顿使他的神思飞上幼年曾梦到过的九天仙女宫中。她和那位临窗飞梭的织女又有什么两样？眼前的人儿莫非就是那位仙女？记得那时他有过的非分念头，即刻受到织女的指责，为此而整整后悔了十年……他的心剧烈跳动起来，面红耳赤，遂即低头，羞愧难当。

"之前单于命札木从囚笼中放出我，送进他的客帐，屡劝婚配。莫非面前的这位胡女就是专为此事而来？"张骞本能地警觉起来，再也不理睬她们。

"使臣大人，酒肴送来了，还是趁热吃点吧，爱惜身子要紧。"温柔的猎娇从女奴手中接过酒肴，恭敬地一一摆放在张骞面前。

猎娇对未来的郎君十分满意，虽未促膝相谈，但从伟岸、英俊的体态已窥见他那憨厚、善良及火热的男子心肠。为维护张骞的尊严，聪明的猎娇向女奴们使了个眼色，三人悄悄出了帐。

阿忽勒还在帐外等着，一见猎娇又无耻纠缠。猎娇从那双鼠眼里觉察到他未安好心，连忙将两个女奴拉到跟前做"护身符"。阿忽勒嬉皮笑脸地说："去你的吧，你们俩我都看不上！"他伸出双手将两个女奴推倒。

猎娇正色厉言："阿忽勒，你想干什么？小心千长大人取你脑袋！"

"嘿嘿！哪能呢？札木老爷子见了我，比见了白天鹅还喜欢哩。你看这把镶着绿宝石的'径路'，就是他在赛马场上奖给我的。"说着从腰间抽出来在手中炫耀。

猎娇一见小刀，仿佛看见随义父南下劫掠的亲阿爹。她记得清清楚楚，那时她还不大懂事，阿爹腰里常插着这把小刀，用它为自己剔削羊腿，那镶在刀把上的绿宝石闪闪发光。后来阿爹南下未回，这把刀便落在现在的义父手中。去年赛马时义父竟将它奖给第一名阿忽勒，为此她痛哭流涕，埋怨义父不该将阿爹遗物随便赠人。可义父笑眯眯地又拿出一把，说这把小刀才是死去的阿爹留下的真正遗物。

原来，很久之前漠北草原上有一位出色的铁匠，他锤炼的刀，砍石不豁口，削铁不卷刃，被牧民们称为"宝刀师傅"。他帐下有札木等五位徒弟，像掌上的五根手指，相处得亲密无间，形影不离，在炉火旁拜了日月天地，喝下血酒结为义兄义弟，猎娇的亲阿爹就是其中的一人。随着岁月流逝，五位徒弟都成为骑射、刀功俱精的英雄好汉，"五虎"美名遂传遍草原。老上单于闻知，要铁匠将"五虎"送进王庭当护帐卫士。铁匠膝下无子，岂能舍得？老上单于一怒之下诏令他带"五虎"下中原掠回一百匹绸缎、一百石白米、一百名汉人，否则问罪斩首。王令难违，他只得含着苦泪率"五虎"弟兄随骑兵大队南下扰边。就在那次掠夺战中，铁匠和包括猎娇阿爹在内的四名虎将不幸丧生，唯一幸存的札木才将这把遗刀带回。

猎娇神思飘忽，泪眼模糊，却强装笑脸说道："阿忽勒，札木阿爹奖你这把小宝刀，是佩服你年轻有为、骑射超众，并非让你居功自傲。我愿你像'五虎'前辈那样骁勇，永远效忠大单于！"说罢同两个女奴瞅了个空儿飞步溜走。

阿忽勒听了这番既像教训又像忠告的话，收敛了邪念淫欲，只好呆滞地暂享一下眼福，眼睁睁望着美丽的"天鹅"从面前飞走了。

猎娇回到帐篷里，心儿咚咚跳着。她庆幸自己没有被那只癞皮狗咬上，喘息中甜甜地笑了。尽管只对未来的郎君看了一眼，没同他说上几句话儿，可一声不响总比千言万语好得多啊！少女的心被搅乱了，幽幽芳魂也仿佛被心上的人儿勾去了。

"嫁给他！我要嫁给他！"抑制不住的心音在起伏的胸脯里颤动、旋转。

札木见女儿脸蛋上浮出两朵红晕，已窥见女儿紧闭着的心扉向汉朝使臣打开，即刻派管家向甘父等被俘为奴的使团随员送去十只肥羊、五坛奶酒，并特意将正在开石修圈的甘父请来大帐，让他前去劝服张骞成亲。送甘父离帐时，札木故意耸人听闻地说："如若不从，单于定要把所有使团随员的脑袋砍下来！"

甘父来到张骞帐内，相互揖礼时酸泪长流。及至促膝倾诉，张骞才知其弟兄们都在山下服苦役。可张骞束手无策，他又有什么法子呢？只能忧戚、伤感地劝慰甘父道："我们这些被羁押的囚犯，看来只好逆来顺受、忍气吞声了。"

"不，使君大人，圣命尚未完成，怎能如此气馁？"

"我何尝不是如此。"张骞点了点头。

"对，你不是常说'大丈夫能屈能伸'嘛！"

"可我怎么个伸法？"

"不，现在需要你屈，权且答应赘婿之事吧！否则，咱们一行都将会被单于处死。那凶神恶煞可是说出就能做出的。"

张骞对甘父的肺腑之言细细斟酌，思前想后，心乱如麻，这一夜他是坐着度过的。他首先想到的是汉武帝，满腹的委屈对圣上诉说："我身负圣命而陷入囹圄，他们逼我投降无望，又企图用匈奴女人引诱，如若不从就要砍头。臣死不足惜，可陛下圣命谁来完成？他们还扬言如若不从，要将四十多名随团兄弟的脑袋砍下来，我能不担心吗？要是和胡女成了亲，虽受她的监视，几十个兄弟可免一死，也就多了几分完成圣命的希望。陛下能宽恕张骞吗？张骞会不会恶名加身，被斥为叛贼呢？"

静夜中突然传来马的嘶鸣，张骞下意识地提高警惕，却再无动静了。他在心里三番两次地呼唤李广将军、卫青好友、公孙敖手足，你们为什么不领兵北上，横扫匈奴，营救我们脱离虎口呢？什么？你们在等着我联络大月氏的佳音！让你们失望了……

张骞极其痛苦地躺在地毯上捶着脑袋，甘父的话又在耳边响起："不，现在需要屈——权且答应这门亲事吧！否则，我不要紧，可大人完了，咱使团也就完了，无论如何，先要保住性命。"

是的，当年的大将军韩信，不也在不得志的时候受过"胯下之辱"吗？如今只能在暂时的苟且偷生中慢慢寻找完成圣命的出路。熬过漫漫长夜，终于在天将黎明时分，越王勾践"卧薪尝胆"的故事打开了张骞的心灵窗户，仿佛一缕曙光在眼前闪亮——对，就这样吧，接受赐婚不是甘受屈辱，不是投敌变节，只要伺机脱逃，继续西行，圣上是不会怪罪的。

张骞又想到了甘父，看来这位其貌不扬的胡人，不仅是西行的向导，还是难得的谋士。

第十九章

不称心的婚礼

　　张骞与猎娇成婚的喜讯在草原上不胫而走。为把婚事办得有声有色，札木让部落里几位心灵手巧的牧妇，费心费力地缝制了一顶白色绣花新帐，并请来巫师选定了吉日良辰。

　　举行婚礼这天，一轮秋日的金色太阳挂在湛蓝湛蓝的天空；"吉里吉里"的百灵在银色的帐顶盘旋歌唱；朝霞般的萨拉楞花与雪白的银吉嘎花以及猎娇的新娘嫁衣，在葱绿的草原上相映生彩。

　　单于、左右谷蠡王、左右大将都给札木千长送来珍珠、玛瑙一类的珍贵礼品；河畔毡包群中大小部落首领也纷纷送来肥得流油的牛羊。最珍贵的礼品还是单于送来的二十匹丝绸。他做主赐婚的猎娇，从小就喜欢丝绸服装，况且这些丝绸又是张骞带来的，正好物归原主，落个顺水人情。满面红光的札木穿一身盛装，笑眯眯的两眼几乎合成两条长缝儿，就连那山羊胡也喜得一抖一抖的。他忙里忙外，不亦乐乎地迎接前来贺喜的客人。

　　札木的内外帐铺上了绣花的羊毛地毯。宽敞的外帐摆下一案案丰盛的婚宴；旁边放着的高高陶罐，盛满酸甜味儿的马奶喜酒。案桌正中的雕花木盘内是熏烤得酥香流油的羊腿，羊腿上插着几把明晃晃的小刀。案子四角放着四盘味美肥嫩的牛肉，还有兔耳、鹿颈、猴头、白蘑……这种由马奶酒和九种肉食、山珍拼凑起来的酒宴，草原人称为九肴喜宴。

尼额嫩头戴佩饰，身着华丽裙裾，坐在内帐高兴地为猎娇梳妆打扮。她用悦耳的歌喉唱了一段《劝嫁歌》后，先给新娘擦好红蓝胭脂，又在她的头上扎一圈宽窄适中的发箍，在发箍周围缀上十二朵巴达玛银花，在每一朵巴达玛银花中嵌一颗红珊瑚，其中当额的那一颗又大又红。前额的璎珞流苏全用珍珠、玛瑙形成网络。左右各有六条华美修长的流苏，每条流苏都用绿松石、镂花银片和银铃串成，错落有致。稍后是两扇饰有日月图形的护耳，同样镶金镂银。一副银质耳坠下端有两个翡翠环，头一转会发出叮当声，俗称"美玉珰"。除耳坠可以摘下来，其余都固定在发箍上。头饰太复杂了，因为草原上流行着"富在头上"的说法。

猎娇穿着粉红色的长袍，天蓝色的五穗头腰带，红缎底子，绿绸绲边儿，五色线压襟的外罩。外罩的二道扣子上，垂着当作饰物用的实用品：装有牙签的金葫芦、丝线刺绣的针插子。最后还要挂一串珊瑚项链，脚下蹬一双长腿黑皮靴子。这样的打扮骑马上路，使本来就很秀丽端庄的新娘，越发显得雍容华贵、光彩照人。

尼额嫩也为新姑爷准备了一套结婚服饰。头戴圆顶红缨黑呢帽，两条帽带因骑马飞驰，必须系在颏上。衣服是蓝缎长袍，袍襟正好遮住两个膝盖。在长袍外面套一件崭新的褐色皮衣，遮住了宽大的腰带，只有腰带穗头从两胯耷拉下来，一把雕花刀柄露在外面。还有一双包银的象牙筷插在刀鞘里。另有十支箭的箭囊搭过右肩挎于左侧。那一双光亮的牛皮靴，若骑一匹大马更能增添新郎的传奇色彩。

此刻，远近的亲朋好友陆续进帐贺喜，不时地说一些吉利幸福的话儿，欢快红火的喜庆气氛，洋溢在大帐内外。

在一阵鼙鼓和胡笳的悠扬动听旋律中，几个摇曳多姿的胡女簇拥着张骞进入札木的外帐。张骞尽管服饰华丽，但是依然右手紧握旌节，面部无一丝笑意，神情木然，宛若一尊泥塑木雕的人偶。

接亲的牧女们纵情地欢唱喜歌，亲友们尽兴地狂饮喜酒。人们早把帐外的篝火点燃，袅袅蓝烟飘上云天。札木让张骞放下节杖，尼额嫩把新郎新娘送出帐外。巫师拉着张骞、猎娇，在熊熊的篝火旁拜天拜火，嘴里不停地咕哝着："燃烧吧，永生的火；只要篝火不熄，就会有美好的生活……"

在盛装贺喜的人群中，阿忽勒看着拜天拜火的一对新人，嫉妒的鼠眼都发红了，禁不住挤出几滴酸涩的泪珠。他钻出人群恶狠狠地祈祷：天神啊，把灾难快快降临！他跳上马背，狂鞭乱舞，向草原深处驰去。

能歌善舞的草原男女，踏着琵琶、胡笳及鼗鼓的欢快节奏，围着篝火堆翩然起舞。爱情的火苗在猎娇心里越燃越旺，她羞涩地去拉张骞的左手，想跳个痛快，岂料心如刀剜的张骞哪有这个兴致，迅即将手缩回。这一举动犹如给猎娇那颗火热的心泼了一盆凉水。从小就多情、自负的猎娇，哪能受此冷遇？竟"哇"的一声，哭着跑进她的新帐中去了。哭声惊愣了正在狂欢歌舞的草原牧民，美妙悦耳、扣人心弦的鼓乐声也戛然而止。那些沉浸在无限乐趣中的谷蠡王、大将、千长等，都把一双双诧异的目光，齐刷刷投向满脸阴云、俨然像一尊人偶的张骞。

隆重的婚礼就此不欢而散。

夜色朦胧，半轮残月隐现云中。不称心的婚礼结束后，被几名牧妇送回婚帐的张骞，事过多半天，仍然郁郁不乐地靠帐而坐，透过帐顶的天窗无精打采地闲赏月色。猎娇自觉感情脆弱，伤了夫君面子，此时满面愧疚地从大瓷坛倒出一碗马奶酒，恭恭敬敬地端至张骞面前，用生硬的汉话甜甜地说："夫君，今天是咱俩的大喜日子，你为何总是愁眉苦脸？"

张骞低头，一动未动，心里像有一只小虫子爬来爬去。他想，猎娇姑娘与我无仇无冤，对她如此冷酷，她受得了吗？既然木已成舟，我何不倒出自己的苦衷，求得她的谅解！

静坐良久，月影东移。

猎娇到底忍不住了，她又端碗酥油茶轻声道："我的好夫君，你说话呀！"软心肠的姑娘鼻子发酸，已是泪水涟涟。

张骞终于慢慢抬起头来，望着面前的泪美人，接过碗，摆了摆头说道："唉，猎娇姑娘，你不明白做人的难处，我生是汉朝人，死是汉朝鬼。若能不死，迟迟早早总要回到长安去的。"

"你走到哪里，我就跟到哪里，反正我是你的人了。"猎娇伤心而又固执。

新婚之夜本该有说不尽的甜言蜜语，做不完的恩恩爱爱事儿，但张骞的心冷如铁石，独坐毡帐一角，不再吭声，弄得猎娇爱不成、恨不起。

夜，已经深了，草原上的夜莺也不啼了。迷迷糊糊的张骞像是有点冷意，将腿缩回。温存、体贴的猎娇抽泣着取出一件新缝的绸袍，轻轻披在难以揣摩的夫君身上。

漠北草原的夜沉寂得令人生畏，偶尔传来几声狼叫，惊起圈宿的羊群一阵骚动。不知何时，百无聊赖的猎娇也靠在铺沿边打起盹儿，昏黄的灯光映出泪眼巴巴、像是充满无限委屈的鹅蛋形脸儿。不和谐的婚夜就这样悄悄地消逝了。

东升的朝阳刚露出半边脸儿，熬受一夜委屈的猎娇，忧心忡忡地回到阿爹身边，嘴不是嘴，脸不是脸地冲着札木发火："你真能忍心把女儿推进火坑！"说罢一头扑入尼额嫩怀中："娘，阿爹压根儿就没把我当人！"没头没脑的抱怨，把札木老两口弄糊涂了。及至问明情由，始知张骞根本没有与猎娇婚配的诚意。尼额嫩说："既然他冷酷无情，就让他一个人过去吧，真是个独活虫！"

札木摇摇头说："使不得呀，千万使不得。昨日婚宴结束，我向大单于谢了罪，保证你俩和好。人家是汉人嘛，还是让着点。我的好女儿，学聪明点，只要你对他好，日子一长，就是一块冰冷如铁的石头也会被焐热的。"

"阿爹，可他不理我呀！"猎娇停止唏嘘，抬起头久久盯着来回踱步的札木。过了好大一会儿，札木踱到猎娇身边，拍着女儿的肩膀，语重心长地说："人非草木，孰能无情？他不理你，可你要理他。想想吧，如何才能做一个使丈夫称心如意的妻子？这可不是一朝一夕的事。"

尼额嫩撇了撇嘴："哟，听你嚼了些什么？咱猎娇又不是嫁不出去的丑姑娘，非要赖着他不成！"

这阵儿帐外有人传令："大单于召请猎娇新娘！"猎娇一听是阿忽勒的声音，根本不想应答。札木立刻走出帐外，说："猎娇洗个脸就去。"他返身进帐，打了水，拿了条新毡布端至女儿跟前："昨日大单于参加你的婚礼，见张骞那副神态，知道你受了委屈。今天召你前去，怕是要问你原因，你就照实说吧，兴许他也会为你想想办法。"

单于有令，当然非去不可。猎娇洗去脸上泪痕，打起精神，把昨日放在阿爹帐中的旄节送到张骞身边，见夫君依然郁郁寡欢，一言未语，她心里非常难过，只好心灰意冷地去了。

猎娇走后，张骞一直在想，她去单于那里必定是告知她和我的婚后情况。我张骞不是一只呆头鹅，猎娇就是单于通过赐婚安插到我身边的密探，让阿忽勒在帐外看管我，让猎娇在帐内监视我。单于啊单于，这样的鬼把戏又奈我何？想让我归顺投降，你就做梦去吧！

进了金帐，单于还未问话，猎娇倒先发火了："大单于，你害得我好苦！昨日新婚时你也在场，好端端的一场婚礼，全被那个不知好歹的张骞扫了兴，给了满场人一个难看，我猎娇这张脸还能见人吗？"边说边"呜呜"地大哭起来。

一阵尴尬之后，单于终于下了决心，他安慰猎娇了几句，拍案而起："好一个不识抬举的东西！不如一刀将他砍了，也好为你出出气。"

"大单于，万万不可。"猎娇连忙解释，"一刀砍了，不是你聪明，而是你愚蠢。你想想，如果消息传回汉朝，你的仁义全没有了，劝他归降我们匈奴的初衷也就烟消云散了，又到何处寻觅张骞这样的英雄奇才？"

猎娇虽是草原上的一个普通女子，但几句话竟让单于刮目相看："还是猎娇姑娘聪明过人，能替匈奴深思熟虑，能为匈奴强盛和日后攻取大汉做长远计划。你猎娇也是个人才呀！"单于一高兴，马上为猎娇倒了一杯乳酪，笑呵呵地递过来。

猎娇接过喝了一口，问道："你召猎娇进帐，是不是就为张骞之事？"

单于点了点头，又变得冷静了："张骞归顺之事就靠你了，你们俩已经完婚，你要在爱情、家庭方面大做文章。只要为他生下一男半女，就会把张骞的心牢牢拴住。"

猎娇确是个足智多谋的奇女子。向单于发火，是诉说赐婚之不幸；当单于要杀张骞，又陈述不可杀害的理由，实际上是对夫君的爱护。她更是个通情达理的姑娘，阿爹的几句开心话就把刚凉了半截的心又给暖热了。她匆忙回到阿爹身边，自作主张从大坛子里倒出一大碗珍稀的汉朝大米——这是阿爹、阿妈过生日才能享用的，特意为夫君熬煮平常草原牧民很难喝到的奶粥。

火舌舐拂着圆圆的陶罐肚子，不大工夫陶罐里的粥就咕嘟咕嘟响起来了。坐在火堆旁被火光映红脸蛋儿的猎娇，望着陶罐上冒出的乳白色蒸汽，心想，在汉朝吃惯白米的张骞，一定会为她亲自熬的这餐奶粥笑逐颜开的。

草原上的秋日，天气依然变化无常。猎娇额头不住冒出豆大的汗珠，她感到闷热难当，空气似乎凝固了，连呼吸也觉不畅。突然，大帐门口划过一道刺眼的弧光，接着几声闷雷滚过帐顶，震撼得帐篷呼啦啦地摇晃起来。顷刻间风起云涌，帐外一片人喊马嘶羊叫声，加上呼啸狂摇的草木怒吼，呈现一个令人恐怖的灰暗天地。

札木急急出帐，吆喝牧奴们拦撵牛羊入圈。尼额嫩也匆匆忙忙地同女奴们收拾帐外晾晒的柴火、衣物。唯有猎娇依然专心致志地为张骞熬着奶粥。

须臾，疏落的雨点夹裹着胡桃似的冰雹自天而降，击打着羊皮帐篷，发出擂鼓般的咚咚巨响。札木、尼额嫩都已淋成个落汤鸡，跑进帐内换衣去了。

草原风雨来势迅猛，一阵冰雹后便是如注大雨充塞苍穹，但说停便止，眨眼又风收云散了。趁此间隙，猎娇将煮好的奶粥提回，环视帐内却不见夫君的身影。他到何处去了？猎娇心下一惊，放下奶粥拧身出帐四下寻问，从几个牧奴口中得知，暴风雨来临之前张骞好像在河畔转悠。猎娇一听甚是着急，便跟跟跄跄地直奔那儿找寻。

原来，猎娇回阿爹帐内不久，怅惘难排的张骞忍受不了帐内的闷热，把昨日的婚装脱掉一扔，漫无目的地步出帐外游转。人地两生，不便和驱赶牛羊的牧民们打招呼，也无心观察暴风雨即将来临的动向。走着走着，无意中发现曾专门监视他的四五顶小帐不知何时拆去，只见一排木桩上仍拴着十匹马。显然，单于派来的卫兵都住进曾羁押他的客帐中了。此时，从帐内走出一个匈奴卫兵，眼睛像锥子一样紧紧盯着他。张骞心里明白，自己虽已成为札木千长的女婿，单于也绝不会放松监视的，任他怎样暗中盯梢，张骞毫不介意，也不理睬，仍泰然自若地向河畔走去。

彷徨河畔不久的张骞，被猝不及躲的冰雹和如注的暴雨，打昏在草丛中失去了知觉。

寻人心切、只顾极目四望的猎娇，不料脚下一绊打了个趔趄，回头一看竟是夫君躺在深草丛中，浑身糊成个泥人儿。她连忙掏出一方洁白的丝绢为他擦去脸上的泥浆。接着左拽右拉，怎奈力小抱不起来，急得她呜呜地哭了。正好塔尔带着札木赶到，才把泥沙满身的张骞背到背上，路过卫兵居住的札木客帐，阿忽勒窥见昏迷不醒的张骞，暗自幸灾乐祸地祈祷：天地日月神明啊，赶快让这个汉朝的魔鬼遭瘟吧！

塔尔把张骞轻轻放到新帐铺上，猎娇为他换掉湿衣。面对被冰雹打得浑身青紫、发肿的张骞，猎娇心疼得呜咽不止。塔尔也疼爱地去摸摸张骞的额头，不禁失声叫道："啊呀，他病了！"猎娇俯身用脸颊挨近夫君，滚烫如炙。站在一旁的札木慌了手脚，塔尔凭自己多年的草原生活经验说："不打紧，这是精神抑郁、饮食不周，又陡遭冰雹、雷雨袭击，外感风寒所致，只需找回几味药草煎汤饮服即可。"

札木、塔尔走后，张骞病势趋重。不时胡言乱语，吓得猎娇欲离不忍、欲哭不成。正当束手无策，张骞烧得在铺上乱滚，眼看翻到铺下，猎娇扑上去抱在怀中连连呼唤："夫君，你醒醒、醒醒……"

时近黄昏，在帐内急得团团打转的札木夫妇，才见塔尔父子疲惫不堪地弄回几味草药秧。尼额嫩早已备好煎药器皿，将草药秧淘洗干净，一会儿就煎好了。她让塔尔火速送进新帐，猎娇无限感激地接过药碗，一勺一勺地给夫君喂灌。灌着灌着，张骞打个喷嚏，吐了猎娇一身。猎娇向塔尔投去惊诧的目光，塔尔摇摇手说："不打紧，吐药不吐性，这一吐，病情就会大减。"

当晚，塔尔陪着猎娇一直守护在张骞身边，时而帮猎娇端汤递水，时而帮张骞披被揩汗。天色微明时，张骞退烧好转了，睁开充满血丝的眼睛，半是惊疑、半是感激，仿佛耳畔还在响着闷雷，不知何时从暴风雨中被救了回来。他看看堆在铺下的一身泥衣，摸摸身上的干净白袍，嘴角动了动，似乎想说点什么。

"恩人，好险呀！你到底醒过来了！"塔尔喜滋滋地抢上前问安。

猎娇的心悬了一夜，终于落了下来。她抑制不住内心的高兴，把功劳全推到塔尔身上："夫君，你能醒过来，多亏塔尔老伯的一剂神药！"

张骞用干涩的眼睛打量面前这位口称恩人的老头子，心下暗忖，好面熟呀，仿佛在哪里见过，只是一下记不起来了。

塔尔趁张骞陷入回忆，指着猎娇说："恩人，若不是她，说不上你还在河畔躺着呢！她可是个难得的好姑娘啊！一勺一勺地给你喂药汤，她……"

"塔尔老伯别说啦！"猎娇打断塔尔话头，甜甜地一笑，扭身为张骞端来一碗早就煎热的白米奶粥。

这个口称恩人的塔尔就是张骞使团在西行路上的赤土岭南被甘父等人抓获的那位牧奴。那一次他带着儿子尤斯，同去岭南寻找被狼群冲散的牛羊。使团随员曾小三、黎杰等人，认定他俩都是匈奴暗探，再三要求张骞下令将其处死。张骞仔细打量、思索一番，见他老少身着牧人服装，为维护汉朝的文明礼仪，不轻易滥杀无辜，强令放行，还送给了干粮。其实张骞判断错了，这一老一少就是奉札木之命，乔装前去赤土岭南侦探使团西行踪迹的。

张骞在札木帐下赘婚之后，塔尔以为他已在草原落户，变成自己人了，便时时寻找适当机会欲报赦免一死之恩。那日张骞突遭冰雹袭击，就是他向札木报的信。张骞染病，又是他自告奋勇带上儿子跑遍草原，吃尽苦头才找回几味草药。

塔尔的一剂神药讨得札木夫妇的喜欢，第二天就让塔尔父子将帐篷迁移到张骞附近，一来服侍好张骞、猎娇，二来也可抽空劝两人和睦。

自此，塔尔、尤斯父子便成为札木千长器重的贴身侍奴，为他砍柴、背水、牧马、割草……不觉月余过去，张骞身体逐日康复，和猎娇的感情也日趋贴近，但仍分铺相居。猎娇不计较这些，她始终坚信阿爹的话，只要时间一长，就是块冰冷的石头也会被暖热的。因而，张骞出帐散步，她牵马相随；张骞练拳舞剑，她送奶相伴；张骞黉夜沉思，她也蹙眉相愁……

精诚所至，金石为开。有一天，善良、温柔而又多情的猎娇，又熬了一碗夫君爱喝的米粥，张骞喝得津津有味，脸上的笑容多了，随便说了句："知我者猎娇也。"猎娇的笑容更加灿烂，她明白两人之间的那座冰山开始融化，就亲昵地问："这些天来我不是狼，不是虎，夫君为什么老是睡在一边？你说说，我到底是什么人？"

张骞回答："你呀，也许是单于安在我身边的钉子。"

猎娇听了这刀子般的话没有生气，也没动怒。原来两人之间的冰山就是这颗钉子，她觉得张骞误会了她，既然成了夫妻，要生活一辈子的夫妻，就把心窝子的话说给了张骞："你猜想得很对，单于就是让我监视、感化你，可我不会那样做，永远不会，我要真心实意做你的妻子。有朝一日和你回到汉朝老家，去看望久别的母亲。"

张骞反问："你是大千长的掌上明珠，何必跟我这个身陷牢笼的汉人受苦受罪呢？"

"夫君不了解我，我是札木的养女，我的亲生母亲也是汉人。"

"这是怎么回事儿？"

"说来话长。我的生父和养父本是结拜弟兄。有一年他们二人随右谷蠡王南下掠夺汉人财物，抢回一个女人做我生父妻子生下了我。"

"生身父母现居何处？"

猎娇突然哭了，哭得很是伤心！片刻后才道出她的不幸遭遇："我还不懂事的时候，单于逼着生父南下，这一次生父不幸失踪了。生母被右谷蠡王这个畜生侮辱后，想不开寻了短见。好夫君，你说我的命苦不苦呢？多亏札木义父收养，要不是他可怜我，今日能遇到你吗？"

张骞听罢猎娇的身世，怜惜之情油然而生，禁不住"啊"了一声，自言自语："再不要发生战争了，战争是瘟神，战争是魔鬼！伤害了多少中原百姓，伤害了多少匈奴弟兄……"

猎娇立即顺着夫君的话，开门见山地说："我和匈奴牧民们一样，总盼望过上牧马放羊的和平日子，可单于一伙贵族从不安分守己，都有打仗的嗜好，总想平白无故地杀人、掠夺，我恨死他们了。"

张骞还是没作回答，却对猎娇展现了一脸充满爱意的微笑。

那座冰山终于化成了滋润大草原的春水，化出了这对新婚夫妇共同向往的一个百花盛开的春天。

第二十章

河 畔 打 井

秋去冬来，草木逐渐枯萎。往日那片葱绿中夹杂着朵朵红、白、蓝野花的大草原，此时铺上了深黄色的大地毯。山林中的黄羊、野驴、狼狐、鹿兔……纷纷出来觅食，正是狩猎佳机。近日来屡见三三两两的牧民，给札木千长送来猎获的各种野牲肉。猎娇见张骞吃得津津有味，便投其所好地反复劝说，激起了张骞外出驰射的兴致。实际上张骞早在长安时就伴驾汉武帝在上林苑多次巡猎，一经猎娇诱发，他就欣然应诺了。

一日晨曦微露，早起的张骞、猎娇和已给他俩备好鞍马的塔尔、尤斯，各自携带弓箭，跳上马背，一溜烟向东南山谷挥鞭驰骋。一匹匹飞马把枯黄的牧草左右分开，划出条条长线。

不知过了多久，骏马喘着粗气，一道蔽日的山坡横在眼前。他们松缰缓步，稍息片刻就在塔尔指点下分头窜入山林。须臾，一只山羊受惊逃窜，只见眼明手快的张骞，"嗖"地飞出一箭，正好射进羊腹。紧随张骞的猎娇也一箭飞出，正中羊脖。连中双箭的山羊迅即倒地，四蹄乱弹。又听"嘎"的几声，三只猎鹰从塔尔、尤斯的肩头展翅翔来。顷间，山羊的眼睛就被猎鹰啄食而空。

猎娇驱马上前赶走猎鹰，顺手将猎物甩上马背。刚一转身，山林深处也飘来塔尔、尤斯胜利猎获的朗朗笑声。

不到两个时辰，骏马跑累了，猎人疲倦了，猎鹰也把肚子吃得胀鼓鼓的，歇在塔尔、尤斯的肩头，懒洋洋地眯起眼儿不愿动弹了。

大家聚拢一起检点猎物，野羊三只，麻兔七只，还有一只黄狐。众人将猎物用四马分驮，一同返程。刚刚走出山林，遥见一列风驰电掣的马队飞奔而来。张骞、猎娇始为一惊，待驻马顾盼，方才大彻大悟。

原来，监视张骞的阿忽勒闻听他们到东南方向射猎，一时惊得额渗冷汗，当即急率卫队追赶。双方刚一照面，阿忽勒便扯起粗嗓门吼道："谁让张骞来此射猎？"

猎娇撇了撇嘴，轻蔑地说："哟——才吃了几天王庭的饭，就凶成这般模样！"

"张骞跑了，你担当得起吗？"阿忽勒不住眨巴着那双鼠眼，蛮横诘训。

"他是我家的人了，与你何干？"猎娇故意讥讽："哼，真是瘦马不可高槽喂！"说罢一勒马缰，示意张骞、塔尔父子策马而去。塔尔、尤斯看到干瞪白眼的阿忽勒，掩鼻嗤笑，心下暗嘲。

第一次当着众卫士受到猎娇奚落、训斥的十夫长阿忽勒，憋着满肚子恼怒，狂鞭坐骑在原地旋了个大圈子，然后纵马北回。

日月如梭，转眼又至隆冬季节，朔风凛冽，黄沙弥天。水源奇缺的牧民相继把牛羊、马匹迁移到东向的弓闾河（今克鲁伦河）、北海（今贝加尔湖）一带。唯有札木千长的部落依然驻扎原地。他抽调几十名精壮牧奴，甘父、曾小三、黎杰等十多人也在其中，让他们每日到距离驻扎地五六里的大河上游背水，专供部落留下的人畜饮用。

甘父、曾小三等一行随员，一直在山上开石。他们一边开石一边运石，要把一块块石头背回札木部落砌垒羊圈围墙。一次，黎杰开石不慎，被巨石砸破了脚背，疼得呼爹喊娘。晚上歇息时，他手按脚背骂张骞："你这家伙倒安逸，白天骑马逛草原，夜里铺上搂婆娘！让老子服苦役、活受罪，这公平吗？"

"啪!"忍无可忍的曾小三狠狠地打了黎杰一巴掌,打得黎杰暴跳如雷,和小三整整闹了半夜。

今天大家又要下山背水,黎杰依然叫苦不迭。可他见小三也未逃脱厄运,只好听从调遣,再不敢嘟囔了。

这条河每至隆冬都要断流,仅在上游低凹处积水少许。下游的远近牧民只得身背水梢,在河滩泥沼中艰难跋涉,时见背水者陷入泥沼丧生。因此,被迫背水的牧奴偶有逃亡。

有一日,朔风呼啸,天昏地暗,冻得瑟瑟发抖的背水牧奴举步难行。途中,黎杰等五名牧奴和前行的背水队伍拉下距离,乘押送的卫士不防,聚拢串通,扔下水袋潜逃。押送卫士扭头后望,忽见几名落伍者失去踪影,即速回身追捕,潜逃众人一一被缚,送交千长处治。

次日清晨,背水的牧奴全被驱集到赛马场上。片刻,札木身佩腰刀,骑一匹高头大马,气宇轩昂地来到赛马场边,跳下马背登上观看赛马的望台。一手叉腰,一手握刀,那副森严、狰狞的神态令人生畏。持刀的一队卫士押解五名逃犯,将他们分别捆缚在望台前的拴马桩上。五名刀手分站逃犯身后,挥刀以待,只等札木一声令下。

甘父闻讯,偷偷溜进张骞帐中,心急如焚、惊慌失措地向张骞禀报:"使君大人,不好了!黎杰他们……"

"他们怎么了?"正喝奶酒的张骞,抬头打断甘父的话头,大惊失色地问。

"千长在赛马场上要砍他们脑袋!"

"啊?!"张骞把奶酒碗一撂,冲出帐篷直奔刑场。

"大哥——快来救命——"黎杰歇斯底里地朝张骞呼叫。

张骞顾不了许多,飞也似的跑到望台前,"腾"的一声双膝下跪:"阿爹,饶了他们吧!"

"阿爹,看在女儿分上……"紧随而来的猎娇也跪地求情。

惊愕的札木,见女儿、女婿双双下跪求情,心下不禁为之一动,姑爷张骞半年来，还是头一次唤我阿爹，我不能不给他点面子吧？可是部落刑规难饶，若废此规，今后谁还再听调遣？札木终于一改森严、狰狞的面孔，捋了下山羊胡子，脸呈难色地说："就算饶了他们，明日谁去背水？这人畜的……"

"阿爹，只要留下他们的性命，这用水的事就交给我吧！"张骞抬头扫视被缚的五名逃犯，胸有成竹地说。

猎娇也帮张骞苦苦求情，札木无奈只好作罢。

几名得救的牧奴跪在张骞、猎娇面前连连叩头，感恩不尽。黎杰热泪纵横："好我的大哥呀，即使今生无法报答，来世也要为你当牛做马。"

在一旁听训的牧奴们纷纷落泪……

张骞为救黎杰等人，说可解用水之难，这并非谎言夸口。他在平日散步，看到背水弟兄和牧奴们的艰难跋涉，心下早有所思。他想，这里的河床高于草原低凹处，何不从长计议，深挖一口竖井汲水，以免背水之苦？

吃罢早饭，张骞求塔尔找来挖土的用具，并邀约塔尔、尤斯同到赛马场南侧的低凹处挖起来。他们不惧呼啸的朔风，挥汗如雨，正挖得起劲时，猎娇拎一罐奶酒赶来了。她把袖口一卷也帮助挖井提土。约半日工夫，一个丈余深的大坑内，从那白沙层中渗出了水，大家高兴极了，连午饭都放置一边，继续挖的挖、提的提。从小娇惯的猎娇，从未干过这么苦累的活儿，白嫩的手心起了泡，赤红的脸蛋儿像熟透了的柿子，额头冒出的汗水像颗颗晶莹的珍珠，撒落在脚下的沙土里。辛勤的劳动结出了丰硕的果儿，一股汩汩的水流，像一朵出土的蘑菇，夹裹着泥沙，咕咚咕咚地向上泛出。挖出水的喜讯传至札木耳中，他和夫人尼额嫩以及部落里的牧奴，都喜形于色地奔走呼号，赶至挖井处看个稀奇。岂料，正当人们围着大水坑争相瞧看、赞不绝口时，只听"扑通"一声，四周的土层向站在坑底、猫腰抢掏泥沙的张骞和向上提送的猎娇塌拢。张骞耳聪目明，闻声身贴坑壁，躲过了塌方的土块，唯猎娇躲闪不及，被土块埋住半截身子。观望的人们顿时惊慌失措，呼喊连天。

尼额嫩一看女儿被埋进土层，捶胸号啕："天啊！我的女儿——"札木也急得顿足搓手，大喊救人。张骞、塔尔一见猎娇被埋坑下，不顾一切危险，奋力掏土。不大一会儿，在众人相帮下张骞从坑底把猎娇拽了上来，她早已昏迷多时，满身泥沙，面目全非，皮靴卡在泥沙中，赤着的脚丫青得发紫，被扯裂的皮袍下渗出殷红的血珠。

黎杰跪在猎娇面前泣不成声，他两掌拍打泥沙："猎娇好姑娘，都怪我害了你，害了你呀！"满身泥沙的张骞，此刻顾不了许多，俯身将猎娇抱在怀里，大步流星地送回帐篷。正在吃肉喝酒的阿忽勒，在背地里幸灾乐祸，同卫兵们说："真是天神有眼，一百个活该！"

张骞刚把猎娇放到铺上，札木夫妇、塔尔父子等都拥进帐内，倒水的倒水，擦脸的擦脸，忙成一团。还是张骞见识广，连忙用食指在人中穴上轻轻一点，猎娇就"哇"的哭出声来。张骞对札木比了个手势，长出一口气说："不要紧，阿爹放心好了。"塔尔转过身子向众人道谢："大家还是回去吧，让她安静一会儿。"

尼额嫩为女儿脱去沾满泥沙的皮袍，盖上又厚又软的羊皮被。札木抚摸女儿的额头，心疼得想说什么，还未开口张骞就把一碗煎热的奶酪端到猎娇面前，俯下身一勺一勺地喂。猎娇吃力地睁开痛苦的眼睛，眼内溢出甜甜的泪水……

札木夫妇望着女儿对张骞的盈盈笑容，他们老两口会意地点点头，微笑着出了帐。

傍晚时分，张骞又为猎娇端去一碗药汤，这是用塔尔父子找回的几味专治跌打损伤的草药煎熬的。是夜，张骞一会儿为猎娇灌汤喂水，一会儿为猎娇垫枕掖被。疑虑久积的猎娇，眼见夫君无微不至的照护，只觉得从来没有像今天塌方后这样的甜蜜、幸福，仿佛伤痛已减退了七八分。

打井间歇了三天，张骞终于想出个防止塌方的办法。他约上塔尔、尤斯到河畔砍回几大捆红柳枝条，坐在帐前麻利地编起柳圈来。这是从他幼年在家乡的汉江河岸，与伙伴们常编柳条篓子的旧事中受到的启发。那时，在众多的娃儿们中，数他编的柳箕圆而光滑，没想到这门手艺竟为他在草原上的打井解了难题。

已能下地行走的猎娇，看到夫君编柳圈的辛苦劲儿，疼爱地说："一点也不碍事，打不成井，阿爹也不会怪罪的。"张骞抬头笑了笑："我可是个说出就要做出的人，水井一日不成，我就要挖一日。"猎娇看他那个固执劲儿，不由得为有这样一个夫君感到无比自豪。

一个既高又圆的大井圈编成后，札木专为他派了十多名牧奴，共同把井圈抬到土坑旁，边挖土边下井圈，撑住了下陷的沙土。不到五六天，一口清澈见底的水井挖成了。

札木夫妇、猎娇以及牧民牧奴们，为草原上有了第一口水井而载歌载舞。喜讯传到王庭，单于高兴地对中行说夸道："你们汉朝的张骞，真正是个了不起的人啊！他给草原带来了幸福。"中行说俯首谄媚地回答："还是大单于的眼睛有水，看中了张骞这个人才，真是识英雄者得天下！"这番话说得单于飘飘然了。

水井打成的当晚，张骞、猎娇、塔尔、尤斯四人围坐在帐内火堆前叙起家常。张骞从塔尔口中得知，他和父亲原是陇西郡北的牧民，老上单于时，右谷蠡王率部扰边，将他父子掠至漠北，那时他还不满十岁。后因父亲在冬季为札木背水，不幸陷入泥沼身亡。札木念其父诚，怜其孤子无依，特向塔尔赐一女奴婚配，数年后生下聪明伶俐的尤斯。岂料尤斯母亲在一次风暴中外出寻羊失去踪迹。父子二人只得相依为命，苦度岁月。

健谈的塔尔叙完自己的身世，也讲了个汉匈和睦的远古神话——

传说匈奴也是夏后氏的子孙。很久很久以前，阴山下的一家人养了两个女儿，分别嫁到了草原和中原。他们各自繁衍生息，世代和睦相处，匈奴和中原的很多人便是姐妹二人的后代。不料，到后来匈奴贵族稀罕南方的金银、珠宝、绸缎，不断南下烧杀掳掠，铸成兵戈相见的隔阂。老上单于还把掠来的汉人一律视为奴隶，不断扩充自己的势力。如今，不知有多少奴隶都是汉人的后裔……

张骞听罢，豁然开朗，知道了草原上不少牧奴都会讲汉话的来由。他推测猎娇能说半通不通的汉话，大半就是向身边的侍奴慢慢学来的。

"啊，原来汉匈两族的祖先是一双亲亲的姐妹！"猎娇过去虽听阿爹讲过这个传说故事，但没有从中悟出什么，今夜却发出了语意双关的感叹。她乐滋滋地问张骞："夫君，你说是这样吗？"

颇有同感的张骞微笑着点点头，像是默认了这个历史事实。

夜深了，塔尔、尤斯告辞，张骞和猎娇把他父子俩送出帐篷。真是心有灵犀一点通呀，猎娇进帐时去拉张骞的手，这一次他未退缩，任凭妻子摆布。等了多少个不眠之夜，唯有这一夜最温馨、最和谐，自婚配以来，他们俩之间的那层无形的隔膜隐去了。瞬间，两颗急剧跳动的心合上了节拍。一个甜蜜的、幸福的、长时间的亲吻，竟把帐外夜空中窥视的嫦娥姑娘，也羞得悄悄躲进云层中去了……

自此以后，猎娇帮牧奴剪毛、挤奶，张骞也伸手相助；猎娇唱歌、跳舞，张骞就吹笙、弹琴伴奏。把个夫唱妇随变成了妇唱夫随，两人形影不离，夫妻生活十分甜蜜。

当然，从幼年就对习武饶有兴致的张骞，生活在草原上照例睡半夜起五更地练拳、舞剑、骑射。一日傍晚，不待暮色笼罩草原，一轮皓月就急急升起，把她的清晖洒在茫茫无际的草原上，仿佛银河水悄悄倾泻大地，四野变得一片银白。帐外被踏得光光的一方草地上，人影朦朦胧胧，时隐时现。脱去袍褂的张骞，汗津津地收拢拳式，又拿起札木奉还他的那把长剑，屈、伸、腾、旋地挥舞起来。那柄银光闪闪的长剑，时而像一只白鹤掠过长空，时而又像一只春燕轻柔地穿过杨柳，时而再变换成一道闪耀在身边的光圈，时而更化作一只白色的水鸟，在一汪春潭中敛翅静游……

他那"仙人指路""黄莺上架""蜻蜓点水""白鹤亮翅"等诸多招式，一会儿仿佛鹰隼腾飞、直上云霄；一会儿好似秋雁落野、踏沙觅食；一会儿猛如猿猱纵跳、快似龙蛇旋转。

在一旁相伴看剑的猎娇，为夫君的潇洒剑法喝彩不已。张骞见妻子观剑入迷，遂收剑说道："此乃越国民间一名女子的剑法。因她舞剑时柔而多变，挥洒自如，为越王复仇兴国立下丰功，美名传于后世，世人皆将其剑法称为'越女剑法'。"

寥寥数语，听得猎娇剑兴勃发，再三恳求夫君教练，指望日后也能有个用场。张骞心想无妨，便一招一式地悉心从头教起。他说："我从小学习舞剑，得到野鹤子兄长指点，最高的剑术凭借的并非力气，而是智慧、巧捷，这正如射猛兽和大鸟，一箭一只，要射中它的要害之处，才能丧它性命。另外，在击剑中一定要集中自己的神智，像无风的树，无波的湖，才能蓄力，待机而发，趁其不备，乘隙而入。"

猎娇曾随札木阿爹学过刀术，只需略加指点便能心领神会，谙熟各种套路。不几日，就练得精湛不凡，有了几分功夫。她身架修长却不瘦削，整个身躯又很匀称，特别是那对乌亮乌亮的眼睛，晶莹玲珑，仿佛嵌在秋天夜空中的两颗星星。而那件淡红色的紧身纺绸衫子，把她高耸饱满的胸脯箍出了像两座尖尖的圆圆的小山峰，实在健美极了。因而，舞剑时的身姿更比平日好看多了。

不久，猎娇也教张骞学会了套马术，可谓"投之以桃，报之以李"。每当灯下絮叨家常，夫妻二人无所不谈。猎娇慢慢学会了写汉字，知道了汉朝地大物博，盛产丝绸，还了解了夫君故土的乡风民俗，更加向往文明礼仪之邦的汉朝。

第二十一章

风雪之夜暗离家

时光荏苒，冬去春来，冰河解冻，红柳萌芽，枯草泛青，大地复苏。张骞、猎娇在生机勃发的草原上并辔驰骋，沐浴早春的阳光，替牧奴们拦截涌动的羊群。

正午时分，吃饱了的羊群卧地回嚼，这里一堆，那儿一群，用不着挥鞭驱赶了。张骞挽起马缰，任凭它们自由自在地打滚、撒欢，追逐嬉戏。跑累了的小两口也坐在河畔一块隆起的小坡上，懒洋洋地饱览春色。几次想吐露真情的猎娇，挨着小坡下两匹交颈挨体、憨态十足的大青马和枣色马，悄声对张骞说："伱看看它们那个亲热劲儿！"不待张骞看个明白，她一下偎依在丈夫怀中，拉过他粗壮的大手紧贴在自己腹部，羞涩地说："你摸摸，我有了……"

傻乎乎的张骞不解其意："你有什么了？"

猎娇用手指轻轻地戳了下丈夫的额头："好傻呀，夫君！你连孩子都不想……"

张骞方才恍然大悟地笑了。

他们在春阳照耀下的亲热举动，把远远窥视张骞的阿忽勒气了个冷气攻心，仿佛吃下一碗五味酱，酸甜苦辣咸，怪不是个滋味儿。

是夜，夫妻俩辗转反侧，兴奋难眠。心中琢磨了半夜的猎娇，问张骞："夫君，日后生下了孩子取个什么名字好呢？"张骞思谋了好一阵子才说："若是生个男孩儿，就叫张勇吧，勇猛的勇，这个名字听起来响亮。"

"要是生个女儿呢？"

张骞一时想不出个恰当的名字，忽然一声夜莺的啼鸣，划破大草原的沉寂传入帐内。张骞顿时心生一念："生个女儿，就叫张莺吧，你听，夜莺正在歌唱！"

"美极了、美极了！这个名字取得真好！夜莺是吉祥之鸟，谁听见它叫，谁就会得到幸福。"猎娇越想越高兴，一下把丈夫紧紧地搂在怀里……

收获的金秋季节到了，牛羊肥了，马儿壮了，草儿结籽了。张骞、猎娇共同播下的爱情种子也开花、结果了，呱呱啼哭的婴儿在一个月明星朗的夜晚出世了。

弥月这天，札木夫妇特请一位女巫为小张勇举行了"入篮"仪式。按照草原上胡人的风俗习惯，婴儿睡的摇篮须用红柳枝条编制。张骞幼年在家乡编过柳筐，在草原上打井编过柳枝井圈，编制的小摇篮更加精致美观。早在弥月的前五天，他点燃一堆马粪火，在火上熏软柳枝，不到三个时辰就编成一个长约三尺、深约一尺的椭圆形小柳筐，割下四根牛皮绳悬吊在帐内，离地面半人高。这种悬空摇篮，只要轻轻地一拉一送，便可荡来荡去，好像打秋千一般。

"入篮"仪式非常隆重，札木千长的远亲近邻欢聚一堂，频频举杯祝贺。只见一位穿戴特别的女巫，先在摇篮底铺上一张洁白的羊皮，羊皮上又撒一层五色羊毛，象征五福临帐，最后铺上软软的丝绸被褥。她从猎娇怀里抱过熟睡的婴儿，围着摇篮左绕三匝、右绕三匝后，才将婴儿放进柳筐摇篮。此刻，眯起眼睛的女巫端上一碗刚挤下的羊奶，一边向摇篮弹酒，一边口中编词贺道——

> 身铺一张洁白羊皮，
> 五福相伴吉祥如意。
> 四条皮绳系上帐顶，
> 红柳摇篮荡来荡去。
> 草原娇子快乐成长，
> 日月照耀寿与天齐……

热烈、欢快的笙、琴、胡笳声中，张骞、猎娇望着小张勇奶油似的脸蛋儿，各自上前亲了又亲，然后转过身子向诸位亲友举碗敬酒。喧笑声此起彼伏，从帐顶的天窗溢出，在茫茫草原上久久回荡……

晚上，猎娇送走客人，望着中午喝酒时就少言寡语的张骞问道："夫君，今天是孩子弥月的大喜日子，你怎么总是闷闷不乐？"

张骞从久久痛苦的回忆中挣扎出来，面色凄然地回答："妻子有所不知，我张骞受圣上之命出使西域，途中身陷囹圄，无意间与你成亲，你又为我生下孩子，虽有了温暖的家庭，但圣命尚未完成，母亲的养育之恩也没报答。忠孝二字俱无，有何颜面与亲友说笑，乐从何来？"

逐渐理解丈夫的猎娇，把小张勇塞到张骞怀中："你看孩子长得白白胖胖，多逗人爱呀！依我看，好好抚养孩子要紧，管他什么圣命不圣命的。日后两国和好了，咱夫妇携子返乡，回到母亲身边尽孝不晚。"

张骞看着怀里对他浅浅含笑的勇儿，望了一眼面前含情脉脉的妻子，只好将重重心事暂且抛于脑后，偏起头吻了吻勇儿那红润润、白胖胖的小脸蛋……

猎娇高兴地说："这就对了！"她也把丈夫轻轻地吻了一下。

一晃过去了数年，在漫长的草原生活中，张骞已能说一口比较流利的匈奴语。他与甘父、小三等人，虽很难见面，但暗地里一直保持着联系。

这一年八月二十八日，是札木千长的六十大寿。每过十年，爱讲排场的札木都要举行一次隆重的庆寿仪式，这一日免不了进行赛马、摔跤、射箭一类的比武活动。谁能在这三项比赛中夺魁，谁就能得到札木奖赏的一把镶着绿宝石的"径路"宝刀，自然也就成为人人敬佩的部落勇士。

庆寿前夕，部落里不少青年牧民、牧奴争相练习骑射、摔斗。尤斯年少气盛，雄心勃勃，为获得札木的"径路"，成为一名勇士，夜以继日地练习骑马本领。消息传到阿忽勒耳中，阿忽勒怕尤斯夺魁，便居心叵测地打起他的坏主意来。一天，烈日炙烤草原，柳枝蝉鸣不歇。赤脚袒身的尤斯正在赛马场上练习马腹藏身之术，在一旁窥视已久的阿忽勒突然鞭马狂驰。当他从尤斯马头前横冲而过时，又恶狠狠地猛抽一鞭，使尤斯的坐骑猝然受惊，一声长嘶，前蹄腾空，把个专心致志的尤斯抖落在地，被惊马踏伤。阴谋得逞的阿忽勒望着躺地滚喊的尤斯，狞笑一声，打马溜走了。

不巧，此时塔尔出外正放牧。张骞夫妇闻讯，急奔赛马场将尤斯背回帐中，轻轻放在他们铺上。猎娇端来一盆温水先洗去尤斯腿上的斑斑血迹，张骞俯身用手探摸伤口，发现右小腿被马蹄踏断，急唤猎娇找来两块小木板和一根皮绳，为尤斯接骨上夹。

傍晚，塔尔归来，见状感激涕零，遂与张骞踏着盛夏月色找回几株草药，捣烂贴敷伤口，肿胀渐渐消去。不久，骨折愈合，完好如初。

在塔尔的再三询问下，张骞才道出他在南方太白山与野鹤子相处的一段经历。有一次，他随野鹤子上山打猎，偶遇一位采药老人从山崖上滑落，折断了腿骨。野鹤子就是用两块小木板和一条葛藤为老人接好断腿的……

不几日，张骞用小木板接骨的神奇本领就传遍了漠北草原。

札木在自己生日这天，杀牛宰羊，宴请远近亲友。上至单于，下至十夫长，都送来生日礼物，就连部落里的牧民、牧奴也争先恐后地前来祝寿。

赛马场人山人海，观望台搭起崭新的羊皮大篷。篷前由巧妇们扎起了五彩绸花，部落旗幡高高飘扬。身穿纺绸紫袍的札木千长和前来祝寿的贵宾们，兴高采烈地坐在望台上观看台下的骑射、摔跤表演。

眨巴着一双狡黠鼠眼的阿忽勒，得意忘形地驱马望台，请缨参赛。那些苦练多日准备参赛的青年，一见阿忽勒要求上阵，都缩头缩脑迟迟不敢出场。按理说，今年的部落大赛，王庭卫士阿忽勒是不能参赛的，可这位处处都想露一手的阿忽勒，厚着脸皮非要与大家较量一番不可。望台上的札木面呈不悦，但碍于单于的面子，只好怏怏默许。

怯阵的青年骑手们见札木不加阻拦，一个个销声匿迹了，使本来就该热闹红火的赛马活动立地冷了场。阿忽勒见无人上场对阵，便勒紧马缰在台前兜着圈子，摇鞭大喊："弟兄们，快出来吧，别装狗熊！"

和猎娇同坐望台的张骞，一看目中无人的阿忽勒如此狂妄，久积胸中的愤懑犹如提闸的洪流一泻难止。他起身向坐在望台正中的札木拱手揖礼道："阿爹，愚婿愿与阿忽勒一较高低！"札木犹豫片刻，心想输赢算不了什么，骑射、摔跤不过为生日凑凑热闹罢了，于是点头允诺。妻子猎娇又喜又忧，夫君自到草原已经九个年头了，还没有见过如此盛大的赛马场面，出来亮亮相也好，但她担心生性好强的夫君，一旦输在阿忽勒手里，那……

札木的女婿——来自汉朝的文质彬彬的大使，今日竟要与心肠毒辣的阿忽勒较量，能行吗？围观的人都为他捏着一把冷汗。

赛场上又活跃起来了。阿忽勒骑一匹大青马，张骞骑一匹枣色马，这是他在长安未央厩当马夫时，专为汉武帝喂养的一匹日行千里的骏马。后来出使西域，武帝特将此马赐予他。

阿忽勒自以为骑术过人，根本未把对手张骞放在眼里。

一声号角长鸣，张骞的枣色马和阿忽勒的大青马，驮着各自的主人像两支离弦的箭矢飞奔向前。起初，两马并辔疾驰，不相上下。枣色马头颈端正，身体稳定，愈跑愈快，速度有增无减；而大青马则不然，它的头时而昂扬，时而低垂，身体摇晃，跑速开始减缓，不到赛场一圈时，就被枣红马拉开了距离。阿忽勒见坐骑落后，自觉有失颜面，便狂怒鞭马追赶。岂知大青马不为他争气，反而越鞭越犟，由快而慢，最后索性停蹄不前了。气得阿忽勒双腿夹击马腹，一手抓鬃，一手勒缰，迫使继续奔驰，但坐骑到底使他失望了。那匹大青马竟来了个后腿直立，把它的主人一下子甩得老远，栽了个嘴啃泥，背朝天，引起一场哄然大笑。就这样张骞轻而易举地拿到了赛马第一。

谁也没有想到，赛马、射箭、摔跤三项比赛，竟被张骞一一夺魁，赛场上顿时欢呼雷动。激情荡漾的牧民、牧奴们像潮水般涌到张骞身边，把他抬起来举过头顶，在空中抛来抛去。人们不住口地喊着、赞美着："三个英雄！三个英雄！"

当札木把一把镶着绿宝石的小宝刀，庄重地奖给自己的女婿时，阿忽勒却像一只丧家犬，耷拉着脑袋，夹着尾巴，骑上那匹没有为他争光的大青马，灰溜溜地走了。

偏西的太阳慢慢减弱了灼烤草原的火劲儿，贺寿的人们一边啃嚼着肥美的羊腿，一边喝着酸甜的马奶酒，闲不住的嘴巴还在津津乐道着这位来自大汉的英雄——张骞。

远道的贵宾们不等红日落山陆续告辞。部落里的男男女女，又于傍晚点燃堆堆篝火，弹奏起美妙、轻快的旋律，为札木千长跳起了如醉如痴的庆寿舞。

张骞的英雄美名在草原上不胫而走，单于听后对中行说赞叹道："你们汉朝也有了不起的赛马英雄啊！"中行说更像一只欢摇尾巴的哈巴狗，不住舔着嘴唇讨好地说："不光赛马夺魁，射箭、摔跤也是第一。这都是大单于的功劳啊！他终于成了咱们的人。"

不错，孩子已满五岁的张骞，在草原人们的心目中，完全像个安分守己、处家过日子的草原人了。特别是一举三项夺魁，人们发自内心地对他仰慕、钦佩，单于也慢慢放松了对他的暗中监视，再没有召阿忽勒询问张骞的事。阿忽勒由于赛马失败，也无颜再对张骞横加指责，终日蹲在帐篷里吃肉喝酒，索性放松了对张骞的看管。

张骞利用这个机会，以打猎为名，带上塔尔、尤斯勘察西去的地形、路径，又暗中与甘父、黎杰等人联系，私下商量伺机西逃之事。

如今的塔尔父子，经过与张骞多年的亲密相处，加上张骞为尤斯接好腿骨，他们已结下须臾难离的手足之谊。在长期的严密监视中，就是塔尔、尤斯的暗中周旋，才使张骞与服苦役的使团随员保持着秘密联系的。

弹指间又是一个冬日到来。凛冽的霜风肆虐，漫卷的雪花飞舞，一夜之间给黄色的草原铺上无边无际的白色大地毯。早在冰雪封冻的前几天，张骞就为妻子准备好了过冬的柴火。今日望着帐外的皑皑白雪，好像有做不完的事儿，说不尽的话儿。藏不住的亲情使他早已忘掉寒冷，一会儿给孩子折柳枝做响管，一会儿对孩子切切嘱咐："勇儿，你要听娘的话，不要随便出帐，帐外雪地里有狼……"一会儿又久久盯住忙碌的妻子，仿佛有什么难言的隐衷，却压根儿吐不出半个字来。正为孩子熬着奶粥的猎娇，看着丈夫那憨爱勇儿的样子，丝毫没有在意他的反常神态。就连哄孩子的话儿，也未悟出其中的奥秘。

冬日的傍晚分外寒冷，晚饭后鹅毛雪片又纷纷扬扬起来。由于天寒难耐，猎娇让丈夫搂着孩子早早坐铺。她麻利地收拾好锅碗也偎在铺上，时间不长就呼呼入睡了。

约莫三更时分，张骞悄悄披衣而起，朦胧中把孩子亲了又亲。久久望着熟睡的妻子，不禁两行清泪扑簌簌地滚落胸前。他心里难受极了，怎能离开温暖的帐篷呢？怎么舍得这个聪明伶俐的勇儿呢？怎好撇下温柔、贤淑的妻子呢？可是……他立即擦去眼泪，把拳头捏得嘎巴响，毅然横下一条心，转身取下帐壁上的旌节、长剑。尽管有一缕剪不断的绵绵儿女之情，让张骞临行一步三回首，但他终于还是推开帐帘门，头也不回地隐入迷茫的雪夜中。

早就等候在河畔的塔尔、尤斯，见张骞大步流星地牵着一匹马赶来，附在耳上悄声告诉他："甘父一行在约定的地方等候着，你快上马。干粮、衣物全都已备好。"

塔尔"扑通"一下跪在张骞面前，张骞连忙扶起问："你这是为何？"塔尔说："我是个没有骨头的汉朝人，对不起中原父老。今夜本应同你西行，怎奈年过花甲，只好让尤斯为你带路，随同前往西域……"

张骞因时间紧急没有细问，就和尤斯各自上马告辞。塔尔望着雪地上留下的两行蹄印随即又被落雪覆盖，一种四野迷蒙的空旷孤寂感袭上心头，怪不是个滋味。不知伫立遥望多久，已变成个冰冷的雪人儿了……

次日晨起，猎娇揉开惺忪的睡眼，却不见身边的丈夫。她只当夫君早起，独自到帐外舞剑去了，毫无戒意，岂料披衣间发现勇儿的皮袍上有一行歪歪扭扭的字迹："带走丝绸，割舍爱妻娇儿西行，待完成圣命再一家团圆……"她不禁大吃一惊，心如刀剜。此刻她才明白夫君昨日的反常神态："勇儿，你要听娘的话，不要随便出帐，帐外雪地有狼……"这不明明是向自己道出的西逃心声吗？我真笨呀，竟没有听出话中的弦外之音，如今后悔也来不及了。充盈着的两眶泪水潸然而下，泪光中浮现出张骞为她喂药汤、月夜教她舞剑、灯下教她写汉字、为勇儿编织摇篮、赛马场上夺魁……一幕幕难以忘怀的场景，让她的心开始流血了，拌和着吧嗒吧嗒的泪珠，滴在勇儿脸上，勇儿惊醒了，一骨碌爬起来，双手搂住恍惚失神的猎娇："娘，娘，你哭什么？"

勇儿的叫声打断了猎娇的回忆，她望着天真可爱的孩子，能说些什么呢？欲说不能的猎娇竟成了个哑巴。

张骞逃走的消息，两日后才传到阿忽勒耳中。阿忽勒大惊失色，一面派去卫士包围猎娇的帐篷，一面打马急奔单于金帐禀报。正在围着火堆观看胡女歌舞的单于，一听张骞跑了，指着跪在面前的阿忽勒暴跳如雷地大吼一声："拉出去砍了，你这条没有用处的癞皮狗！"

歌声戛然而止，歌舞正酣的七八名舞女，见单于突然发怒，一个个悄然退立金帐两侧。

阿忽勒头如捣蒜般地急急求饶："大单于明察，放走张骞是札木、猎娇父女私下计议。小人只不过一时疏忽，望大单于开恩赦免。我立即带部下追捕，若是拿不回张骞，再杀不迟！"

单于似有所悟，阿忽勒本是他派去的亲信，也不忍立即砍头，就说："好吧，暂且放你一条生路。若是追不回张骞，非砍你脑袋不可！"说罢又向站立两侧的舞女们招了招手，轻歌曼舞又开始了。

阿忽勒连连谢恩后，夹着尾巴溜出金帐，打马驰回，带部下匆匆追赶张骞，丝毫不敢怠慢。

正午时分，刚刚晴了两日的天空，呼啸的朔风夹裹着鹅毛雪片，又向漠北草原的人们无情地肆虐起来。札木、猎娇被单于派兵抓到王庭。站在单于一旁的中行说亮起公鸭嗓子怒斥道："大单于待你们不薄，你父女为何私下放走张骞？真是两个没良心的东西！哼，看你们今天如何向大单于交代？"

被喝跪地的札木气得脸色铁青，怒目直逼中行说，吓得他一连后退了几步。毫无惧色的猎娇，把身边吓得啼哭不止的勇儿拉过来搂在怀里，反诘道："张骞是汉朝使节，你们强迫他与我成亲。他如今背过我母子逃回汉朝，留下我孤儿寡母如何混得下去？既然你们抓我父女问罪，我就向你中行说要人，若不是你口里流出坏水，我猎娇哪有今日的下场！"

中行说被问得哑口无言，怒不可遏的单于把御案一拍："不管你们如何巧言遮盖，跑了张骞，我就要向你父女开刀！"说毕将手一挥，大喝一声："来人！拉出去给我砍了！"

立时从帐外跑进四个如狼似虎的卫兵，将札木父女扭臂推搡，向帐外押去。被推倒在地的小张勇，发出揪人心肝的惨叫："娘——娘——"连滚带爬地追去。

金帐外的拴马桩上绑缚着札木、猎娇父女。两个手持大刀的匈奴兵，虎起狰狞的面孔站立身后，只待单于一声令下，便可让人犯人头落地。

走出金帐的单于，一把揪住哭喊的小张勇，气急败坏地说："让这个小杂种也不得好死！"他让匈奴兵在地上倒栽十多把腰刀，刀尖寒光闪闪。接着把勇儿高高举起，准备投进刀丛。被缚在马桩上的猎娇、札木，声嘶力竭地呼喊着"勇儿……"

正当勇儿生死的千钧一发之际，风雪中驰来一骑，老远大喊："刀下留人！刀下留人……"单于一惊，从头顶放下勇儿，扭头向来人望去。来人不是别人，却是胡须银白、牧奴装束的一位老者——札木帐下的贴身侍奴塔尔。只见他直奔单于面前滚鞍下马，双膝跪地，气喘吁吁叩头不止："请大单于饶恕他们，张骞是我儿子尤斯带路逃走，与札木千长、猎娇母子无关！"叩完头后塔尔挺起胸膛正气凛然地说："要砍就砍我的脑袋吧！"

单于思忖片刻，向札木、猎娇说道："既然他甘愿做你们的替罪羊，就让他的脑袋挂到木框上去！"

纵然有千言万语的札木、猎娇，此刻半个字也吐不出来，只能向塔尔投去无限感激的莹莹泪光。就连惊恐万状、尚不懂事的勇儿，也一头扑入塔尔怀中，不住地哭叫着："爷爷，爷爷……"

呜呜的朔风，仿佛在为死去的塔尔吹奏一曲悲壮的哀乐；纷纷扬扬的鹅毛雪片挂在红柳枯枝上，宛如为塔尔垂下一条条白色的挽幛……

第二十二章

特 使 查 案

转眼又是一个冬天。手勤脚快的张俭忙碌了十多日，为麦田灌上了冬水，到汉江河滩荒林中挖了不少夏日枯死的树根，捡拾了几大捆残枝，陆续背回家里准备冬天烤火用。沙家铺一带的农民，家户都用火塘燃烧树枝、树根来取暖，最易上身，十分普遍。

终于闲下来了，张俭又向母亲提出骞哥受冤的事。他说："虽然这事过去好多年了，小三子和骞哥都不在家，但不能让骞哥老背黑锅，我要状告姚管家，和他打官司。"

"对，这事不能再搁了，应当告到县衙，查个水落石出。不然，就弄假成真了。"父亲大力支持。

这也是王氏心上的一个大疙瘩。曾小三、张骞离家出走，白崖村不明真相的人说东道西。有人说张骞好汉不吃眼前亏，怕姚管家的主子饶啬夫进行报复，外出躲躲风头；有人说张骞做贼心虚，畏罪潜逃……不久前，饶啬夫又烧了房、夺去田产，这是什么世道，还叫我们活人不活人？干脆，我到县太爷大堂上去喊冤，看他们能把我老婆子怎么样！

姚福看出王氏的想法，劝说道："使不得，使不得，咱们要按程序办

179

事，先让俭儿到白崖村找出人证、物证。"

王氏觉得这样也好，她嘱咐俭儿先去快嘴婶娘家："小三子是她娘家侄子，你哥是为他打抱不平，听说那天你婶娘就在跟前。"

张俭回到快嘴婶娘家，快嘴婶娘大吃一惊："哎哟，总算见到你了，这一月多时间把你娘领到哪里去了？咋不捎个口信，婶娘好想你们啊！"

"对不起，实在对不起！让婶娘挂念了。"张俭连连道歉："那天是背过你走的，走得很急，失礼！失礼！"

"为啥背过我？"

"有两个原因，一是怕婶娘不让走；二是那天村里贴了告示，怕我娘知道饶啬夫强夺我家田产会把她气疯，所以就……"

寒暄了几句，张俭提出前几年小三子为饶雄公子的死狗下跪叩头、吊孝之事："小三子是张骞好友，为他打抱不平和雄公子撕扯倒地，姚管家端起石头误砸少爷，反嫁祸张骞，这太不公平了，我要为张骞打官司申冤！"

"早该这样！"快嘴婶娘把牙咬得嘎巴响："姚管家头上生疮，脚底流脓——坏透了。早该治罪坐牢！"

张俭紧握拳头捶了下案子："婶娘说得对，就应该这样。"他从衣袋里掏出一方丝绢说："诉状我已写好，但缺少人证物证，你能帮我吗？"

"当然能帮，也必须帮。出事那天我和大木匠——族间你张大爷都在场，谁是谁非看得清清楚楚。"她拧过身到里屋捧出一块用花头巾包着的东西交给张俭说："看，这就是姚管家砸雄公子的物证，上面还留下一片血迹。"

真是天遂人意！张俭解开头巾，里面是一块足有小盆子那么大的河光石，上边的血渍已干，还粘有寸许长的草叶子。

别看快嘴婶娘快言快语，有时天上地下，像个马大哈，可她是个细心人，有时针尖大个事她能记下一辈子。她把这块石头收存下来，是恨透了那个无恶不作的姚管家，料定迟早有一场官司，也好做个物证。

张俭一再感谢婶娘，这个东西太重要了，仍交给她保管起来。临出门时他才告诉婶娘："我和娘暂在亲生父亲那边栖身，一切都好，你不要牵挂。"

快嘴婶娘也告知一件事："前不久有人来白崖村送信，寻找你和你母亲，问了大半个村，无人知道你们的下落，信又被带走了。"那天下午快嘴婶娘在井台上淘菜，送信人在井边水池子饮马，快嘴婶娘顺便问他："是谁派你送信？"那人回答："皇宫里的卫青大人。"

快嘴婶娘无意间的传话，坚定了张俭打官司的信心。骞哥奉皇上诏令出使西域为国家办大事，也为张家列祖列宗撑了体面，添了光彩。卫青既称大人，一定是朝廷大官，是骞哥的好友，要不骞哥为啥托他捎书信？只要卫大人撑腰，我还要饶啬夫赔偿烧掉的房屋，交还夺去的田产。

张俭回到家里告知此事，父母脸上的阴云散去了大半。可母亲这样说："远水解不了近渴。张骞不在身边，卫大人远在长安，很难为咱们出上力。"

父亲说："山高皇帝远，边走边看嘛。"

事情远远不是张俭想的那样。已经过了半年，呈递城固县衙的状子竟石沉大海。张俭去催促，县老爷不是借口工作繁忙，就是以"尚在调查"为由搁置一边，实际上完全是幕后交易在作怪。前任县令升迁汉中郡吏，继任县令是饶啬夫表兄，叫牛大财，是个敛财的家伙，徇私舞弊暗地里接受贿赂，处处袒护表弟，随意践踏法纪，难怪张俭的诉状一拖再拖。

月朗星稀之夜，卫青靠在府邸窗口向秦岭南的汉中郡城固县方向遥望多时，此刻他回忆起前不久派属下到白崖村转交张骞的家书，几乎问遍全村，也未查到张骞母弟的去向，却目睹了张宅烧毁的惨状，听到了张家田产被强取豪夺的消息……卫青气得七窍生烟。人家张骞奉武帝之命，带上百余人的使团为国家出生入死，到西域广结盟邦共击匈奴，灭顶之灾却降临家中，谁能承受得起？如此大的案件，地方官员竟置之不理，其中必有蹊跷。卫青是个心里藏不住事的人，立即坐到几案前，取出笔墨写成一个奏章。

这时，多日不见的好友公孙敖来了。公孙兄无事不登三宝殿，是来向卫青反映情况的，他开门见山地说："使团成员曾小三西行之前，再三托我为张骞辨明冤屈，扔掉黑锅，还他个清白。"

"啊，他还有冤在身，为何没和我谈过？"卫青感到诧异。

于是公孙敖把小三为饶雄公子的死犬披麻戴孝、张骞打抱不平的事娓娓道出，并说："因姚管家失手用石头砸伤雄公子反嫁祸张骞，才逼得张骞和小三逃奔长安。"

卫青说："你我想到一起了，我心里有了主意。感谢公孙兄，你说的情况正好补充了我刚写完的奏章。"说着就递给公孙敖过目，真是不谋而合！二人会意地笑了。

公孙敖出门后，卫青这样想：张骞救过我的命，滴水之恩当涌泉相报，帮他一把天经地义。再者，我的姐姐卫子夫生下太子后已被封为皇后，先前谋害我的陈阿娇早被打入冷宫，就凭这些关系，皇上定会恩准此奏，更何况皇上多次夸奖张骞，敢为大汉担当重任，勇为国家赴汤蹈火。

果然未出所料，不消几日，武帝就在卫青的奏章上批了字：绝不能让西行大使张骞家庭蒙受大难，速由卫青前去汉中郡督查处理，并将结果回奏。

卫青擅长军事作战，对办案比较生疏。但他聪明，又有智慧。张骞一案涉及三个问题，起因只有一个，若能找出肇事人，所有问题都会迎刃而解。他根据属下送信未果而提供的线索，先微服深入到白崖村走访，见到了快嘴婶娘，访问了张俭和大木匠等人，拿到了人证和物证，然后才以特使的身份坐在县令大堂上，表明是奉皇帝之命前来查办张骞一案，望牛县令大力协助。牛大财一听，吓得浑身发抖，屁股竟不敢挨座席。

一时三刻，衙役们就把饶啬夫、姚拴子、快嘴婶娘、大木匠、张俭等人都传来同堂听审。

姚拴子见主子饶啬夫在场，知道事情已经败露，自己犯法了，要进大牢了。为减轻自己的罪行，没等特使大人问话，就抢先坦白交代，像口袋倒核桃一样全盘端出："都是饶啬夫让我干的，他儿子病死了，让我为他报仇，黑夜放火烧了张骞家的一院房，奖我一包钱财。又背地里买通他表兄县太爷贴出告示，强夺张骞家田产，转归啬夫名下作为对他儿子的赔偿。我说的全是实话，如半句有虚，情愿栽崖滚坡。"

特使发问："你用石头砸伤饶雄头部，导致其后来死亡，又故意嫁祸张骞，为何拒不交代？"

姚拴子回答："我是饶啬夫多年的管家，能伤害雄少爷吗？那是张骞干的，至今还畏罪潜逃在外，请大人明察。"

张木匠瞪了姚拴子一眼："你睁着眼睛说瞎话，那一天我外出干木匠活，路过饶啬夫门口，见你端了个河光石举过头顶，那是在干什么？还想抵赖吗？"

快嘴婶娘当堂献出了花头巾包着的血石头："请大人审视，这就是姚管家犯案的铁证。那天我也在场，看到我娘室侄子曾小三为雄公子的死狗下跪，我非常气愤，就把姚管家行凶的血石头收了起来。"

特使再问："刁徒姚拴子，已经铁证如山，为何还要嫁祸张骞？"

姚拴子变成了哑巴，他后悔自己粗心大意，当初未把这块石头埋起来，反成了今日的罪证。该死，该死！他摇身一变，对饶啬夫大加指责："你这个欺压百姓的土霸王、土豪绅，让我尽干坏事，还说一切由你担当，我被你害苦了，害死了！"

牛县令接受过饶啬夫送来的钱财，唯恐被当场揭发丢了官位。他向特使大人深鞠一躬，当面自责："大人在上，卑职疏忽政务，不甚了解下情，随意批准饶啬夫强夺张骞家田产，违犯法纪，致使张家母子流浪，罪过！罪过！"

最后，特使的目光指向了缩头乌龟饶啬夫："姚拴子的供词属实吗？"这个横行霸道、一手遮天的地头蛇，做梦也不会想到自己以被告的身份出现在县衙大堂上，听亲信姚拴子当众揭露他为非作歹的罪恶事实，感到大势已去，再无半步退路，只好当众认罪。他战战兢兢地回答："属实，属实。"

衙役立即递上笔墨让饶、姚二犯在供述的罪状上签名画押，按了手印。

特使宣布：一、对本案主谋饶啬夫、凶手姚拴子立即法办收监，待本职返回长安向陛下回奏以后，再按朝廷批示发落处理。二、责令城固县令牛大财即日将强夺田产如数归还张俭母子耕种。由饶啬夫赔偿粮食损失费两年，折钱抵付。三、勒令牛大财负责修复火烧屋舍，并由张俭监督，半年完成，不得有误。

退堂后，特使正要上马离开县衙，张俭匆匆赶来拉住特使的手，转达母亲的再三相邀，到家里坐一坐，然后再回长安。但特使公务在身，时间有限，不敢耽搁。他顺手拿出不久前属下带回长安的张骞家书交给张俭说："这一次终于见到你和伯母了，请你转告伯母，下次有机会我再去看望她老人家。对了，请你转告伯母，张骞在外平安，不久就会回朝。"

张俭问："你知道卫青大人吗₂？"

从长安到城固，特使大人始终未亮出自己的身份，刚来白崖村微服私访时就认识了张俭，可张俭不知自己是何人，现在该告诉他了："好兄弟，我就是卫青啊！"

"我的卫青大哥，你真是滴水不漏！"张俭喜出望外地扑进卫青怀中，二人拥抱了许久，卫青才说："对不住俭弟，大哥失礼了！我是为了查案，请你谅解。"

"卫青大哥，你为骞哥平了冤案，我们全家感谢你。骞哥如果知晓，定向你叩头谢恩！"

卫青笑了："俭弟有所不知，我同你哥情同手足，帮个忙天经地义，还用谢嘛。你要理直气壮地监督牛县令修好你家的房舍，等张骞从西域返回长安，我和你哥同来新居住上几天，你等着吧！"

张俭一直把卫青大哥送至官道上的十里长亭，才互相挥手，依依惜别。

拿上卫大人转交的张骞家书，张俭几乎是一路小跑，没敢停留。他知道母亲太想骞哥了，为盼这封信坐立不安，有时做梦也站在家门口等待……

张俭回到沙家铺老家，先向父母禀告了特使大人办案的结果，听得母亲喜上眉梢，眼睛笑成一条缝儿。多年来的愁苦心结彻底解开了，感到周身温暖，如沐春风。她感谢苍天睁了慧眼，朝廷派来大官替骞儿鸣了不平，还了清白。又惩治了地方上的恶人，为张家弥补了重大损失，心中重新点燃了活下去的希望之灯。

然而，父亲反而愁容满面，一言不语，却不知为何。张俭连叫几声"爹，爹"也不答应，就上前拉住手问："是哪里不舒服吗？"父亲才顺水推舟地说他头疼，便起身一头栽进里屋躺在床榻上，用被子把头蒙起来。张俭根本不明白，父亲听见特使大人办案传去姚拴子受审，最后又收进监牢，把他的心肺都气炸了。因为拴子就是俭儿的亲哥啊！把他老脸丢净了，怎好意思告知张家母子二人？谁能想到放火烧房竟是他大儿子干的，要是王氏知道，不气死也要气疯……

张俭把骞哥捎信的内容告诉母亲后问道："我哥得知家里遭了大难，不让你我在外流浪了，叫咱俩速去舅妈家安身。你觉得住哪里好呢？"

母亲说："不必挪窝了，等房子修起来，咱们就回白崖村，把你爹也接过去。那边土地多，他也能搭个手。"

于是，在白崖村，新的生活开始了。

第二十三章

胡杨三百年不倒

　　甘父、小三等十七八名使团成员，在西南走向的一座小土岗下静静等候了两个时辰，张骞才随尤斯匆匆赶来。久别重逢，该有多少肺腑之言倾诉？但西逃火急，怎容得他们叙长忆短呢。张骞见甘父等人早已准备好骆驼、骏马、粮肉、水囊，借白晃晃的雪色瞅了瞅精神抖擞的弟兄们，心情激奋地打了个手势，尤斯便领上这队人马悄悄地西驰而去。

　　久久埋藏在张骞心底的强烈愿望，终于在被俘的第十个冬天实现了。

　　他们在草原上经历了整整十个春夏秋冬。当年在赤土岭侧被匈奴骑兵抓获的四十多名使团随员，自归属札木千长部下充当奴隶后，岁月漫长，苦海无边，不是开运山石，便是砍运柴火，抑或放牧牛羊……不少弟兄由于苦役繁重而积劳成疾，陆续被病魔夺去了生命。唯张骞因身份特殊，幸运地当了千长的姑爷，才免受非人的奴隶生活。除他和尤斯外，个个面容憔悴，衣着褴褛。但那些死难弟兄的遗愿，鼓舞着他们忘却风雪、不管生死，坚定找到大月氏的必胜信心。只不过此时使团人数少得可怜，远没有了刚出长安城时浩浩荡荡的队伍阵容，如今连同新的随员迟浩、尤斯在内，也不足二十个人了。

苍天有眼，风雪加剧，身后的牲口蹄印都被纷飘的落雪掩盖了。不知疾驰了多远，没有碰到一个匈奴兵，他们才松了松马缰，长出一口气，悬着的心才渐渐落实下来。

望着皑皑白雪映衬的灰色天空，口冒热气的甘父追上前边的张骞低声说："雪地上没留下一点痕迹，他们很难知道咱们的去向了。"

张骞侧首看了一眼脸形消瘦但信心十足的甘父，稍思片刻摇了摇头："不，阿忽勒这鬼东西神精明得很，如果东追落了空，定会向西扑来的。"

"嘻嘻！即使他能腾云驾雾，怕也追不上了。"天真活泼的迟浩，用他那爽朗的笑声为弟兄们壮胆宽心，顿时骑行队伍中爆发出一阵舒心的哄然大笑。

"千万不能麻痹大意！"张骞回首告诫。

长期的草原生活熏陶，使他们都能说一口流利的匈奴语。沿途遇到的不明底细的匈奴骑兵，虽几次盘问，都把他们错当成自己人了。因而，一行人通过千里塞北，没有遇到一点麻烦。

涉过匈奴河，翻过南北纵向的阿尔泰山，安然无恙地进入了伊吾（今新疆哈密）地带。为谨慎不出岔事，他们专拣幽荒僻道穿行。伊吾的三道岭北多野猿，刚进沟不远，真的有一群手掌连指、长七八寸、肉厚且宽、掌心皮粗色黑、脚掌宽肥且短、身躯高过八九尺、形体与人极似的野猿向他们走来，见张骞一行骑着庞然大物——骆驼、骏马，遂止步道旁面面相觑。显然这群大大小小的野猿被惊愣了。待驼队走过，它们才发出嘿嘿咕咕的怪声，还慢腾腾尾随一段路程，以示相送。

张骞一行提心吊胆，浑身汗毛也竖起来了，有的额头还渗出了滴滴冷汗。可能是骆驼、骏马的威武样子震慑了生性凶恶的野猿，大家没有同它们发生什么纠葛。小三回头望了望，不见了野猿的踪影，才追上张骞大哥问道："要是咱们今日步行被野猿抓住怎么办？"

张骞嘿嘿一笑："如果不骑牲口，通过这里时，将竹筒戴在手腕上即可。"

小三不解其意："难道竹筒能救命？"

"是啊，竹筒能救命，不过你要胆大沉着才行。"张骞讲了个从舅父那儿听来的小故事——

不知何年何地，有个商人外出经商，路过深山野林遇见了野猿。野猿一把拉住商人的手腕，要把他拉入山中，但商人还是趁机脱逃了……因为商人早有提防，两个手腕上都戴着竹筒。当野猿入山后，要吃商人的耳朵，喝商人的血，却发现掌中只攥着两个竹筒，才知上当了……

"哎呀，你怎么不早说呢，我也戴上竹筒试一试这里的野猿！"小三责怪张骞。

"早说也不顶用，你是个胆小鬼呀！"

正在说说笑笑，迎面跑来一群觅食的猴子。头部毛长盖目，走则以爪揭毛探视路径，立则翘首环顾，岿然不动，与草木色近，行人不易发觉。此刻一驼长鸣，在山谷久久回荡，吓得群猴纷纷避让，逃之夭夭。猴子没有什么稀奇的，张骞、小三早在太白山中司空见惯，不过，那里的猴皮毛金黄，形体瘦小，善于攀缘林木，常在溪瀑聚水处洗毛、相嬉。行动敏捷，跳跃如飞。而这西域之猴，皮毛深褐，体大立行，啼声哀伤，反衬出荒野旅途的悲凉。

途经蒲类海（今巴里坤湖），处处芦苇丛生，高过人头，遥望足十里之广。听当地土人说，在此行路须持棒提防。丛中多虎狼猪熊。虎之身躯略小，性情凶暴，但不轻易伤人。狼大如小牛犊，出没不测，遇行人无伴，常从背后以前爪搭肩，待人反顾便吞咬其喉。猪熊类似猪而喜蹲，毛深黑且粗硬，样子凶恶，前掌能持木石。还有一种野猪，大者三四百斤，嘴长力猛，因糟践禾稼，常有猎队追捕除害。

伊吾属西域东陲，气候极不稳定。其冬之寒、夏之热倍于内地。夏日晴则酷热难耐，若天阴风起，忽如冬令。即使暑天晴日，昼间似炙烤，早晚仍需厚衣。

时值隆冬，冷彻心骨，行路颇难。口鼻呼出热气立即结冰，垂珠于须眉终日不化，拂之坠须眉而落。张骞一行，驼马尚能忍耐，人员个个冻得肤焦面紫。他们没有对付极冷天气的经验，有人贪火，遇枯草点燃取暖，耳鼻、手足顿烤断落。不久，随员尚昆乘驼掉队，冻极私自烤火。前行者久候不见，派人驰马回探，回探者见其僵卧路旁，按鼻气绝，身躯与手足分离，只好挥泪将其就地掩埋。

假如不烤火而骤入帐篷温室中也可能掉鼻落耳。此后张骞告诫弟兄，凡进帐者先以温水浸躯，等僵体渐苏，方可入温室安歇。

一路晓行夜宿，众人多是和衣而卧。大家来到一座被当地人称为"神山"的山脚下，夜憩中闲聊，人人都觉浑身发痒。面对篝火黎杰脱衣一看，虱子一层，纵横蠕动。众兄弟彻夜捉虱，唯甘父不捉，他说："西域人反以无虱为不吉利，我今已成西域人了，故不捉虱。"接着他又讲了个令人胆战心惊的臭虫轶闻："冯路呼图壁庙中悬挂一个臭虫巨壳，直径尺余。庙中还有蝎子生于破壁间，竖尾疾行，轧轧有声，其毒液甚于蜈蚣。"是夜众人吓得个个睁眼通宵，提防身边有蝎子偷袭。

次晨旭日腾起，气温渐渐回升。饭罢，尤斯发现"神山"山涧中有一种怪树，结实如枣大，皮薄有棱角，好奇地摘下一颗，谁知剥开后全是一团团活蚊，嗡嗡群飞。原来这就是西域的"蚊子树"。众人以前只能耳闻，今日却已眼见。

翻过"神山"，不知情的张骞一行忽觉热浪袭面，浑身冒汗。张骞诧异地询问甘父："隆冬刚尽，为何这般炎热？"

甘父手遮眉头，在颠簸的马背上远眺了一会儿遥指道："使君你看，前边那赤红的山巅可能就是火焰山，要奔驰而过，切莫慢行受热。"张骞顺着甘父指处望去，右前方的视野内全是赤红一片。山形确像火焰，颜色鲜红，不长树木不长草，它的每层岩石，每个峰头山脊都像火焰一样；头尖肩圆，像是火舌摇曳。更奇的是所有像火舌般的山头，一律向东倾斜，像西风在助燃吹动，颜色有深有浅，有橘红、紫红、赭红、深红，奇态多姿。中原有多少云涛雾海，有多少石林笋峰，神瀑飞泉，虽奇态夺目，各有各的性格脾气，但多少都有其相似之处，而西域的火焰山却与众家姊妹迥然不同。她以神奇的色彩、雄姿耸立在火州原野。这场不知燃烧了多少万年的大火，有四五百丈高，二三百丈宽。有些地方火势正旺，颜色鲜红，火苗高蹿；有些地方风助火势，火舌蹿出老远，扯成一条长长的火链；火苗倒蹿的，受上面大火所逼，卷着烟沫气浪；已燃成白炽火光的，火头攒聚升腾，仿佛欲将蓝天点燃……沙石表面的温度极高，当地有"石板上烙饼，沙窝里煮蛋"的说法。使团经过此处，个个大汗淋漓，衣服能拧出水来。

"啊，好一个闻名遐迩的火焰山！怪不得中原人把西域说得神乎其神，原来确真如此。"早被火焰山灼烤得唇干舌燥、喉眼冒烟的张骞，心中还是称奇不已。

为尽快走过火焰山地段，张骞依甘父高见吩咐部下打马驱驼，加速疾驰。人急心慌，竟迷路朝南奔走了千余里的冤枉路，误入一个沼泽地区。一行人脚下冒出沙碛的芦苇小芽，一片片向周围铺展开去。奇怪，已是早春季节，芦苇小芽之间仿佛积存着一层浓浓的白霜，但再大的太阳也不能消融它们。张骞不解，春日怎么还有霜呢？他好奇地下马弯腰，用指甲刮了点放进口里一舔，呸，又咸又涩，唾都唾不及。他明白了，原来是进入了盐泽地带，便唤随员下马步行。

这是个雪白的世界，地面上覆盖着一层白霜，像是波涛起伏的海浪。盐碱壳硬得如同刀锋，只要碰一碰，轻则鞋被割破，重则伤趾流血。难怪才走了十多里，弟兄们都喊叫鞋烂了。张骞发话："不能小看这些'地头蛇'，大家留神而行。"

他们小心翼翼地走着走着，只听"扑哧"一声，甘父的左脚已深深陷入盐泽泥沼中。他使劲拔腿，结果两只脚都陷进去了，眼看淤泥越埋越深，淹过了膝盖，瞬息又陷至大腿弯了。难道要死在这里？生死不测的恐惧闯入心坎，他向身后的张骞喊道："使君，恐怕我要在这里遇难了！我没有当好向导，对不起你呀！"这个从未在任何艰险面前屈服过的胡人，此刻悲观失望了。

"你趴下，快趴下！"张骞命令他。

甘父立即爬在糊状的淤泥上，身子停止了下陷。

张骞匆忙解下两根马缰系起抛向甘父，甘父紧拽一端，由黎杰、小三等人使劲拉扯，才将他拖出泥沼。他变成了个泥人儿，连那双眼睛也被稀泥糊住了。甘父吓得仿佛丢了三魂七魄，坐在盐碱地上"呼哧呼哧"直喘粗气，老半天都站不起来。

"天啊，好险好险！"大家为甘父捏了把冷汗。

事后甘父才问张骞："你怎么想到这个好主意？"

张骞笑了："不瞒你说，我幼时读书，一次下河捉鱼就陷进淤泥滩里，是我急中生智才脱了险的。"

盐泽地区多由各种小湖泊、沼泽组成。汉人称"海子"，西域人称

"淖尔"。最大的淖尔就是蒲昌海，也叫盐泽湖或罗布泊。系大小雪山消融的雪水潜伏地下，涌出千里之外而成。地面丛生水域植物，误入则不可自拔，是西域的一大险区。自甘父陷入泥沼后，他们专拣草芽长得厚实的地方一步一探地缓缓前进。越往前走，草丛越多越密，溪河纵横。不时有成群结伙的黄羊、野驴在湖边饮水。

傍晚时分，又一个大湖呈现眼前，夕阳贴近水面，波光粼粼，湖心倒映着蛋黄色的太阳，周围全是色彩艳丽的晚霞，湖面宛若一匹无边无际的大锦缎。

这里也是鸟的天堂，天鹅、鹭鸶彼飞此伏。还有一些叫不上名字的水鸟，叽叽喳喳地在湖面飞掠、捕食。湖岸上全是绿茵茵的草，白花花的鸟蛋映在草丛中。张骞一行射鸟的射鸟，捡蛋的捡蛋，在篝火上煨烧，吃得津津有味。当晚众人还在软绵绵的草地上呼呼大睡，西行以来，他们还从未如这一夜般舒坦自在。

第二天清晨，大家在一个水草丰茂的大路边碰见几位牧马人。张骞用匈奴话向他们打探路径，一牧民指着不远处的一座小城说："那就是我们楼兰国的扜泥城（今新疆若羌），里边住着国王和许多收粮收税的匈奴官员。听你们西去月氏，怎能朝南而行？"张骞一行始知又走错了路径，便在牧民的指引下又折向西北而去。

不消一日的工夫，他们进入了茫茫的沙海，沙丘连绵，永无尽头。走着走着，忽见眼前不远处横立一座状如颓毁的城堡，奇形怪状。有的像城门楼，有的像圆形塔，有的像刀矛，而更多的则像妖魔鬼怪。待他们驰近后才看清这原是一座风吹雨蚀的岩层式平顶小山。在浩瀚的沙漠上冷不丁耸起这样的"城堡"，怎能不令他们望而生畏？

沙丘地带，胡杨树大多已死，但枝干仍保持着挣扎状态。生者的树叶勉强呈绿，像行吟诗人或苦行僧的精神气质，这可能是地下水位下降而导致的现状。使团成员沿着陡滑沙坡吃力地爬上峰顶，忽然眼前一亮，原来这个大沙丘是一丛红柳包，估计至少经历几百年才能堆成，伸展到顶部的红柳枝仍显露着生命的绿意。沙坡中间和坡底的红柳躯干盘根错节，筋骨裸露，虽已枯死，仍透露出桀骜不驯的倔强气势。张骞站在红柳前一动不动，默默赞扬红柳的精神——要想在大热、大冷、大旱、大孤独的戈壁滩里顽强生存，没有这种犟脾气实在不行。

沙丘下便是胡杨林生长的地方，胡杨叶子大都泛黄，看起来却很灿烂。它们随意散布各处，风采彼此不同，或壮观，或孤傲，或奇异，或雄强，或柔情，姿态万千，情趣万千。即使倒伏地面的躯干，也是别样生动。和柔软沙地不同，这里多是坚硬的盐碱硬壳，踏上去发出"咔嚓咔嚓"的脆响，在寂静的林间显得铿锵有力。

曾小三要求使团在胡杨林中小憩片刻，吃点干粮，喝点水，大家有了短暂的停歇。尽管这里极其空寂、荒凉，但使团成员都是第一次从此路过，人人感到新鲜。小三手捧皮囊水壶转来转去，想靠在身边的胡杨树下打个盹儿，岂料脊背刚挨上去，只听"咔嚓"一声，碗口粗的胡杨树却从根部断裂倒地，小三也随之倒下，引起弟兄们哗然大笑。原来这是一株枯死的百年以上的胡杨。

张骞连忙上前扶起小三笑着说："谁叫你体壮如牛，竟把戈壁滩上的英雄树推倒了！"

"什么英雄树？"小三反问张骞。

"咱们在胡杨林中休息，每一株胡杨都是英雄。"

众弟兄不解其意，张骞用几句话做了解释："胡杨树，生，三百年不死；死，三百年不倒；倒，三百年不朽。完全称得上戈壁滩的钢铁英雄！"

194

　　小三非常兴奋地说："使君的话，我听明白了！你是借胡杨树的英雄精神，激励大家要像胡杨树一样抗击酷暑严寒，搏斗戈壁风沙，完成西行大任，实现民族和平！"

　　再往沙海腹地行进，层层叠叠的沙山相继横在面前。这些沙山巨大巍峨，高达四五十丈，或呈半月形，或呈蜂窝状，或呈"金"字形，纵横交错，组成了形形色色纵向的鱼鳞状的沙山链条，宛若一座神异的迷宫，更使大家感到深邃莫测。

　　沿着沙山弧形的棱脊艰难地跋涉，上坡、下坡，循环往复，无止境的单调而费力地迈步，大量消耗了骆驼、马匹的体力，把人也弄得筋疲力尽。特别是沙漠中的炎热更令人难以忍受，万里晴空没有一丝云彩，炽烈的太阳光直泻下来，把沙子、空气烘烤得火烫火燎，天地间就像一座被烈火烧透了的大鏊子，非把人畜和大自然中的最后一点水分烤干不可……人慢慢地变形了，嘴唇裂开了血口子，皮肤晒得像鱼鳞一样翻卷起来，脸色黑如焦炭，头发干焦成直葱样竖立在头顶。衣服发出沙沙响声，搓擦着已经没有半点水分的皮肤，连眼睛也干得挤不出半滴泪来。

　　这真是一座活脱脱的"魔鬼地狱"！

　　一行人正在拼命向前挣扎着，突然刮起了"黑风"。霎时灰蒙蒙，雾沉沉，遮去太阳光辉，天空顿时暗淡下来。远眺前方，见一道似云非云的灰黑色尘墙拔地而起，墙顶和墙边非常整齐，只是瞬间工夫，尘土沙石便铺天盖地而来，翻滚的尘浪前扑后涌，从张骞使团队伍中冲卷而过。只听几声凄厉的呼叫，不知是哪几位弟兄连人带马被黑色妖魔吞噬了……

　　黑风过后，张骞清点人马，偏偏是小三不见了，甘父的马也被黑风卷走。弟兄们你呼他喊，只有呜呜的风声回应，茫茫的沙雾哭泣。失去了小三，张骞心如刀绞，是他约小三逃奔长安，是他挑选其作为随员出使西域。途中受尽折磨，小三从无怨言，如今魔鬼地狱尚未走出，他却匆匆地离开了队伍……

滚烫的沙碛地把骏马、骆驼的蹄子灼得生烟，接连又倒下两匹。黎杰的嗓子红肿了，一点食物也咽不下去，饿得肚皮贴骨，说半句话都得忍着喉管的剧痛。

他打了个要水的手势。

张骞喊甘父："快把水拿来！"

"断水整整两天了。"甘父正在犯愁。

张骞搜索了几个人的水葫芦，正好迟浩还有一口，张骞要了两次，迟浩总不想给，这是他为张骞留下的。张骞二话没说，抽出一把短刀打算划破臂腕，挤点血浆为黎杰解渴，被甘父抓刀阻拦。迟浩只好噙着干涩的泪将最后一点水递给黎杰。后来迟浩才悄悄地讲明他不愿给水的真相——自进入沙漠，黎杰吃不了这九死一生的苦头，几次偷着劝他逃回龙城。黎杰没安好心，把马背上的水囊划了条口子，白白地糟蹋了一囊水……

张骞根本没把此事放在心上，他想起刚从匈奴控制区逃出来时，黎杰死活要回长安，甘愿接受武帝惩罚，被他再三劝阻才跟着使团西行。是的，黎杰想家了，听说他新婚三天后就出门了，这也难怪，就连我张骞也在时时想念母亲和弟弟，要说不想，那才不是娘生爹养呢。

唉，倒霉得很，一行人正逢断水，又遇到了热风。甘父见状连忙从马鞍下扯出一大片毡，几把撕成碎块分给弟兄们，让大家紧紧捂住口鼻。骆驼和骏马也将口鼻埋进滚烫的沙层中躲避。

一日上午，他们正艰难地在沙漠里一步步跋涉着，走在前边的尤斯突然欢叫起来："你们看，前边有一片水草地！"

大家抬头望去，果然在前边的地平线上出现一片绿葱葱的水草地，好像还有水池，有飞禽正在池边饮水，顿时精神振奋，兴致勃勃地向水草地奔去。可是到了跟前，人人都傻了眼，好像胀鼓鼓的皮球放了气，一下子蔫了下来。原来水草地无影无踪了，眼前依然是一望无边的沙海。

"真是活见鬼了！"一个惊奇、惧怕的阴影笼罩了尤斯失望的心。

甘父解释道："不用害怕，这是沙漠中常有的现象。听说住在海边的人，有时也会突然看见海上的仙山琼阁，眨眼又不见了。同这沙漠的现象一样，我们还是大胆地往前走吧！"

黄昏时分，距使团大约有一箭之地的前方出现了个骑马人的影子，那人影向前走了一会儿却站住了，但不回头。张骞怕是强盗，向弟兄们挥手示意，停止前进。那个骑影也一动不动地驻足沙滩，仿佛在等候他们。张骞疑虑重重，决定单骑上前探个究竟。那个骑影却不与他照面，等他赶到时已逃之夭夭。再三呼喊也不回应，一闪眼连个马影子也不见了。

疑惑的张骞目光落到脚下，却见沙窝里蹲着两个水囊。张骞大吃一惊，跳下马背，拾起水囊边的一方丝绸，其上字迹清晰可辨：

热不可当，

沙石飞扬，

难觅水源，

但饮无妨。

张骞豁然开朗，不知何方赶来的侠肝义士，送这么好的"琼浆玉液"，胜于久旱的甘霖，救我十多条奄奄一息的生命。

"好一个雪中送炭！"张骞将丝绸收藏起来，像爱护旌节一般地珍惜

197

它。此后，他常在心里琢磨这位沙漠送水人究竟是谁。

甘父、迟浩、尤斯等弟兄们喝了个痛快淋漓。唯黎杰呻吟不止，水解了渴却解不了饥，众人浑身无力，直冒虚汗。

张骞问："谁还有干粮？"

大家面面相觑，一粒粮食也没有了，干肉早已吃完了。弟兄们紧蹙苦眉，担心会饿死在沙漠上。张骞心里在打主意，目下唯有几匹骆驼能耐饥渴，最无耐性的，除了人便是马匹。张骞横下一条心拔出腰刀，先向自己的坐骑开刀，却被眼明手快的迟浩阻止："张大人，不能打它的主意！"

"你以为我就舍得它？它是今上赐予我的御马，和我相依为命多年，又把我驮出沙漠。可眼下过不去呀，不这样，弟兄们吃什么？吃这脚下的沙石吗？"

大家沉默无语，然而心在哭泣，肠在流泪，生命正遭受到严峻的考验。

到底天无绝人之路。正当人人发愁，一群大雁在头顶嘎咕鸣叫，手握弓箭等待已久的甘父，瞅准雁群便射出一箭，一只大雁随即落地，其他弟兄也同时拉弓，竟射下了四五只。大家生吞着雁肉，个个眉开眼笑了。

倚靠甘父的神箭，他们终于走出了茫茫的沙海，又比较顺利地通过了龟兹（在今新疆库车）等四个国家，跨入了疏勒（在今新疆喀什）这个四通八达的地段。

疏勒的西、北、南皆靠高山，这里农业发达，商业繁荣，从西域南道、北道及葱岭（今帕米尔高原）西边诸国跑来的商贾，都在这里买卖交易。从那些不同口音的商人中，张骞打听到大月氏就在葱岭的西边。他们心急如火，恨不得两肋生翅，一下子飞过去。

　　对于葱岭的雄伟、神秘，张骞早有所闻。他幼年读过的《山海经》书简中亦有记载，到长安后又听过公孙敖、卫青兄长的随意猜测。他们一行在爬山途中总想亲眼见识见识仙湖瑶池，拜访拜访西王母……

　　上山的路又陡又滑，在崇山峻岭中盘旋，一边是白雪皑皑的万丈雪峰，一边是幽深莫测的无底深谷，稍不留神就会跌落谷涧，时刻令人胆战心惊。马蹄在冰道上不住地打滑，他们不敢骑马了，只有骆驼走得稳健，遇到陡峭处大家便紧握驼缰，以防滑坠冰沟。山高路险，行速缓慢，夜晚和衣蜷曲在薄薄的帐篷中，冷得浑身打哆嗦。

　　黎杰冻得难以入眠，他又在想心事了。唉，沙漠中没把人热死，我看这里非把人冻死不可！当初我为什么要报名应募呢？真是鬼迷心窍了……冷啊！我真是受不了了！

　　黎明前更显奇冷，盖被如铁，弟兄们全被冻醒了，幸亏多长个心眼的甘父昨天傍晚捡拾了些干枯的树枝、黄叶，大家挤在一起烤手烤脚，说说笑笑等待天明。一阵剧烈的咳嗽才使大家发现黎杰没有挤在身边，张骞走过去给他披一件羊皮外套，无意挨上他的脸颊，觉得发烧烫手。

　　"哎呀，你病了？"张骞关切地问。

　　黎杰没有回答，又是一阵剧烈的咳嗽。

　　甘父、迟浩等围拢询问病情，尤斯立即搀扶黎杰至火堆前取暖。

　　天慢慢地亮了，大家烤点干羊肉，敲碎身边的冰块拌和着充饥。不知张骞干什么去了，尤斯刚奔出帐篷，却见张骞捧一把野葱正在帐外剥皮。这是他用小刀从冻土中一根根剜下来的，他要为黎杰煎一碗野葱热汤暖暖身子。

　　大家轮流背黎杰爬山，张骞与甘父争抢，竟面红耳赤地吵起来了。野葱汤神得很哟，过了两三个时辰，黎杰发了一身大汗，就能挂一根树枝自己行走了。

于是，大家边爬山边拔路旁的野葱苗，有的竟拔了一大把带在身边。

好不容易才爬上了葱岭之巅，一行人一个个累得满头大汗、气喘吁吁。葱岭虽说陡峭、险峻，但顶端还是平坦的。他们歇息了一会儿，黎杰、迟浩等攀高下低，搜索大小石窟，钻进莽莽森林。可是，山顶上哪有什么瑶池仙宫呢？只见奇峰耸立，巨大的冰块冰柱在阳光照耀下闪烁着银白、碧蓝的色彩，除了森林、巨石、野葱，什么也没有，连只小鸟也看不见。

居高临下，视野无尽。向东望去，岭下是一个巨大的黄色盆地，星星点点的绿洲像一颗颗翡翠宝石在沙洲上闪光。向西望去，近处群山如海，白云弥漫；远处则是山地、丘陵、草原和天际相接，浑然一体……

张骞一行沉醉在葱岭高、大、险、奇的绚丽风光中，早把数月的跋涉之苦忘得一干二净。看，一个崭新的世界就在葱岭之下！

第二十四章

大宛官员护送张骞

葱岭上有三个垭口通往岭内岭外的许多国家。北通大宛（今费尔干纳盆地），西至大月氏，南达身毒。张骞一行来此陌生之地，错从北口下山，结果进入了大宛国。

大宛国风貌与汉朝大不一样，同西域的城邦国家也不相同。田野长着出苗不久的苜蓿，山沟、路旁、院落都立着木头架，上边爬满了还未开花、结实的葡萄蔓。大宛人住的房子全是砖木修建的，看不见屋檐，房顶呈尖角形的居多，和京都长安房舍迥然相异。他们幸运地遇见几位结束耕作的大宛人，高高的鼻子，深陷的眼窝，长而整齐的胡须。他们看见张骞一行的装束也觉新奇，跟在后边议论不休。张骞故意说了几句匈奴语，他们感到十分亲切，就蹲在路旁和张骞款款交谈。张骞很快得知大宛国王住在贵山城，下设副王、辅国王各一人。北边的康居国距此一千五百余里，西南至月氏国七百里之遥。听说这里的气候、物产及民俗均与月氏、安息相近。

傍晚，他们投宿路旁的一家农户中。这一家子，不论男女都好客，立即捧出瓜果招待。一听他们都是远方来的使臣，更加殷勤、敬重。男主人打开柜子取出几罐甜甜的葡萄酒，女主人端出用嫩苜蓿芽煮过的，散发出诱人食欲的油香味儿的羊肉片。正吃得开心、痛快，一位漂亮的大姑娘又端出一篮发皱的翠绿干果，张骞不知何物，黎杰、甘父等亦不敢乱吃。

"吃呀，看着它干什么？"男主人介绍说："这是我家晾晒的葡萄干，每年初秋时节葡萄成熟，除了鲜吃，还可用鲜果酿酒，这罐子里的酒就是自酿的葡萄酒。"刚说完，这位大姑娘就向每人倒出一碗，请客人品尝品尝。

男主人又说："这种酒能储存十多年不变味，储存时间越长，香味越浓。"

大家吃着、喝着、谈笑着。

迟浩突然问道："这葡萄干是树上长的果子吗？"

一听询问，本来就爱笑的大姑娘更加笑得前仰后合。她说："葡萄不长在树上，而是挂在葡萄蔓上。"说着指向院子里的葡萄架，那绿茵茵的枝条正在扯蔓。

"那上边没有果子呀！"

"还早嘛，夏末秋初才挂果。你们吃的是去年晾晒的干果，但干而不硬，柔中有汁。"

迟浩又抓了几粒塞进口里。

被葡萄迷住心窍的张骞，马上不厌其烦向男主人请教栽培的方法。

晚上在主人家里投宿，张骞也向他们介绍了汉朝的美丽富饶，并相约日后到长安走一走，游一游。

翌日清晨辞别时，张骞特将携带的丝绸取出两匹送主人作为留念。大姑娘喜之不尽，爱不释手，她最喜欢汉朝的美丽丝绸，曾让父亲专程到葱岭之东的疏勒市场上寻觅购买，几次都落了空。万万没想到，历经万里之行而来的汉朝大使却送来如此珍贵的礼品，太感激这位文质彬彬的远方朋友了。她紧紧拉着张骞的手说："贵宾大哥，你们去拜访国王，办完事情，返程时再来我家做客，好吗？"

张骞笑答："感谢你们全家的盛情接待！返程一定再来，因为我们已经相识，成了新朋友。"

住在贵山城的大宛国王，名字叫毋寡，早就闻知遥远的东方有个大国，文化发达，物产丰富。只因彼此相隔万里，长期受匈奴梗阻，一直没有往来过。今闻汉朝大使张骞带领使团成员，风尘仆仆地前来拜会，真是喜出望外。

在一座尖顶宫殿里，张骞手持汉节，甘父肩扛两匹大汉丝绸拜见了大宛国王。张骞向大宛国王毋寡行了个汉朝拱手礼，投去敬重的目光，慢悠悠地说："国王陛下，使臣张骞代表汉朝皇帝向尊王问安，祝愿陛下金体安泰！"

毋寡正在思考使臣说的话，甘父马上翻译。国王明白后哈哈一笑，立即按大宛的礼节上前和张骞拥抱，并热情地说："尊贵的大汉使臣，大宛热烈欢迎贵宾到来。"

这时，甘父将两匹丝绸恭敬地赠送给国王，用大宛语说："这是献给陛下的一点心意。本来我们使团带的珍贵礼品不少，不幸都被匈奴骑兵截获，还把我们扣押在草原上服苦役整整十年。现在虽然逃了出来，带的礼品很多都没有了。敬请陛下谅解，日后加倍补偿！"

国王毋寡一听心中大惊。他扫视张骞、甘父一眼，见二位使臣面容憔悴，衣衫褴褛，一定受了大苦，遭了大罪，便急切地问："你们万里奔波到此，定有大事要办，是这样吗？"

甘父向张骞做了转述翻译。

张骞讲了来大宛国的事由："汉朝皇帝派我一行前来，有两件事情要和陛下协商。第一件，汉朝愿同贵国结成同盟，永远友好相处，共同抗击匈奴的侵略。"

国王说："我十分赞同。大宛国愿和汉朝结成同盟，互相帮衬。如果匈奴出兵侵略汉朝，我们就出兵援助汉朝；如果匈奴出兵攻打大宛，也请汉朝出兵援助我们。不过，我们也不想和匈奴为敌，假若匈奴不侵犯我们，我们又何必去攻打匈奴呢？"

"匈奴贵族的虎狼本性不会改变。"张骞说，"今日不侵略大宛，明天、后天呢？望陛下深思，最好有备无患。"

"那我再和大臣们商量商量。"毋寡问："第二件是什么事？"

张骞很客气地要求："我使团远道而来，不熟悉这里的环境，恳请陛下派人为我们带路去大月氏吧！待完成使命回汉朝禀告皇上，必将以重礼相谢！"

毋寡早就羡慕汉朝的金银财富、丝绸缯帛，一听张骞日后"以重礼相谢"的话，便爽快地说："你们放心好了，我一定派人给你们带路。从这里到月氏要经过康居，那里的语言你们听不懂，我再派个翻译随同前往。"

张骞见大宛国王如此信赖自己，就和国王毫不拘束地叙谈起来。

国王说："提起月氏人，还同我们有过一段亲密的交往。他们最早住在靠近你们汉朝的祁连山下，经常和乌孙起冲突，最后把乌孙打败，杀了乌孙国君难兜靡，乌孙人四处逃散，大部分归附了匈奴。冒顿当单于后，势力空前强大，派右贤王领兵袭击月氏，月氏人搬家西迁，占据了塞人的地方，在那里一住就是十多年。但不久又被匈奴收养的乌孙国君儿子、现在的昆莫击败，再次西迁到妫水（今阿姆河）流域，征服了当地的大夏人，最后定居下来。"

"我们能见到月氏国王吗？"张骞有点担心。

"想见月氏国王不难。你们先在我国休息几天，到处走走看看，然后再启程，好吧？"

张骞十分感激，向国王再三致礼。

傍晚，国王在后宫设宴招待张骞一行，频频举杯直到深夜。

数日来，在大宛官员的陪同下，张骞游历了不少地方，观赏了大宛风光，目睹了汗血马。这种马身高体大，姿态健美，行走如风。长途奔驰时，前腿两内侧渗出一种红汗，故称"汗血马"。大宛官员讲了个神奇的传说：在城北的高山上有一种专在云中奔跑的马，看得见但捉不住。牧民们便把各种颜色的母马赶到山下过夜，让它们和天马交配，就可得到许多小天马……

他们在拜会种田能手时，吃到了能够榨油的芝麻，颜色红亮的萝卜，质硬壳皱的胡桃（核桃），来自安息的石榴，以及能做佐料的大蒜。

张骞深有感触地说："大宛不愧是葡萄之乡，苜蓿之国，宝马之邦！"

三日后，大宛国王交给使团一封信件，在翻译和特派官员的护送下，张骞骑上大宛国王赠送的骏马，带领使团成员渡过发源于葱岭的一条大河（今锡尔河），穿越葱岭西边的沙漠草原，向西南方向驱马而行。

经过十多天的鞍马劳顿，张骞一行顺利地到达康居国的首都卑阗。和匈奴一样，康居也是一个游牧国家，国王就住在一座特大的帐篷里。张骞拜会时，康居国王对汉使彬彬有礼，也以贵宾相待。康居国王展阅羊皮信件后，笑吟吟地说："你们去月氏途经我国，我们十分荣幸。既然你们是大宛人的朋友，必然也是我们康居人的朋友。愿康汉两国的友谊长存！"

张骞辞别时，相赠两匹丝绸作为答谢。康居国王也学大宛那样，指派了两名官员随使团前往大月氏。路上的吃喝照应全由康居官员料理。仅仅七八天时间他们就和张骞一行混得挺熟，介绍了本国不少情况。康居国大概有六十万人口，十一万精兵。人们的生产、劳动、生活均与月氏人同俗。

第二十五章

月氏女王的困境

骑上大宛马赶路就是快，第四天旭日初升时使团一行便到达一个农牧兼半的国家，这就是张骞一行牺牲了许多弟兄、寻找十一年的大月氏。随员们个个精神振奋，此起彼伏地呼喊着——汉朝使团终于找到你了！终于要见面了，尊敬的月氏国王！张骞也激动地流出了喜悦的眼泪。圣命即将完成，心中的高兴是难以言表的。

蓝氏城像是一座山城，远远望去，披一身锦绣霞光，非常美丽、漂亮。可走近以后，并无山的感觉，视野所到处，土地平旷，一望无际，绿色满眼，显然是高原上的绿洲国家。

当时，蓝氏城正在修建中，房屋不像大宛的尖顶式，也不像安息的平顶式，而是由希腊学来的上尖下圆的锥体式，看起来庄严肃穆，美观大方。主要大街由东西与南北交叉成"十"字形，人来人往，熙熙攘攘。店铺排列绵延，商品琳琅满目。还有各种小商贩设点摆摊，一派繁荣景象。

月氏女王隆重地接见了汉朝使臣张骞与甘父。

女王看上去已过五旬，由于身居高位，生活富裕，社会安定，心境宽舒，并不显老。她就是曾被匈奴老上单于杀害的月氏先王的王后。精明能干，坚定顽强，为报杀夫之仇，毅然挑起统领月氏臣民的重担，东奔西跑，南征北战。自从离开祁连山老家，迁至妫水流域，再未见过一个汉

207

人。今日突然见到仪表堂堂、气宇轩昂的汉朝使臣，特别惊喜和亲切，欢迎贵宾临殿，接待尤为热情。

张骞礼仪当先，自报家门："我乃汉皇派遣到贵国的使臣，先向女王陛下问安！"说完把节杖递于女王，"这是汉朝皇上所赐信物，请陛下审查。"

女王把节杖郑重地还予张骞："这东西我在祁连山老家见过，它代表汉朝天子的权威，我们十分敬重。不知当今的天子是谁？"

张骞回答："当今天子姓刘名彻，年少力壮，血气方刚，雄才大略，决心以武力安邦，特派使团前来贵国，希望我们联合起来，结成同盟，反击我们的共同敌人——匈奴。"

一提匈奴，勾起女王的回忆。她说："三十年前，冒顿单于把我们从敦煌、祁连之间赶到妫水之北。刚立足几年，老上单于又逼得我们向西逃难，并挑动乌孙攻杀我们，还亲手杀害了我的夫王，如此血海深仇岂能忘记！"

张骞气愤地说："如今报仇雪恨的时机已到，我们汉朝比以前更强大，汉皇陛下正在调集全国兵马，联合所有受匈奴欺压、攻杀和掠夺的大小国家，向匈奴发起反攻。倘若贵国也行动起来向东出兵，匈奴就会两面受击。一旦打败他们，汉朝欢迎你们仍然迁回祁连山老家，和我们世世代代友好相处。"

女王接着说："汉朝反击匈奴的决心很大，正合我的心意，能彻底消灭他们，也就报了杀夫之仇。但是……"她迟疑了片刻，变成了忧虑的口气："出兵之事非同小可，我得召集五名翕侯和国相等人商量一下。你们今日刚来，不妨先歇息歇息，再到各地走一走，转一转，这样可以吗？"

见女王做了安排，甘父立即馈赠两匹丝绸礼品，并打开一匹请女王观赏。这正是她梦寐以求的宝物，女王立即被富有光泽、坚韧细致、柔软滑爽、色彩鲜艳、高雅华丽的汉朝织物吸引住了。虽在大夏市场上见过，都比不上使团带来的花纹精美和工艺精巧。她喜滋滋地说了好几声感谢，亲自带领使团步入宫殿东侧大厅进餐，为汉朝贵宾接风洗尘。

当晚，张骞一行被安排在一座宽敞豪华的客舍中休息。从当日两次进餐中，随员们认识了许多味道鲜美、前所未见的蔬菜，诸如那颗粒滚圆的是豌豆，稍微扁平的叫胡豆，一片片清香嫩脆的称胡瓜。这些都是大月氏的特产，让大家实实在在地开了眼界，增长了见识。张骞此次访问月氏，出人意料地见到了一位女王。宫殿中的摆设琳琅满目，华贵高雅，精美神奇。特别是大殿中央铺的巨大地毯和壁挂装饰，是西域国家很少见到的。因而他推测，月氏国是西域诸国中较为繁荣富庶的国家，假如结盟成功，对汉朝十分有利。

女王所说的五名翕侯分别是：休密翕侯，驻和墨城；双靡翕侯，驻双靡城；贵霜翕侯，驻护澡城；肸顿翕侯，驻薄茅城；高附翕侯，驻高附城。这些翕侯都是小首领，全归女王统领管辖。众人聚集王宫议事，还有太子和国相参加。

女王告知众臣汉使的来意，性子急躁的太子首先说道："我月氏与匈奴不共戴天！昔日冒顿单于把我们从敦煌、祁连赶到妫水之北，后来老上单于又杀害父王，并用父王的头盖骨做成酒器，这是月氏国的奇耻大辱！今天汉朝使臣张骞代表大汉王朝和我国相商共同抗击匈奴，正是报仇雪恨的天赐良机，千万不可失去。"

休密翕侯不以为然地说："那都是三十年前的事了，提奇耻大辱又能怎样？苦难的历史已经过去，重要的是今日。我们定居的地方，水草不缺，牛羊成群，粮果丰茂，百姓不愁衣食，最好远离战争。"

贵霜翕侯本是女王的侄子，住在条件最好的护澡城，距汉朝阳关有八千里。城内车水马龙，商业繁荣，他每日沉醉在轻歌妙舞中，大妻小妃十多人。他拥有这个小王国，只图享受富贵，便极力支持休密翕侯，要求女王不可听从汉使的意见，使月氏人上当吃亏。

国相实在听不下去了，便反唇相讥地发问："什么叫居安思危？谁能保贪婪、残酷的匈奴王公日后不再进攻我们，不再掠夺我们？"

太子又发言了："汉朝是东方大国，物产丰富，国力强盛，又是礼仪之邦，应当与他们交好，联合备战，以防匈奴对月氏臣民的突然袭击。这方面的苦难我们早尝够了，望陛下深思。"

争论不休，各执一词，确叫女王难拿主意，进退两难，只好宣布诸臣退殿。

女王临近退位，大臣们不把她放在眼中，自然不敢贸然决定，但她总觉愧对大汉使臣，就派年轻的太子陪同张骞一行游览观光。太子叫卓吉，是女王选定的王位继承人，从小就亲近汉朝，非常敬重张骞大使，不停地介绍大月氏邻国的情况。张骞方知，这里很早以前有个叫大夏的国家，臣民都很懦弱，最怕战争烽烟燃起。月氏国迁来后，大夏人主动南移，让出大片土地。待月氏稳定安居，大夏人才紧挨月氏国另建一个新居住地，但变成了月氏的属国，人口大约百十万，比月氏人还多。卓吉说："大夏东南两三千里就是身毒国，那里孔雀、大象很多，战士打仗骑的就是大象，速度不快，却很威风，敌人乍见骑象兵卒，常常望风而逃。"

张骞请求太子领他至大夏市场上看看贸易情况，见街道两边商铺鳞次栉比，货架柜台摆满衣服、食品、布匹。张骞偶进一家店门，发现柜台旁边陈列的竹制手杖。张骞好奇地拿起一根仔细端详，见中部刻有花草、禽鸟，上端弯起的手柄处刻有汉式篆隶"邛竹"二字。张骞心里明白，邛竹生长在汉朝犍为郡临邛县，用它制作的手杖闻名遐迩，怎么会出现在这里？他惊讶地询问店主："请问这么好的手杖是从何处弄来的？"

店主笑答："这是从身毒进的货。大夏人喜欢邛竹杖，好使好用，看上了就买几根吧，送亲人、赠朋友，十分珍贵。"正介绍着，太子卓吉选了两根，他要送给母王和国相留个纪念。

甘父把邛竹杖看了又看，但路途远不便携带，只好放回原处。

返回客舍时，太子卓吉引领一条新路。刚走进与大月氏接界的一个大夏关市，卖饮食的摊点特别多。甘父建议诸位品尝一下西域马奶酒的风味，选定一个帐篷小店还未坐定，却听见对面小摊贩兜售"蜀布"的吆喝声。在相距万里之遥的葱岭之西竟有"蜀布"贸易，太让人感到惊奇了。张骞吩咐甘父和太子坐下小憩，招呼弟兄们慢慢品酒，他前去看个究竟。果然不错，花色品种繁多，买布者南腔北调，摊主应接不暇。一打听也是从身毒进的货，摊主说他跑个来回，少说也得两个多月。

蓝氏城内外，人声特别嘈杂。因为大多数月氏人都善于经商，常常远走异国贩运各种货物。由于商业发达兴旺，也吸引了周围国家的商人来此贸易。在同安息商人的交谈中，张骞得知他们国家有文字，从左向右写在羊皮上。他看到市场上的貂皮，一打听才知是奄蔡商人带来的。据条支人说，他们那里产一种大鸟，可以当马骑，生的蛋像盆那么大，一枚蛋三五个人都吃不完。更有趣的是碰上条支国的魔术师在街市上表演吞刀吐火的幻术，实在神奇啊！张骞在客舍中听月氏大臣介绍过，这里常有身毒的客商往来，带动了月氏人也学经商，蓝氏城逐渐变成西域贸易的中心。

"世界好大呀！似乎大得没有个尽头。"张骞和他的随员都发出了由衷的感慨。

一连数日的畅游参观，令人大开了眼界，中原人至此方知天外有天，国外有国，远远不是汉朝人所想象的那样：汉朝在天下的中央，东南面是海，北边是沙漠，西部是高山，汉朝的四周住着落后的蛮夷民族。实际上在西域世界中，还有不少高度文明的国家，例如地处条支之西的犁轩国（又名大秦国，即古罗马）等。

转眼半月过去了，女王仍然没有召见使团成员。张骞为此闷闷不乐，也没有外出观光的兴致了。他趴在桌子旁写写画画了一阵子，不等天黑就早早地倒头睡觉。弟兄们见他忧心忡忡，也就停止了说笑，熄烛就寝。大约午夜时分，尤斯出舍便溺，刚走几步就发现前边人影晃动，不禁心下一惊，莫非今夜有贼？他上前大喝一声："你是谁，为何深夜到此？"话音刚落，闪上一个黑影，一刀将猝不及防的尤斯刺翻在地。

客舍外的骚动声惊醒了辗转反侧的张骞，他顺手抄起枕边的长剑，大喊一声跃出门外，众弟兄也执刀相随。黑影见状不妙，慌张逃遁。朦胧的夜色中大家发现倒在血泊中的尤斯，已是气息奄奄了，张骞俯身一膝跪地抱起尤斯，只见一股含着腥味的鲜血，从胸腔中汩汩喷出。尤斯听到有人呼唤，艰难地睁开眼睛有气无力地说："大哥，阿……"一语未了，便脖颈一歪永远闭上了眼睛。

"尤斯，你醒醒，快醒醒!"任张骞喊哑嗓子，再也听不见尤斯的声音了。

原来，一直沉默寡言的尤斯，自从张骞为他接好腿骨，他就下定决心寻找一切机会报答。

当塔尔阿爹让他为张骞带路西逃时，他以为报答的时机到了。一路上就是他协助甘父指点弟兄们躲热浪、避黑风，翻过了空气稀薄、令人窒息的葱岭，终于来到岭西诸国。谁也没料到尤斯和他的父亲，都为张骞完成使命而付出了血的代价。

张骞涌泉般的泪水倾洒在这位弱冠少年、异国同胞的身上。要是张骞得知塔尔老伯也已为他悲壮地死去，他一定会把那双眼睛哭肿的。

次日，张骞抑制不住满腔愤怒到王宫求见女王。正在案前沉思的女王立即召见，态度和蔼地说道:"使节大人，你寓居客舍多日，倘有侍候不周之处，可对我直讲。"

"女王陛下，张骞有一事相告。"

"请讲!"

"我等一行远道而来，是否有碍贵国国事商议，故有人暗中行刺?"

"竟有这种事?"女王顿惊。

"昨夜我一弟兄被杀害。"张骞略带愠怒，直言不讳。

"本王仰慕汉朝已久，如今你等到来，相见恨晚，我岂能做出这等非礼之事?"

"死者现停尸客舍，陛下如若不信，可派人前去查验。"

"果真如此，先将蒙难者按汉朝礼俗厚葬。我立即传令缉拿凶手，从严治罪。"

张骞回到客舍不久，女王就派来一队卫士，执戈佩刀，日夜巡逻在客舍周围。

安葬了尤斯，张骞一行又在大臣的陪同下深入到边远的牧区观光。每到一处都和当地牧民结下了深厚的友谊。

他们依然以最大的耐心等待女王关于结盟的佳音。每天闲暇无事，张骞就拿出从大臣那里找来的一捆白羊皮，摊在案子上和弟兄们边聊边写。他有惊人的记忆力，大至一座山脉，小至一粒种子，都清清楚楚地写在上边。

等了数月，听说女王又召集大臣及翕侯们商议过两次，仍然没有新的进展，还是处于似是而非的状态。张骞感到非常失望，看来圣命很难完成。大家先后在草原上、在西逃的艰苦跋涉中历尽种种磨难，好不容易到达了大月氏，对女王寄托了最大的希望，结果却是事与愿违，无法结盟。"断匈奴右臂"的战略计划竟落了空，返回长安后如何向陛下复命？真是愁煞人也！

正当愁肠百结之际，女王派来国相大人和张骞在客舍中进行最后的切磋商议。

国相跟随女王三十多年，是王宫里的顶梁柱，几十年来协助女王进行过不少重大的军政决策。虽比张骞年岁大得多，却对张骞刚毅果断、为人诚信且博学广识的外交才能十分敬重。在女王召集大臣、翕侯第一次商量与汉朝的结盟议事中，国相就积极主张站在汉朝一边，怎奈寡不敌众，使他心中有愧。今天国相到客舍拜会张骞，是代表女王的旨意把真实情况当面告知张骞。

未等国相启齿，张骞又一次陈述两国结盟之事："国相大人，几十年来，匈奴换了几个单于，一个比一个贪婪、凶残，欺凌弱小，肆意掠夺，杀人成性，从未间断。楼兰、焉耆、龟兹、乌孙、月氏及泱泱汉朝均受其害。尤其贵国遭受驱逐，西迁数千里，国王被害后，老上单于把他的头颅当饮器，这样的奇耻大辱，此时不报仇还待何时？难道堂堂月氏人甘愿受其宰割吗？若觉力量单薄，和汉朝联合起来不就强大了吗？一旦两国携起手来，形成东西夹攻之势，谅他匈奴不敢轻举妄动，既利汉朝，更利月氏，还望国相大人和女王从长计议。"

国相一边聆听，一边颔首微笑："张大使所言极是。我们在祁连山老家居住时，就听过你们汉朝的一句'老猫不逼鼠，老臣不治国'的民间谚语。我已年过六旬，深觉心有余而力不足，今日来到客舍拜会，女王嘱咐我带给你一句话——时过境迁了。三十年前与三十年后，时代不同了，形势也变了。如果月氏与汉朝合攻匈奴而败北，月氏必招匈奴报复。那时候，汉朝远在东方，即就出兵援助，那也是远水解不了近渴，更何况今日的月氏国，地理环境优越，土地肥腴，粮丰果茂，草场平旷，水源不缺，牛羊遍地，百姓心满意足，家家衣食无忧。不想回忆往昔，但愿保持现状。缔结联盟必然引起战火，百姓再次流血，生灵遭到涂炭。因此反对者众，支持者寡，女王无能为力，请张大使能够理解。"

"这么说，结盟之事成了泡影！"张骞彻底绝望了。

国相看到张骞的表情，马上又补充了一句："女王还说，请张大使转告汉朝皇帝，若能再缓一时，太子迟早继承王位统辖全国。他从小就亲近汉朝，且能言善辩，也许能说服众臣，缔结月汉两国之盟约。"

张骞苦笑着回答："我看也只能如此了，感谢国相大人对汉朝的一片赤诚！刚才的一席话道出了女王的肺腑之语，我张骞永远铭刻于心。请国相大人转告女王，使团一行打算明日返回长安。"

国相立即握住张骞的手："你这位和平友好的使者，永远是月氏人信赖的好朋友。相处的这些日子，我们亲如手足，实在不忍分离，可你们要回汉朝复命，我们不敢强留。对了，你们参观、考察了些时日，需要带回什么东西，尽管开口，我尽早为你们准备妥当。"

"前几天我已向太子卓吉说过了，请他给我们准备点瓜果蔬菜种子，还有几样乐器。让你见笑，我非常喜欢。其他事国相大人不必操心了。"

张骞把国相送出了客舍。

第二天辞别时，国相大人奉女王之命为张骞使团饯行，餐厅就在客舍之后。宴罢回客舍整理衣物行李，为牲口加料饮水之际，忽然传来一阵欢声笑语。原来，蓝氏城的老百姓争先恐后地前来客舍门口，准备为张骞使团送行。此刻，太子卓吉牵着一匹马，驮着沉重的羊皮口袋，里边装着干粮、小水袋及箜篌、筚篥等几件乐器，还有胡麻、胡桃、胡瓜等十多样植物种子，从密密匝匝的人群中穿过，径直走向客舍。太子办事最讲诚信，按张使君的愿望全部配齐。他特别提醒张骞："羊皮袋中另有葡萄、石榴等嫩绿幼条，根部裹着一团湿泥，可随时插土培植，成活率很高。"

"啊呀，太子想得如此周到，我代表使团成员深表谢意。这样的礼品太珍贵了，带回长安，我们的皇帝也从未见过，觉得稀奇，定会龙颜大悦。倘有机会，我们会带上汉朝的丝绸、金银、珠宝前来致谢。"

太子说："这算不了什么，你们奔波万里，受尽风霜之苦，为月氏国送来汉朝的深情厚爱、文明礼仪和真诚友谊，这些才是千金难买的珍贵礼品。"

"前些日子，在贵国和邻国观光、考察，太子作陪，介绍了西域的地理环境、农牧生产、奇花异木、蔬果品种及风俗民情，今日又送来大宛名马和各种食品，让我们满载而归，我们太幸运了。大恩大德，高于葱岭，我张骞永远难忘。"张骞激动得和太子拥抱在一起，难舍难分。

欢快、豪放的西域鼓乐声飘至耳边，王宫里的送行仪仗队浩浩荡荡地赶来了。仪仗队后边的凤辇上坐着月氏女王，在大臣们的陪同下也到客舍为张骞使团送行。

女王下了凤辇十分亲切地说："使节大人，既然你们打算回国，我也就不执意挽留了。结盟之事虽未如愿，但我们两国的友谊长存，今后还希望相互往来，像天地日月永恒。请张使君向汉朝天子转达月氏女王的问安！"

张骞恭恭敬敬地向女王行了个汉朝拱手礼，出言十分谦恭："感谢陛下亲自为我使团送别，祝愿陛下玉体千载康宁！"他立即把汉武帝御赐的那枚被他携带十多年的宝贵玉璧，双手捧赠给女王留作纪念。

情意绵绵，笑脸盈盈。女王、太子、大臣及街巷百姓，踏着秋日朝霞铺成的锦绣大道，一直把张骞使团送出了蓝氏城，直到看不见背影才慢慢返回。

张骞从大月氏打探了一条回国的新道，即从疏勒沿着南山北麓东行，在盐泽附近和北道汇合。这条道路也称"南道"。南道与北道之间仅隔一片大沙漠（今塔克拉玛干沙漠），匈奴兵很少到南道巡逻，对张骞一行来说，自然安全可靠得多了。

他们向东翻越了冰封雪盖的葱岭，走过街市繁荣的疏勒，然后朝东南方向前进，便到了南山北麓，沿南道匆匆东行。

南道在一块块沙漠绿洲间向前伸延，也是一条重要的商路。在匈奴势力扩展到北道之前，它没有北道热闹；自匈奴控制北道之后，立刻变得红火起来。葱岭以西许多国家的商人，为避免匈奴人的掠夺，都改走南道自由交易。一时驼队马帮往来不绝，沿线诸国繁荣昌盛。

汉朝的国威早在南道扬名，汉朝的富饶早为南道人民仰慕。当他们得知匈奴在北道随意欺凌牧民的消息，都憎恨匈奴而亲近汉人。因此，张骞一行处处受到热情的接待，还收到各式各样的礼物。

从疏勒往东又经千里沙原夹杂的绿洲，才到了来时经过的楼兰国。他们在扦泥城里休息了几天，一面补充食物和水，一面打听匈奴和汉朝的情况。听说汉朝同匈奴的大战已经进行了数年，汉朝节节取胜。年富力强、善于"修内政，勤远略"的汉武帝，准备夺回被匈奴侵占多年的河南地区（黄河河套一带，今属内蒙古）。

张骞非常高兴，他对随员们宣布："皇上一定在惦记我们，十多年了，无法通个音信，我们要火速返回长安向圣上报告西域情况。为了这一次不和匈奴骑兵相遇，我们改行羌中古道（今青海北部），走祁连山以南羌族人居住的地方，他们是兄弟民族，对我们返回长安最安全。"

使团离开了楼兰，准备翻越祁连山。归心似箭的黎杰，听到"长安"两个字，一改往日的愁眉苦脸，总是说说笑笑。他仿佛看到了久盼丈夫归来的妻子远远地迎在家门口，拉着不知是女还是男的孩子在向他招手。天真活泼的迟浩也好像看见了笑呵呵的阿爹，久站帐外迎候他的归来。其他和张骞同甘苦、共患难的七八名随员，也各有自己的憧憬和想象。唯张骞心事重重，五味杂陈，脸上阴云密布，心中有苦难言。远在城固县的母亲和俭弟又因什么新的灾难降临而苦受折磨？漠北草原上的妻子、儿子是否还活在世上？塔尔老伯是否还在望断云山地等候尤斯回到身边？可尤斯已经长眠在异国的九泉之下了。当想到要回长安向圣上复命、愈行离妻子、孩子愈远，仿佛自己变成了一个不讲天理良心、薄情寡义、抛妻弃子的小人，又自责自斥而羞愧得无地自容了。

突然，黎杰凑到身边抛出一句："大哥，你想老家吗？"张骞强装笑脸："和你一样，怎么会不想呢？"

"想猎娇嫂子和勇儿吗？"

"说不想，那是假话。我最担心的就是咱们西逃后，单于向他们问罪，不知他娘俩是死是活。"

"咱们跃马扬鞭，加速赶路，很快回到草原看个究竟。"

张骞摇了摇头："先回长安复命要紧，没时间见他们母子了。"

"有机会，等过草原时我去漠北将他母子带来，咱们同回长安。"黎杰一下子说到张骞心上了。张骞顺手捶了黎杰一拳："你不是飞毛腿，也没那本事，一切听天由命吧！"

天有不测风云，人有旦夕祸福。就在他们翻过祁连山稍事歇息的时候，不幸偏偏碰上了匈奴骑兵，又落入他们的魔掌。原来，阿忽勒带部下昼夜兼程赶至大月氏，企图在客舍杀死张骞，提上人头向单于交差。不料被午夜外出便溺的尤斯发现质问，阿忽勒惊慌中一刀捅在尤斯前胸，拔刀后匆匆潜逃。三日后他又来谋刺张骞，见女王派兵护卫巡逻，便在客舍窗后一棵花树下等了三个时辰，依然无机会入室下手。当他打探到张骞一行返回的路线，立即赶回漠北禀报单于。单于见阿忽勒外出年余无功，当庭怒斥道："好个花言巧语的东西！你不是说过，捉不回张骞便砍你头吗？"

"大单于息怒，小人虽未从月氏国捉回张骞，可我摸清了他返回长安的路径。恩请大单于再宽容数日，若拿不住张骞，我情愿遭五马分尸。"

单于有病在身，不住地咳嗽，心情极端不好。随便为阿忽勒增补了数十骑精锐士卒，让他火速向羌族居住的地方奔去。

又是一次激烈的血肉相搏，迟浩和七八名弟兄被杀人成性的匈奴骑兵很快砍下马去，只剩下身中数箭的黎杰和血迹斑斑的甘父，仍和敌骑挣扎拼杀。张骞犹如猛虎出山，剑光闪处敌骑纷纷退避。他心里闪现一个"擒贼先擒王"的念头，目标瞄准阿忽勒。阿忽勒见机不妙，挥鞭示意，让部下箭射张骞，顿时箭雨呼啸。正在竭力拼杀的黎杰，立即飞马上前挥刀挡箭，人力单薄，竟成为众矢之的。待张骞调转马头救援，黎杰已栽下马背，倒在血泊中。此刻，阿忽勒部下一拥而上，将张骞团团围住。黎杰浑身中箭，在地上挣扎了几下未能站起来，只好忍着剧痛爬到张骞面前，有气无力地说："大哥，小弟怕是不行了……若能回到长安，千万要去……看看我的……"下面的话尚未说完，便气绝而去了。

失去了与他出生入死的好弟兄，张骞悲痛欲绝。他仰天长啸一声，又挥剑乱冲乱砍，想杀出一条血路，终因寡不敌众，他和甘父二次被俘了。

金帐里，军臣单于正襟危坐，厉声吆喝："带张骞进帐！"

十多双大臣目光齐刷刷射向金帐门口，只见张骞衣衫破烂，右手臂腕缠着浸满血的旧布条，左手稳健地拿着汉节，抬头挺胸，两眼喷火，一副大义凛然的神态。

单于斥问："好一个不识抬举的东西，没想到吧，你还是落入我的手中。到大月氏干什么去了，老老实实交代！"

在护卫金帐的持刀兵卒面前，大臣列阵，面目狰狞，气氛森严，但张骞心如止水般平静，一点也不紧张："我到大月氏干什么，没有必要告诉你。既然你想知道，我便直言不讳，为了汉朝、为了月氏、为了西域诸国的生命、财产不再遭受匈奴骑兵的侵害！"

左大将急不可耐地吼了一声："大胆囚徒，竟敢口出狂言！为了这，为了那，也就是为了狗头落地。大单于，就让我一刀宰了他！"

左骨都侯忙加阻止："近来数月，汉兵反击我们，势如破竹。杀了他会激怒汉朝，要是兴师问罪怎么办？"

"你是被汉军吓破了胆，处处向着汉人，忘了自己的祖宗！"右大将冷嘲热讽。

左大将开门见山："张骞刚烈，在草原上生活了整整十年，仍然本性未改，不忘西域。我看留下来也是祸患，还是杀掉为好！"

左大都尉说："张骞西行走访，美名远播三十六国，今日绝不能杀。更何况大单于圣体不适，尚未康复。天神在上，王者有疾，行凶应当避忌，此乃祖宗教化。"

杀与不杀，众人争论不休，太子于单上前禀告父王："左大都尉言之有理。既不能杀，倒不如留下作为人质，给汉朝一个下马威，谅汉军再不敢轻举妄动。"

又一阵连续咳嗽过后，军臣单于把手一挥："我自有主意，众位听旨，将汉使张骞与其妻猎娇，归太子于单部下，罚为奴隶，仍交阿忽勒看管，绝不许再出半点差错。"

太子回答："儿臣明白。"

单于又问："左大都尉，张骞的行囊清点了没有？"

"臣已清点，没有什么贵重的东西，全是些石榴、胡桃及蔬菜种子。对，还有一卷羊皮上写的什么《出关志》《西域异物记》，好像记录的是西域历史和风俗民情之类……"

单于命令："统统烧掉！"

张骞一听，立即气得昏倒在地，被卫士拖出帐外。见张骞去大月氏似乎并没有什么结果，匈奴人在审讯中也就没有严刑拷打，更未治罪，依然让他同妻子团聚。"人质"不同于奴隶，可以在一定范围内从事放牧活动。张骞既当"人质"，又当奴隶，并由专门官员看管，实际上还是一种软禁。

如今的阿忽勒与以前大不相同了。因为在祁连山下活捉了张骞有功，被单于赐封为千长，取代了札木千长的职务。张骞、猎娇都成了他的奴隶，可以任意驱使。于单年幼，不像父王那样残暴，不几天就把节杖、乐器及植物种子等全部归还张骞。

夫妻会面，悲喜交集。勇儿看着张骞苍老的面容，想叫一声阿爹却不敢出声。猎娇为丈夫擦拭脸上的血迹，含着盈盈泪水说道："这段时间，你吃的苦太多了，人瘦了，胡茬满脸，又黑又硬。"

张骞把勇儿拉到面前，搂在怀里亲了又亲，那又长又硬的胡茬扎得勇儿叫了起来。猎娇向勇儿解释："阿爹爱你，扎一下怕什么？"张骞望着妻子那一头沾满风沙的乱发和黧黑的面孔，十分惋惜地说："要说吃苦，吃得最多的还是你。又要带孩子，又要服苦役，都是我连累了你呀！"

"这不怪你。再大的苦我也能吃，只要勇儿在我身边。既然回来了，就慢慢过日子吧，夫妻恩爱，吃苦也是享乐！"

夜里，猎娇向丈夫回叙一桩骇人的往事："阿忽勒把阿爹和我，还有勇儿，一齐押送王庭，硬说全家密谋让你逃走。单于大怒，宣布立即处死，连小小的勇儿也不放过……"每忆及此事，猎娇都忍不住咬牙切齿地把阿忽勒大骂一通。

"真是天大的冤枉！你们是怎样活下来的？"

猎娇"哇"的一声哭了，越哭越伤心，哽哽咽咽地道出了塔尔为救全家而慷慨献身的经过……

"啊呀，我的好老伯！原来是你……"惊得张骞三两步就蹦出帐外，像发了疯乱跑乱喊："塔尔老伯，你在哪里？我的好老伯，你在哪里呀？张骞在唤你，你听到了吧？怎么不回答我呀……"一声声凄凉的呼叫，在茫茫的夜草原上空久久回荡。

猎娇把失神的丈夫搀进帐篷，劝他不要过度悲痛，早早安歇。可张骞哪能睡得着呢，世道太不公平，天下不幸的事尽都落到好人头上。到了后半夜张骞才勉强合上疲惫的眼睛。突然，面孔狰狞的匈奴兵正举起一把寒光闪闪的大刀向昂首挺胸的塔尔老伯砍去……张骞扑上前去阻挡，那把大刀便落在张骞的头顶……张骞"啊"了一声醒过来，原是做了一个噩梦。

东方微明，张骞就让妻子把他领到塔尔老伯的墓前，夫妻双双跪地，叩头祭奠。墓前献着张骞从西域带回的胡桃、葡萄干之类的果品。

张骞望着隆起的长满绿草的青冢，眼前又闪现出塔尔之子——尤斯在大月氏客舍前遇难的幻景。他万万不会想到大千长札木的贴身牧奴——塔尔父子，都先后为他出使西域献出了宝贵的生命。

"塔尔老伯，你静静地安息吧，我张骞一定为你父子报仇！"

夫妻叙谈中，猎娇还回忆了张骞逃离草原，阿忽勒跟踪追杀落空一事。审讯中单于指着鼻子斥责猎娇："你明知张骞一伙西逃，偏说东归汉朝，故意欺骗我，犯了杀头之罪，明白吗？"

猎娇理直气壮地回答："张骞是汉朝派出的堂堂大使，不堪忍受囚禁之苦。一旦伺机逃走，必然东归长安，更何况老家城固县还有高堂和小弟，一别十年，牵肠挂肚，寻机回乡探亲，理所当然。大单于通情达理，这是人之常情，何言欺骗？"

单于一听，觉得合情合理，便不再追问下去。猎娇同阿爹和勇儿才离开了杀气腾腾的刑场，可塔尔老伯已经魂飘西天了。札木让猎娇把勇儿交给阿妈看管，父女俩又叫了几个牧奴搭手，把塔尔老伯的尸体运回本部落，第二天按匈奴葬俗垒坟安葬。

张骞庆幸妻子临场生计，巧言遮盖，为他西逃赢得了时间，躲过了灭顶之灾。尤斯蒙难，月氏女王也无法查出真凶，原来凶手不是别人，正是在草原上监管自己的阿忽勒，难怪尤斯临终前非常吃力地"阿……阿……"几声，实际上是指认出阿忽勒就是凶手。张骞狠狠捏着拳头，牢牢记住了这笔血海深仇。

勇儿还未睡醒。猎娇为丈夫煎好一碗奶酪，张骞喝了几口暖了暖身子，偏起头思索了片刻，才十分愧疚地试探："一年前的冬夜不告而别，又悄悄带走单于赐予你的二十匹丝绸，你是不是还在恨我、骂我？说我无情无义，还带走二十匹丝绸？"

猎娇本来积下了满腔怨气，总想对丈夫发泄出来。一见张骞像漂泊的游子归来，知道他是干一件大事、好事，途中经历了千难万险，严寒酷暑，又遭遇血战，万幸保住了一条命，天大的怨气也没有了。她靠在张骞身边，仍然像从前那样充满柔情蜜意地回答："你不告而别是怕我阻拦你，带走丝绸是你需要，我知道你去西域要访问许多国家，丝绸是最好的礼品，越多越好，可家里只有一点点，本来就是你从汉朝带来的。你思念妻儿，回家团聚，又何谈无情无义？别再胡思乱想了，在外一年有余，猎娇无法帮助你，我才问心有愧啊！"

勇儿醒来了，不住地叫阿妈，猎娇去为孩子穿衣，张骞又一次感受到妻子的通情达理，她最能理解丈夫的心。他不顾身上的伤痛，连忙为勇儿熬奶粥，帮妻子干点家务。

"我来，我来，你歇着吧。"妻子阻拦。

张骞说："好长时间没为勇儿熬过奶粥，我歇息了一夜，一点也不累呀！"一边说着将大米淘好倒进陶罐里。

"逞什么强啊？走了几千里，人都累瘦了，昨天还晕倒在金帐中，被几个小兵拖出来扔到地上，若不是阿爹扶你回来，你还躺在那里。"

猎娇一提晕倒的事，张骞忽然想起自己辛辛苦苦写成的《出关志》和《西域异物记》被单于下令烧毁了，他就是被这件事气炸心肺而晕倒的。离开汉朝十三年，所有的经历、见闻和事件，特别是西域诸国的考察情况都原原本本地记在上面，没有了这些东西，回到长安怎样向圣上交代？圣上不明西域情况，又如何实施"修内政，勤远略"的宏图？张骞不住地自责："罪过！罪过！张骞有罪当诛……"

猎娇见丈夫为失去两卷资料整日发愁，连饭也吃不下，就好言相劝："单于太可憎了，毁了你多少心血！但资料这事并不难办，你不必过度担心，凭你的博学广识，记忆力又好，样样事情亲身经历，那就慢慢重新补写吧！今后的大小事你都不用管，家务和牧羊由我包揽。"正说着她打开一口大箱子，拿出准备为全家缝制过冬皮袄的一大卷新羊皮交给丈夫，"你可以一边回忆一边补写，有记不清的就和你的患难弟兄甘父商量，他是最可靠的，一定会帮助你。要是白天没空，夜里也可在灯下进行，灯油咱家里不缺。"

有志者，事竟成。废寝忘食，夜以继日，张骞凭着惊人的记忆力，终于重新写出了《出关志》，但《西域异物记》没有时间补记了。

第二十六章

回归长安复命

　　一年后，病势笃危的军臣单于，把他的弟弟左谷蠡王伊稚斜及中行说等几位心腹幕僚召进金帐，共商于单太子继承王位的大事。

　　伊稚斜眼望病榻上气息奄奄的单于，口蜜腹剑地说："王兄，这事你就放心吧，于单太子的继位大事，概由为弟一手承揽。"这一语双关的告慰，引起中行说的警觉。他侧脸看看伊稚斜那张满是胡髭的不露声色的方脸，心下顿生狐疑。

　　单于唤来于单太子，向面前的诸臣托嘱道："我不久将离人世，太子尚幼，望诸位鼎力扶持，中兴王庭大业……"那蚊蝇抖翅般的微弱声音，听得群臣窃窃私语，唯伊稚斜脸上掠过一丝狞笑，心里不时泛起一圈圈暗自高兴的涟漪。

　　当晚，中行说前往太子于单的小金帐里，向太子吐露了伊稚斜可能怀有抢夺王位的阴谋。涉世尚浅的于单太子未把此事放在心上，反笑中行说人老多虑。中行说见太子不谙世事，进不上言，只好摇头叹气，悻悻而归。

　　一日，忧心如焚的单于，忽闻阿勿勒禀报：汉朝大将军卫青出奇兵打败白羊王、楼烦王，夺回河南地区。病榻上连连咳嗽、喘息难抑的单于，歇斯底里地大喊一声："气死我也！"便吐出一口鲜血，与世长辞了。

噩耗传出，王庭一片混乱。伊稚斜一面着手料理王兄丧事，一面暗暗调集所辖部落兵马。

中行说看透伊稚斜的野心，又禀报正要继位的太子。太子慌了手脚，急请中行说到帐下计议。未待想出对策，一场两军对垒、争夺王位的内战就开始了。新任的千长阿忽勒，接到右谷蠡王之命，火速抽调部落里的精壮汉子，去为自己的新主子浴血卖命。

此时，被罚为奴隶的张骞、猎娇夫妇，已被阿忽勒驱赶到北方放牧牛羊。每年隆冬季节，大部分牧民都要度过一段辗转迁徙、随水草而居的游牧生活。札木虽被削去千长职务，剥夺了带兵大权，可财产依旧，仍然享受着原来的待遇。他不忍勇儿随同爹娘前去遭受放牧之苦，心疼地把孩子留在身边承欢膝下。

当争夺王位的战争在王庭前打响后，漠北草原上的战鼓擂得天昏地暗，四处黄烟滚滚，大地万马腾啸，一片惨淡景象。内战消息像长了翅膀，当日就飞到张骞夫妇耳里。张骞甚为激动，他和一起牧羊的甘父相商决定，准备趁其内战之机逃归长安。

猎娇看出了他们的动向。她回忆起一个反常现象：来这里牧羊，张骞老背着那个羊皮袋不愿放下，夜里睡觉总是放在枕边，生怕别人拿走，难道口袋里藏着什么秘密？有一天趁张骞到帐外拦羊的间隙解开口袋一看，没装什么贵重东西，却是他日夜补写的《出关志》和从西域带回的植物种子……回过头又扫视了一眼靠在帐壁上的节杖，她突然明白了——原来他早就做好了二次逃离草原的准备，说不定哪一夜又要撇下她母子而远走高飞，猎娇提醒自己一定要多长个心眼。

当晚，夫妇俩躺在帐篷里歇息，她一直不敢合眼。其实猎娇对丈夫的行动非常理解。他是汉朝人，受命出使西域，迟迟早早必须回到长安，干脆把话挑明："你想离开草原，眼下有了机会我不反对，你也不必相瞒。我早就铁了心，你就是上刀山、下火海，我和勇儿也要跟着你，谁叫我们是一家人呢。"

张骞见妻子已经窥见自己的秘密，翻转身来小声地说："你真是个通情达理的好妻子，这一次回归汉朝，当然要把你和勇儿带上。我和甘父相商了好几次，谁也没想出携带勇儿的万全之计，因为勇儿没在咱们身边。"

"有办法，明日我推说身子不舒服，请个假不去放羊，回家把勇儿带到这里。"猎娇打定了这个主意。

张骞回答："阿爹距这里少说也有百十里，怕是没时间了。"

猎娇急问："难道……"

张骞直言："为了不失佳机，今晚就走，只能噙着眼泪暂且割舍咱们的心肝宝贝了。"

猎娇反对："不带上勇儿，我坚决不走！"

张骞劝她："你舍不得勇儿，难道我舍得吗？我说的是暂时割舍，他有阿爹阿娘照管，不会有什么事情。回到长安我托好友卫青专程到草原把二老和勇儿都接回去，一家人团聚过日子岂不更好？"

张骞如此安排，猎娇便没有后顾之忧了，她信赖这个常胜将军。

三更以后，猎娇收拾好简单的行装，张骞已把甘父约来，三人各骑一匹快马，借着朦胧夜色的掩护迅速向南驰去。

张骞再次出逃的消息传至阿忽勒耳中，气得他暴跳如雷，顿生杀机，决心报复札木。可冷静思忖片刻，又认为白天派兵杀戮札木爷孙，会引起部落牧民、牧奴的不满。况且目下两军正在对垒，此举可能会招致部下哗变，引来杀身之祸。因此，他暂时隐藏了那个不可告人的阴谋。

入夜，灰蓝的苍穹悬挂一钩寒月，稀疏可数的几颗星辰躲在一旁眨着萧瑟的冷眼。鏖战了整整三个白昼的王庭前，人马横尸，血水成河，映红了天，染红了地。往日那红着脸儿的太阳变得一片惨白。被风霜打蔫儿了的草木叶儿，耷拉着脑壳在为无辜牺牲的勇士抽泣流泪；冬日断流的河水也不再发出潺潺的欢唱，在为死去的无数冤魂默默致哀……两军营垒中的骑士们也都沉默寡言，暗自流着悲怆的酸泪，既是对家中父母妻小的热切思念，也是对不该发动内战的叔侄进行谴责。

夜深人静，阿忽勒系紧皮袄腰带，把镶着绿宝石的小宝刀揣进怀里，神不知鬼不觉地溜向札木毡帐。

如今对战事漠不关心的札木，不愿忍受寒风刺骨的煎熬，天挨黑就和老伴尼额嫩、孙子勇儿脱去皮袍，躺进暖烘烘的羊皮被窝里，指责那忘恩负义的阿忽勒心狠手辣，将女儿女婿贬罚到百余里之外去冬牧牛羊，不知他们吃得了这天寒地冻的苦吗？听着听着，想念爹娘的勇儿，泪水濡湿了羊皮小枕，不久便呼呼入睡了。岂料，札木老两口的一通咒骂，被帐外正欲破门而入的阿忽勒听得一清二楚。他犹如一只被打的疯狗，一脚将帐门踹开，直冲札木内帐。

札木忽听帐门哗啦一声巨响，疑是盗贼入帐，急忙翻身下铺，顺手取下悬挂帐壁的宝刀。借帐顶天窗透进的朦胧月色，瞅见冲向身边的黑影，迅即拔刀出鞘，怒喝一声："夜半闯帐，你是何人？"

"嘿嘿，老东西！你前次筹谋放走张骞，害得我差点儿脑袋搬家，这次又为张骞通风报信，你的末日到了！"阿忽勒杀气腾腾，不容札木分辩，就一刀刺去。

"你这畜生！"面对穷凶极恶的负义小人，怒不可遏的札木举刀相搏。怎奈他六旬开外，力不从心。阿忽勒飞起一脚，他手中的宝刀"当啷"一声落地。札木正欲俯身拾刀，被阿忽勒一刀戳进前胸。札木疼痛难忍，双手攥住由他亲手奖给对方的这把宝刀，眼泪汪汪地抽搐着、挣扎着骂道："狗奴才，你不得好死！你……"一言未了便倒在了血泊中。

尼额嫩见札木被阿忽勒下了毒手，一边扑过去搀扶老伴，一边喊着惊愕的勇儿赶快逃命。

杀红眼的阿忽勒，又举刀向尼额嫩后背刺去，可怜享了半生富贵的札木夫妇，顿时变成了阿忽勒刀下的冤魂。

张勇吓得魂不附体，顾不得穿衣，赤条条地钻进铺下，像被猎犬撕咬的小刺猬一样缩成一团。

"嘿嘿，小杂种！看你能钻到地缝里？"阿忽勒再次举起沾满鲜血的宝刀，俯身在铺下搜寻。只听"当啷"一声，阿忽勒的宝刀被踢飞老远，插入帐壁。他扭头一看，手中的宝刀原是被身边的一位大汉踢飞，那大汉正挥长剑向他砍来。霎时就要毙命的阿忽勒不知来人是谁，也不敢赤手抵挡，便机灵地就地一滚，避过了剑锋。又来了个鲤鱼打挺，鼠窜出帐，逃命去了。

那位大汉也不追杀，只是麻利地从铺下拉出愣头愣脑、缩成一团的勇儿，给他穿上皮袍，便夹在腋下匆匆出帐，眨眼就消失在朦胧的夜色中了。

张骞一行三人，带着他呕心沥血在羊皮上写成的《出关志》，被他视为珍宝的苜蓿、葡萄、胡瓜等十多种西域植物种子及从草原得到的《摩诃兜勒》曲谱，绕过密集的帐篷，躲开杀红了眼的匈奴骑兵，顶着凛冽的风雪，冒着生命危险在茫茫草原上艰难跋涉。一路昼伏夜行，生怕阿忽勒带人追捕。干粮吃完了，在草丛中搜寻野兔烧烤；水喝完了，凭丰富的地理知识寻找水源。奔啊跑啊，坐骑的四蹄磨去了一指深，鬃毛马尾磨去了一半，日渐消瘦如柴。他们也个个面容焦黄，就连堪与月亮媲美的猎娇也憔悴得像个病妇了。

不消半月，巍巍长城终于扑入眼帘。在城头高高飘扬的汉家圆月旗是那样的美丽、诱人，使他们忘却了归途的劳顿。一想到长安未央宫，张骞高兴得快马再加鞭，恨不得两肋插翅，早日回到阔别十多年的汉武帝身边。

张骞的归来，使戍边的城头将士欢欣若狂。大家为他们设置酒宴、接风洗尘后，又换了衣服，备了车马，一直护送到京都长安。

正在与文武大臣朝议"盐铁铸钱国营""限制豪强割据""大兴水利

灌溉""边塞屯兵御寇"等大事的汉武帝,一听出使西域十三年杳无音讯的张骞使团突然回朝,龙颜大悦,遂暂停朝议,传旨张骞进殿。

张骞飞步登上丹墀,跨进金殿跪在武帝御案前,口呼万岁后双手举起脱光了牦毛的旌节,盈泪负疚地禀告:"微臣西域之行历时十三载,曾经两度被俘。去时百多人,现只剩两人生还,劳而无功,请圣上治罪!"

武帝接过旌节,不胜感慨地说:"爱卿平身。汝等历尽艰险,吃尽苦头。旌节犹在,一片忠心,朕岂能降罪于你?"

在开明的武帝宽容下,张骞先将用羊皮写好的《出关志》恭恭敬敬地呈上,然后慢慢地详尽地道出了他西行十三年来的经历与见闻。满朝文武鸦雀无声,听得如痴如醉,眼界大开。武帝最后展开那卷《出关志》,上面写的全是西域诸国到长安的行程与各国邻界、地形、物产、气候及风土民情,还有匈奴人活动的情况,等等。他让张骞再细细叙述一遍。

张骞说:"……去大月氏途经大宛,大宛在匈奴西南,汉朝正西,距长安万余里,盛产苜蓿,还产葡萄酒、汗血马。筑城郭屋室,其俗土著。北邻康居,西接大月氏,西南临大夏,东北靠乌孙。而大夏坐落妫水之南,百姓善于经商。总而言之,西域诸国或游牧或农耕,民俗各异。然而,他们皆恶战争,期盼天下太平。所到之国皆愿与我大汉友善相交,仰慕我朝之礼仪,喜欢我朝之财物。只是他们相距长安较远,路途多有险阻,与我朝难以互通信使……倘若我朝能与诸国交好往来,匈奴必孤立无援,不击自败矣……"

武帝点头称许:"爱卿所言与朕之策不谋而合。"群臣也向张骞投去钦佩的目光。由于他为圣上"勤远略、安天下"的宏图大展备尝艰辛,立下奇功,又以他宽大信人之品德,宣扬了汉朝的文明礼仪,使武帝的威名传遍西域,武帝特拜张骞为太中大夫,甘父为奉使君。

消息传出,长安大街欢呼雷动。一时这位最先到达西域的张骞,变成一位传奇式的英雄。

228

　　休息数日，千里跋涉的疲劳稍一消失，张骞就急急穿大街、进小巷，在长安西门内侧找到了使团随员黎杰的家。黎杰的父亲经商未归，母亲一听儿子未能回到长安，气得昏了过去。黎杰的妻子更是捶胸号啕，哭哑了嗓子。张骞紧紧搂住黎杰的儿子，不禁也流出了热泪。父母失去儿子，媳妇失去丈夫，孤零零的孩子还没见过自己的父亲……这样的遭遇太不幸了，让他们好好哭一场吧，天下哪个父母不爱自己的儿子？哪个妻子不心疼自己的丈夫？

　　张骞把她婆媳俩安慰了许久，转告了皇上对他们一家的问候，并拿出汉武帝御赐的钱财，让她们好好抚养孩子。

　　看见黎杰的孩子，张骞又想起了勇儿，不知他此刻在干些什么？是随爷爷外出放牧牛羊，还是在帐篷里正喝着阿婆煮好的奶粥？张骞从黎杰家出来，思绪绵绵，他的心飞向茫茫草原……决定立刻就去找卫青兄。

　　"哎呀，张骞弟，咱俩的缘分太深太深，正要上你家去，却在大街上相遇了。"

　　"卫青兄，找我有事？"张骞的思绪被打断了。

　　"当然有事，你猜猜。"

　　"又要出征攻伐匈奴？"

　　卫青摇了摇头。

　　"见你满脸含笑，莫非边塞又传捷报？"

　　卫青把张骞肩头一拍："猜对了一半。不是边塞向我报捷，是我向你报喜。"

　　"我有什么喜啊？"张骞被没头没脑的话惊愕了。

　　"看，你还蒙在鼓里——你儿子回来了。"

　　"勇儿，真的是他回来了？"

　　"真的，孩子是从草原上回来的，正在我家里睡觉休息，下午我给你送上门。"

这确实是天大的喜事！张骞想起回长安时对猎娇说过的话，要拜托卫青兄到草原上接回二老一小。现在正要找卫青办理此事，勇儿已回到身边，但不见二老身影，到底发生了什么变故，更让张骞担忧起来。

由于见子心切，张骞连说了三声"感谢兄长"，便匆匆回家约上妻子，直奔卫青府邸将勇儿抱回家里。

张骞夫妇先为儿子做了许多好吃的，又为他换上一身新衣服。晚上，全家围坐一起问起两位老人，张勇哭哭啼啼地叙述了札木爷爷和尼额嫩婆婆被阿忽勒深夜杀害的悲惨遭遇……母子二人哭了半夜，越哭越伤心，眼睛也哭肿了。闷坐一旁的张骞把拳头捏得嘎巴响，猛然在案子上捶了一拳，从牙缝挤出一句话："混蛋阿忽勒，咱们走着瞧！"

这一夜，全家人都没有合眼。张骞问起勇儿是怎样回到长安的，勇儿说："那一夜爷爷婆婆被害，把我吓得光着身子钻入铺下，忽被一只大手揪出，我只当没命了，谁知他给我穿好衣服，将我抱上马背，搂着我连夜向长安奔逃。我见他是个不相识的人，心里十分害怕，可他一路上舍不得吃、舍不得喝，把省下的干粮和水都给了我……原来他是个天大的好人，几次问他姓名，他只笑不答……到达长安后因一时找不到咱们的家，他就把我交给了卫青伯伯……"

"你卫青伯伯可曾问及他的姓名？"

张勇回答："问是问哩，那个人也没告诉他，只是微微一笑，便行了个礼告别了。唉，连口水也没喝，真是个怪人啦！"

"好一个侠肝义胆的壮士！"张骞在心里默默赞叹："你冒着生死救我勇儿，又千里迢迢送到我的身边。可为什么不留姓名呢？叫我张骞到哪里报答你的大恩呢！"

第二十七章

随军出征封侯

张骞回到长安不久，匈奴内战见了分晓。左谷蠡王伊稚斜攻夺王庭获胜，登上了单于宝座。年幼少智的于单太子走投无路，只好随中行说南逃。途中，年老体弱、久病缠身的中行说建议于单太子道："你叔父伊稚斜狼心狗肺，夺去你的王位，我们大势已去，早晚性命难保，只有投降汉朝这一条路了。"心中无策的太子听罢一惊，他怎么说出这种没有骨气的话？我是太子，岂能背叛父王遗嘱！万万不可走这条路。可过了片刻，扭头望了望身后七零八落、寥寥无几的残兵败将，也觉威风不再，山穷水尽，犹如爬上万丈悬崖，危在旦夕了。他摇了摇头，欲言却止。

中行说见太子不言不语，明白他不识时务，拿不定主意。中行说见自己的靠山已倒，在新单于手下也无出路，一气之下竟然栽下马背一命呜呼了。太子在中行说身边哭诉道："悔当初未听你的话，如今只能落个投汉的下场，你安息吧！"

此时，一只南飞的大雁从于单太子头顶掠过，不时发出嘎咕的鸣叫，那声音甚是凄凉、悲切，触动了太子的一腔愁怀……父王驾崩，叔父夺权，兵将惨死，独留自己漂泊在外，变成了一只孤雁。再看身后的兵马，一个个垂头丧气，嘟嘟囔囔，甚至有的伤员把弓箭也扔掉了……他思前想后，终于将心一横，带上残部灰溜溜地向长安方向奔去。

汉武帝对于单太子的投诚，先是怀疑，继而大悦。不但重赏于他，还在上林苑新建府宅，让他大享其乐，可他没活几年就死了。

转眼到了夏天，上林御园中的西域果蔬疯长，一片葱绿。张骞天天去园中指导农作，他对园工讲："苜蓿嫩芽可做菜，还有前年栽下的胡桃树（中原人称核桃树），今年秋天结果，去壳后桃仁油气芳润，是补脑上品。那边的土壤肥沃，你们看，胡麻长势太好了，它是西域人的喜爱之物，油性极大，做饼最好吃，现在长安城已出现专卖胡饼的小作坊。"

"张爱卿将西域佳种引入中原，功莫大焉。"

张骞一转头，不知武帝何时微服入园观看，慌忙施礼接驾。武帝扶起张骞，让他陪自己随便转转。走过两片苗木地，武帝问道："爱卿回朝三年了吧？"

张骞回答："快三年了。胡桃树今年秋天就结果了，此树是三年才回报主人啊！"

"爱卿熟知西域果木的生长规律，自然也熟知西域人的喜怒哀乐。依卿之见，大汉应如何对待西域国家呢？"

武帝突然提出这个问题，张骞有点措手不及，但稍加回忆，便成竹在胸地说："微臣在西域走访中，见诸国百姓厌战情绪日益增长，然而贪婪的匈奴贵族仍在不时地觊觎各个国家，随时都有引发血腥战争的可能。依微臣之见，不妨威恩同步。对匈奴上层威之，对下层百姓恩之。也就是出奇兵直插匈奴心腹，与其主力决战，灭其精锐；对大宛、康居、大月氏及乌孙等国，尽力招抚，互通来使，借以钳制匈奴，大汉定能布威德于天下。"

"爱卿言之有理。"武帝喜形于色。

"陛下，微臣有一事相求。"张骞把回朝后的一桩心事吐露出来。

"爱卿直言无妨。"武帝尊重张骞，二人坐在核桃树下的大青石板旁边叙话。

张骞说："陛下如果再发兵征讨匈奴，臣愿随军出征。臣虽非将才，但出使西域被匈奴滞留草原十年之久，熟悉了那里的地理环境和水草分布状况，也略懂匈奴语言，可充当军队向导，以效微薄之力，臣打算已久。"

武帝对张骞时刻忠诚汉朝，并想为汉朝效力的精神感动，立即称许："爱卿从西域归来尚未歇息片刻，就来上林御园栽种蔬菜果木。眼前一片葱绿，不久就可丰收，可谓功在千秋。近日边塞不宁，我朝正在平息匈奴扰边之乱，爱卿想奔沙场助力，雄心壮志大可随军施展。"

张骞本是一名文职官员，外交才能谁也赶不上。在出使和返回的两次战斗中经受和匈奴骑兵面对面较量、厮杀的磨炼，早变成一员杀敌的勇将。不久前，好友卫青两次出征立下赫赫战功，激发了他的参战热情，鼓舞了他的杀敌斗志。

早在元光六年（前129），卫青担任车骑将军，从上谷出发；太仆公孙贺担任轻车将军，从云中出发；太中大夫公孙敖担任骑将军，从代郡出发；卫尉李广担任骁骑将军，从雁门出发。四位将军每人带领一万骑兵。不料想，公孙敖刚走出代郡就被匈奴击溃，折兵七千；李广走出雁门，也被匈奴打败，本人还被俘虏，侥幸寻机脱逃；公孙贺未找到敌军踪迹，兵将无损亦无功劳；只有卫青一人大获全胜，率军抵达龙城，歼敌七百多人。至元朔年间，卫青再从雁门出发，率领三万骑兵攻杀匈奴，灭敌几千人。次年匈奴入侵边境，杀死辽西太守，掳掠渔阳两千多百姓，打败了材官将军韩安国的军队。武帝命令将军李息率兵从代郡出发，卫青率兵从云中出发，让他们共击匈奴。卫青人马西行，迅速攻占了河南以西地区，又赶至陇西捕获敌骑两千余，缴获牲畜十万多头，赶走了匈奴的白羊王和楼烦王。朝廷立即把河南地区设为朔方郡，用三千八百户作为食邑，封卫青为长平侯。卫青的校尉苏建战功卓著，朝廷也用一千一百户作为食邑，封苏建为平陵侯，并派他负责修筑朔方城。

武帝兴奋地说：“匈奴贵族贪得无厌，屡次制造边害，所以朝廷才兴师遣将，讨伐他们的罪恶。《诗经》上不是说嘛，‘薄伐猃狁，至于太原’‘出车彭彭，城彼朔方’。如今车骑将军卫青渡过西河，直达高阙，斩杀敌军两千三百人，缴获他们的全部战车、辎重和牲畜，已封为列侯。朝廷终于西定河南地区，越过梓岭，在北河架设桥梁，讨伐蒲泥王，攻破符离王，歼灭大量敌人，捕获敌人潜伏的暗探三千零七十一人，先后赶回敌人百多万头牲畜，全军凯旋，今再增封卫青三千户，升为大将军。”

“飞将军”李广也是张骞崇拜的英雄。先祖李信是秦国名将，曾率秦军追逐燕太子丹直到辽东。他少年从军，抗击匈奴，作战英勇，杀敌颇众，使文帝大为赞赏。景帝即位后，升为骑郎将。吴王、楚王叛乱时，李广以骁骑都尉跟随太尉周亚夫出征平叛，在昌邑城下夺得叛军军旗，立下护国战功。后调往上谷、上郡、陇西、雁门、代郡及云中等西北边陲做太守，既是行政官员，又是抗击匈奴的主将。相传有一天黄昏，李将军带人巡边，在草丛中隐约发现一只猛虎，李将军张弓搭箭，用足全身力气，“嗖”的一声射中目标，将士们跑过去缚虎时却惊愣了，原来草丛中没有老虎，却是一块虎形巨石，那支箭竟然射进了石头。消息传到草原上，匈奴兵不敢再来骚扰右北平一带的边民了。

元朔六年（前123）三月的一天，武帝又命卫青率十万大军，让张骞以校尉身份做军中向导。出塞前卫青大将军把自己的外甥霍去病也带在身边。外甥在皇宫当侍中，善于骑马、射箭，时年刚满十八岁。

这一次汉军出动兵马最多，正是想消灭匈奴的主力，打击敌人不可一世的嚣张气焰，宣扬汉军的武威。

草原之夜，万籁俱寂。尚带几丝寒冷的月光朦朦胧胧，单调的刁斗声时近时远。偶尔传来几声战马的嘶鸣，在阵阵夜风中荡旋、飘逸。约五更时分，鼓点般的铁蹄声骤然响起，震得沉睡着的草原从梦中惊醒。接着便是凄厉的号角声响彻大地，仿佛勾魂的恶鬼呜咽啼哭。和衣而卧的汉军立即持刀箭上马，同卷土重来的匈奴骑兵进行一场兵戈相杀。

此时，年少英俊、斗志昂扬的校尉霍去病对大将军说："匈奴兵来势凶猛，让我率部下冲亘休屠王的中军吧！"卫青望着一身是胆的外甥，将长剑在空中一挥："那就领上一千人马冲乱敌人阵脚，使其首尾难顾！"

霍去病拨转马头，长啸一声，举刀带上一千精骑，闪电般向匈奴中军扑去。匈奴兵见这支强大的劲骑如一支利箭锐不可当，疑为天兵天将下界，顿时阵脚大乱。转瞬间，铺天盖地的匈奴骑兵被砍得东倒西卧，溃不成军。

血气方刚的霍去病按张骞指定的路线，又疾驰二百余里，潜入敌营之后来了个突然袭击，六显神威。当增援的卫青大军赶来，休屠王已向长城以西的盐泽一带逃去。汉军天色大亮之前已歼敌二千余人，杀死单于的叔祖父和许多匈奴贵族，还活捉了单于的叔父。在斩杀的二千零二十八人中，有相国及大当户等。霍去病因军功巨大，被封为"冠军侯"。

此次出征，充分发挥了大将军卫青的指挥和张骞的向导作用。出人意料地涌现出骠骑将军霍去病这样的汉军将星，武帝特别高兴。汉军损兵十分之三，却捕获俘虏和杀敌七万多人。武帝特封张骞为博望侯，食邑南阳郡方城县二千户。加封冠军侯霍去病食邑东郡五千八百户。卫青损失了两位将军的军队，赵信投靠了匈奴，未得到加封，但武帝另外赏赐千金以示关怀。卫青部下的宁乘说："大将军已经食邑万户之上，三个儿子早就当了侯爷，荣誉、俸禄在众臣中少见，这是圣上偏爱有加。如今王夫人正受皇帝宠幸，她的宗族亲戚还没有富贵，望大将军献出封赏金为王夫人双亲祝寿！"

卫青马上拿出五百金，武帝深感卫大将军为人厚道、仁义，平日待部下如兄似弟，同甘共苦，士卒敬佩。尤其对善解人意的宁乘所表现出的体贴长辈亲情的思想十分欣赏，便任命宁乘为东海都尉。

第二天，卫青在自己的将军府邸盛宴款待弟兄们，霍去病对张骞连连感谢："张大人，我能立此战功，一赖兵强马壮，二靠张大人指点迷津。若是找不到水草无法驻军休整，必挫伤战士锐气，何以凯旋？军功有大人一半。"

卫青称赞道："圣上封侯，名称各异，唯'博望侯'三字听起来最好，包含着'知识广博、深孚众望'的意义。圣上不止一次地说过，张骞出使西域把大汉的富强与文明远播西方诸国。此次随我出征，博望侯又充分发挥了军事向导的高参作用。敬佩！敬佩！"

李广拍拍霍去病肩膀说："年轻骁勇，武艺高强，令老臣一瞻风采，张骞之侯亦由你而封。陛下封你冠军侯，是名副其实的百军之冠。哪像我久战无功，到底是老臣不治国了……"

卫青心里明白，李广出于将门之后，对匈奴作战几十年，人生在战火中老去，匈奴人称他"飞将军"，曾立战功无数，但命运不济，始终封不了侯，怕他又要感慨一番，连忙岔开话头说："各位弟兄们，为博望侯、冠军侯的丰功伟绩，共同举杯！"

元狩二年（前121）春，已成为骠骑将军的霍去病，再一次大显身手。

率领一万精骑在焉支山一带大败匈奴，得到了匈奴的祭天金人，俘获了匈奴阏氏，但没有严密看管，在一个月白风清的夜晚，阏氏悄悄溜出，揽起长裙跳进附近的百花池自尽了。

　　焉支山是祁连山的一条支脉，又称胭脂山。早在秦汉初期，这里就是水草茂盛的天然牧场，羌族、月氏及匈奴等游牧民族曾先后在这里繁衍生息。此处是胭脂原料和红蓝花的重要产地。据传，匈奴贵族的妻妾多从河西一带的美女中挑选，匈奴语称贵族之妻叫"阏氏"。单于的王妃经常到胭脂山的神涝池掬一捧水洗洗脸，再采几束金露梅和银露梅送给夫君。有一首流传至今的匈奴民歌唱道：

失我祁连山，使我六畜不蕃息。

失我焉支山，使我妇女无颜色。

失我焉支山，令我妇女无颜色。

失我祁连山，使我六畜不蕃息。

亡我祁连山，使我六畜不蕃息。

失我焉支山，使我嫁妇无颜色。

　　这是匈奴流传下来的唯一一首民歌。霍去病就是在匈奴人的这首民歌声中击败浑邪王军队，使其四处逃亡，另觅家园的。霍将军观察到匈奴将士逃跑时，即使身负重伤，也要远眺碧绿欲滴、云蒸霞蔚的焉支山，而且还痛哭流涕。看来匈奴人非常热爱焉支山，舍不得离开焉支山，女性尤其如此。

　　霍去病驻马片刻，心中闪出"穷寇当追"的念头，又挥刀仗剑，势不可当。他追敌兵、斩敌将、刈敌旗，冲锋陷阵，果敢剽悍。只听战马嘶鸣声与士卒冲杀声响成一片，充塞于天地青山之间。

经过一场生与死的对决，汉军一万精骑只剩三千。然而战绩辉煌耀眼：匈奴折兰王、卢侯王死于战场；浑邪王子及相国、都尉当了俘虏；共斩敌八千九百六十人。年方弱冠的霍将军头一次独自领兵作战就表现如此惊人，在以后的戎马生涯中更是从未有过败绩。每一次的胜利都充满了睥睨群雄、傲视天下的锐气，简直成了一尊无往不胜的战神，被誉为"一将定乾坤"的汉家将星，两千年后依然璀璨夺目。

张骞跟随卫青出征，熟悉匈奴地理，为大军引路；熟悉有水草的地方，军队避免了饥渴困扰，也是处处告捷，逼使匈奴主力军退回漠北，一度不敢轻易到长城一带耀武扬威。

反击战持续了两月。伊稚斜单于因浑邪王一直居守在西方，多次被汉军打败，损失了几万人马，非常恼怒，想召浑邪王回来杀掉。浑邪王闻知后决定投降汉朝。武帝怕他诈降，就令骠骑将军霍去病领兵迎接，如有意外就当场歼灭。霍将军渡过黄河，和浑邪王部众相互遥望，以观动静。

浑邪王副将们看到汉军，动摇不定，有的开始逃跑了。骠骑将军立即率军奔驰上前，斩杀了逃跑者八千人，然后让浑邪王乘专车至武帝巡行的地方，交过匈奴旗正式投降。武帝将投降的匈奴军士安置到边境五郡，虽系关塞以外，但在河南地区，作为汉朝臣属。

第二十八章

免斩刑削职为民

司马相如是巴蜀才子，四川成都人，字长卿。少年读书好学，天资敏悟，常以贤能之辈为榜样，鞭策自己奋发有为。赵国的蔺相如是他崇拜的偶像人物，司马相如便将父母为他取的"犬子"改名"相如"。

司马相如早年家境宽裕，凭资财出任郎官。侍奉景帝时担任武骑常侍。有一天，梁孝王来京觐见景帝，随从者有几位游说人员，如齐郡人邹阳、淮阴人枚乘、吴县人庄忌等。特别是枚乘善于辞赋，司马相如会面后如逢知己，三言两语的交谈之后就觉志同道合。他本来不喜欢武骑常侍这样的官，竟以生病为由辞了官，随朋友到梁国居住。梁孝王让他们住在一起谈论学习和辞赋写作，《子虚赋》就是司马相如在梁国完成的处女作。

不料好景不长，梁孝王去世，司马相如失去依靠，不得不返回老家。此时，家里已变贫困，又无什么官职，他情绪一落千丈。幸好昔日结交下一个朋友，名叫王吉，在临邛县当县令，就无可奈何地前去拜访。故交见面倍感亲切，王吉对他恭敬如初，让他暂住在城内都亭里，每日登门看望，临邛县城都知道司马相如是王县令的贵客。

临邛县的豪富人家很多，比如卓王孙和程郑都是出了名的上层贵族。卓家的奴仆在八百人以上，程家也不少于五百。两家富户早想攀附县令，商量说："县令的贵客住在城里，应该宴请司马相如，同时邀请王吉出席，他定会赏脸的。"

家宴设在卓王孙家里。正午时分，百客临门。县令让主人去请司马相如赴宴，相如推病谢绝。王吉怕失面子，便亲自邀约，相如勉强从命。

相如一旦光临，酒宴立即增色，光彩照人，宾朋频频敬酒。酒过三巡，王县令双手奉琴说："长卿老弟善辞赋，工琴艺，今日请他为各位嘉宾弹奏一曲以助酒兴！"

相如已有几分醉意，没有推诿。当众抚琴，铿锵而鸣，像高山流水，似柳浪闻莺，若夏花火红，如秋叶静美……座宾哑然侧首，个个洗耳恭听。

卓王孙有个女儿叫文君，新婚不久失偶守寡，春心时时萌动，最爱听琴消愁。相如偶见屏后人影，料似文君无疑。便假装敬重县令，一曲连一曲，用琴音进行挑逗。他送去《凤求凰》一曲，文君听出了弦外之音。她对相如的风流倜傥早有所闻，今日从屏后窥视，的确相貌堂堂，雍容大方，尤其琴音拨动了芳心，感到知己就在屏外。分明是一曲"求偶暗示"，有期盼、有所指。这样一想，文君竟然一见钟情，爱意缠绵。稍思又觉自卑，配不上这个才子，心中顿生可望而不可即的淡淡哀愁。

宴会结束后，司马相如差人向卓文君送去厚重的礼品，转达了自己爱慕对方的深情。文君大喜，竟不顾男女避嫌，连夜逃出家门同相如私奔。

二人逃回成都老家，文君才发现相如家清贫如洗，除四面墙壁，别无他物，今后如何生活度日，心里一片茫然。

卓王孙失去女儿非常生气，大骂道："真是个可恶的东西，把老子的人丢尽了。有本事你别进我家的门！"

二人在成都过了一段时日，窘困的生活熬不下去，文君天天抱怨相如说："还是同我回临邛去想办法，那里熟人多，即使借债也能混下去的。"相如身为七尺男子汉，竟无本事养活妻子，惭愧极了，无话可说，就跟她去了临邛。在县令王吉的帮助下，筹备了点资财，租来一间酒店卖酒，由文君迎送饮者，相如跑堂当伙计，洗涤酒器干杂务。卓王孙听说女儿当垆卖酒，感到耻辱，不愿出门。左邻右舍的长者关心劝说："你有一个儿子，两个女儿，他们都有出息。论家势你是富翁，不缺人更不缺财，如今文君成了相如妻子，木已成舟，就要善待女儿和姑爷。相如虽家境贫寒，但才华横溢，连县令王大人也不断称赞，你却偏偏看不上人家。人不可貌相，海水不可斗量，说不定日后相如会有大的发展，眼光还是看远点吧！"

卓王孙觉得邻人的话有道理，就送给女儿家奴一百人，钱一百万，还有衣服、被褥及生活用品。文君和相如有了这些财物，放弃了卖酒，二人重返成都，购置了田地、房屋，变成了富贵之家。衣食无忧，相如更加潜心辞赋写作，在辞赋界声名鹊起。

皇宫里有个小官叫杨得意，蜀郡人，专为皇上养狗。有一天，武帝看到《子虚赋》非常喜欢，以为是古人之作，叹息自己没有福气与作者生活在同一时代。杨得意说："这篇赋不是古人写的，作者是我的同乡司马相如啊！"武帝感到吃惊，马上诏令此人进宫。司马相如受宠若惊地说："感谢陛下青睐《子虚赋》，说实话没有写好，只写了诸侯打猎的事，算不了什么，请允许我再写一篇刚构思好的《上林赋》吧！内容与《子虚赋》相接，文学辞藻更加华美壮丽。"

皇帝大喜，立即唤尚书送来毛笔和竹简。

相如果然才思敏捷，笔下生花。不消三个时辰，一篇《上林赋》成功脱手。赋中虚构了"子虚""乌有"和"亡是公"三个人物，以问答形式放手铺写，以维护国家统一、反对帝王奢侈生活为主旨，歌颂了统一大帝国无可比拟的声威，对最高统治者有所讽谏，也开创了汉代大赋的一个基本主题。

《上林赋》极力夸饰皇家上林苑的山形水势、鸟兽虫鱼、花草果木、宫馆楼阁的富丽堂皇，又着意铺叙天子在其间射猎宴饮的壮举，最后写天子觉悟到这种奢侈生活扰民，于是下诏开放苑囿让民采伐，退出耕地让民种植，发仓廪赈济贫穷，省刑罚施行仁政，"与天下为更始"，表示要一切从头做起。末了又提倡节俭，以示"曲终奏雅""劝百而讽一"。尽管颂扬大于批判，但作品取材广博，辞藻艳丽，宏大典雅，雍容华贵，反映了西汉盛世的雄风气势，堪称宫廷文学代表。司马相如便成为汉赋第一大家，被武帝封为郎官。可惜好景不长，有人告发他接受贿赂，武帝没有追查，将他改授为文帝的陵园令，这是个闲职，在这期间司马相如又写成一篇《大人赋》献给武帝。此后不久，他却因患病免职，常住茂陵附近。

被封为博望侯的张骞，也很喜欢相如的《上林赋》，知悉作者由临邛发迹，他忽然想起在大夏见到的邛竹杖、蜀布及枸杞酱，不禁心中大喜，便连夜写成开辟西域新道的奏章，进宫呈交武帝。武帝阅罢召集群臣商议，认为可以前往探寻。假若成功，就可避开河西走廊和羌人居住地，免遭匈奴阻截而顺利到达大宛、康居、月氏及安息等西域国家。

元狩元年（前122）暮春，张骞和王然于带领二百余人先到犍为郡，以此为中心分四路人马，从不同地域探寻去身毒的道路，再从身毒直通西域，岂料派出去的人都先后被挡回来了。挡住去路的是住在今四川省南部和贵州、云南一带的少数民族，其中川南和贵州数夜郎国最强大；云南一带，数滇国最强大；在川西南和云南北部的，数邛都最强大。这些少数民族的风俗习惯，大都是束发为髻，穿左边开大襟的衣服。男的耕田、砍柴、饲养牦牛、笮马，女的在家用木棉纺纱织布。由于当地气候温润，土地肥沃，物产丰富，生活比较富裕。但他们的社会发展程度比起汉朝却落后得多，有的尚处在奴隶社会阶段，有的甚至还处在氏族公社阶段。

夜郎是一个还处在氏族公社末期的少数民族部落。他们的部落长姓竹，名叫多同。相传，多同是他母亲从竹筒里剖出来的。有一天，一个女子（即多同母亲）在牂牁江洗衣，突然有一根三节长的大竹筒漂至身边。仔细听，竹筒里好像有婴儿啼哭的声音，她就赶快捞起竹筒剖开一看，里边有个白白胖胖的小男孩。她立即把孩子抱回家抚养，长大后成了一个能文能武的英雄，这个小男孩就是多同。因为是从竹筒里被发现的，所以姓竹。后来多同成为夜郎人的领袖，自称"夜郎侯"。他把夜郎地区治理得井井有条，人们都能安居乐业。大家感谢他，尊称他为"竹王"。

在张骞初使西域第三年时，住在岭南一带的少数民族发生骚乱，武帝派唐蒙去劝告安抚他们。唐蒙看见家家都吃美味的枸杞酱，问他们酱是从哪里来的，都说从牂牁江那边买的。唐蒙问蜀地的商人，始知枸杞酱系成都特产，牂牁江就在夜郎管辖区，十有八九是经这条水路运到岭南的。当唐蒙了解到夜郎国拥有精兵十万，心想如果说服夜郎侯归顺汉朝，在夜郎派官治理，就可利用牂牁江水道控制岭南一带。

武帝认为唐蒙的主意甚好，就拜唐蒙为中郎将，率领一千多人马，带上许多金银、绸缎去联络夜郎。他拜见了多同，送上了珍贵礼品，转达了汉朝皇帝的问候，希望在夜郎设置郡县，请多同的儿子担任郡守。

由于常年住在山坳中，交通闭塞，无法了解外面广大的世界，夜郎人便以为普天之下就数夜郎这片土地最大了，根本不知道山外有山、天外有天。在双方交谈中，多同竟然问唐蒙："你们是汉朝派来的使者，是汉朝大呢，还是我们夜郎大？"使者觉得很可笑，就说："汉朝是一个文明大国，土地广大，人口众多，物产丰富，文化发达。请你们早日归顺汉朝，定能得到许多好处。"多同听罢，方知汉朝比夜郎大得多，富得多，才答应了汉朝的要求。

这个故事便是成语"夜郎自大"的来历。

可是，从汉朝首都长安去夜郎，路途遥远，山中多瘴疠之气，派去驻防的士兵，常因水土不服而生疮害病，易患疟疾，死亡很多。日子一久，汉朝和夜郎等少数民族的联系又告中断。加上汉朝忙于对付匈奴，顾不上对西南的管理，他们便把张骞派去的使者挡回来了。

四路人马中仅有一路人马一直朝南走，越过崇山峻岭，来到一个地势平坦、人烟稠密的地区。这里有一个大湖泊（即滇池），湖泊周围全是宜耕之地，五谷一片，物产丰富。这也是一个大国，景色各异，四季如春。汉使们一打听，国王的名字叫当羌，是楚将庄蹻的后代。便大胆进殿求见，请求派向导，领至身毒一带。

当羌和汉使交谈，得知是自己故乡的客人专程来拜访，非常高兴。不但设宴招待，还亲自安排大臣领路。谁知因服装不同，语言不通，进入深山老林中的少数民族地区时，当地人不准他们通过。汉使无法解释，只得绕道而行，但仍然遭到阻截，有些当地人手持刀戟、弓箭，还想杀害他们，众人只好半途折回。

折腾半年之久，张骞派遣的探寻去身毒的人马全部回到长安。虽未探明经身毒去大夏的西域新道，可他们已经深入到当年庄蹻建立的滇国，并从滇人口中得知，身毒那个地方，地势低洼潮湿，气候异常炎热。那里的人四季都打赤脚，只在腰间围一块布代替衣裳。每遇战争，将士们骑象作战，被称为"象将军"及"象士兵"，和大夏人说的基本上相同。使臣们还了解到，蜀地商人经常驱骡赶脚驮运小量货物走山涧谷道前去身毒贸易。可见蜀地经西南去身毒，再至西域的民间小道肯定存在，只是没有官辟大道而已。

福无双至，祸不单行。张骞出使西南夷探寻西域新道受了挫折，第二年随飞将军李广组成东路军出右北平（在今河北省东北部）围剿匈奴又遭到重大伤亡。此次出击匈奴，李广带四千骑先行数百里，张骞带万骑随后。二人按不同路线进军，在约定的时间、地点会师，共同围歼左贤王的兵马。偏偏在进军途中张骞碰上阿忽勒所率的骑伍，仇人相见，分外眼红。张骞大喝一声："好个毛贼！今日看你往哪里逃？"话声未落便飞马挥剑冲向阿忽勒。

阿忽勒平时威风八面，不可一世。此刻见张骞队伍黑压压一片，铺天盖地，却像缩头乌龟，见状不妙，正欲拨转马头而逃，万骑涌动的张骞队伍，像势不可当的滚滚洪流，顷刻间就把阿忽勒的骑伍淹没其中。双方刀戈鸣响，迸溅出点点星火。张骞同阿忽勒纵马厮杀三个回合，只听"啊呀"一声惨叫，阿忽勒就被张骞一剑刺下马去。

张骞手刃了新千长阿忽勒，为札木夫妇报了血海深仇，但延误了军机，迟到一日，致使李广四千骑陷入匈奴左贤王四万骑的重围中。李将军率部下血战一个昼夜，因无援军损伤惨重。迟到的张骞虽率军奋力拼杀，救出了李广，却未能击败左贤王主力，只好撤兵回朝。

武帝将二人召进未央宫问明战况，李广功过相抵，唯张骞按律当斩。

武帝微怒道："你知罪吗？"

"臣知罪。"

"你知何罪？"

"臣所率兵马未能及时救援李将军，使他兵马损失惨重。"

"该如何处置？"

"按朝廷军法，率军迟到、贻误战机者斩，臣自知死罪一条。"张骞说到最后，神情颇为悲伤，泪珠在眼眶里打转。

卫大将军决意挽救张骞，昨夜在灯下写好奏章，趁武帝正在审讯张骞，火速进殿双手呈于武帝："启禀陛下，博望侯出使西域历尽艰辛，十三载行程万里，访问诸国宽仁厚德，礼仪当先，将陛下治国安邦的宏图伟略远播西域，万民欣喜感佩，为大汉建树奇功。这样的忠臣良将，乃陛下之股肱，岂能因一时的过失而留下千古遗恨？望能从轻发落，免其一死。"

李广也禀道："张骞宽大信人，在西域享有盛名。若是斩首，必令朝野上下、西域诸国错生质疑。陛下本是明君，怎能不分贤愚而做出错杀忠良之事？汉之国威何存？汉之文明何在？今臣无用，若可替罪，我愿代张骞服刑。"

第二天武帝又召集文臣武将，商议对张骞的处置问题，群臣几乎是齐声呐喊，众口一词，皆为张骞求情。

"博望侯立下奇功！""求陛下开恩！""望刀下留情！"

武帝左右为难，思前想后，确难对他下手。像张骞其人朝中凤毛麟角，何况自己的勤远宏略还要靠这样的志士仁人、忠臣良将去推行、去实施。此人万万杀不得！然而朝廷立有律令，不诛杀何以服众？实在是太难定夺了。

张骞见圣上进退两难，又进行一番陈述："罪臣张骞请求陛下，大汉今日物阜民康，威播四海，既仰仗陛下雄才大略、励精图治，也有赖律令严明、法纪森然。陛下万不可因一张骞而乱了法度，毁了朝纲。众大臣为我开脱说情，张骞感激不尽。但严明军纪，让后人以张骞为诫，罪臣唯求一死，死而无怨。"

武帝听罢张骞的肺腑之言，悲戚和同情油然而生，越发感到张骞舍己为国、心胸博大，也就越发不忍杀他。

金殿之上一片沉寂，文臣武将在叹气、在唏嘘。此刻，卫大将军突然提醒陛下："本朝先祖曾有以官爵、钱谷赎罪之律条，何不用于张骞？"

武帝一听，如梦初醒。回忆起太皇文帝朝中就有臣民犯罪可用官爵或粮钱赎罪的规定，保护了难以计数的人才和精壮的劳动力，推动了生产发展，繁荣了社会经济，建成了强盛的大汉帝国。他抬起头来环视各位大臣一眼，脸上露出了浅浅的微笑，立即高声宣布："那就按我朝先祖旧律办事，朕准许张骞以钱粮赎罪，斩刑免去，官爵罢掉，削职为民。"

第二十九章

驿道旁的酒家

张骞被削职后，府邸院子里空空荡荡，没有了仆役，宾朋也少了许多。几间屋子里也不见了原来的精致家具。往日说说笑笑的欢乐气氛全没有了，只剩下院墙边的葡萄藤、石榴树的叶子满地飘零，一片萧条破败景象。

连日来，猎娇愁肠百结，忧心如焚。丈夫丢官事小，交不上赎金事大。已经变卖了所有家产，还差整整一千，张骞急得搓手顿足，束手无策。只剩下三天时间了，上哪儿弄足罚金呢？

到底是天无绝人之路。夜幕降临时分，同张骞出生入死的甘父进了门。他安慰道："张骞大哥，听说你身遭不幸，我也替你难过。跟你十五六年，大哥意志非凡，刚强过人。多少坎坷艰难都挺过去了，这一次也得挺住。我凑了一点钱，望大哥收下，是我的一点心意！"

张骞忙说："你我弟兄，肝胆相照，患难与共的深情厚谊我领了，这钱万万不能……"

"一定要收下，不然就见外了。"甘父顺手放在几案上跨门而去。

张骞追到门外，夜色中和卫青撞了个满怀。二人刚进门，小张勇迎上去拉住胳膊，伯父长、伯父短地叫个不停。他把卫青拉到堂前坐下，连忙倒了一杯茶双手递过去，显得非常亲热。

卫青还没开口，张骞就说："卫青兄，别为我担心，我张骞遇的挫折、打击太多，永远不会被打垮的，只是日后不能和你常见面了，这是最大的遗憾。"

"此话从何说起？"卫青问道。

"还记得吧？十六年前离开长安那天，我托你为老家捎回一封家书，告知家母我还活着，但圣命在身，出使西域，不得回家行孝。如今倒好，成了平头百姓，再无政务、军事缠身，正好回城固老家一边务农，一边侍奉母亲。"

"原来是这个打算，何日启程？"

"不瞒你说，赎罪之金还未凑够，恐怕还得两三天。"正说着妻子回来了，她是外出借债的，和卫青大哥打招呼有点强颜欢笑，十有八九空手而归。

卫青带点安慰的口气说："弟妹大可放宽心，没有过不去的坎。不足部分我已送来，要是不够还可想想办法。"

张骞连连摇头："使不得，使不得。你在圣上面前极力周旋，救我活命，绝不能再拿你的钱财。"

卫青有点嗔怪："不拿也得拿。难道你没救过我的命吗？"

张骞以手势制止："别提那事了，非我一人之功，是你命大。"

卫青摇头摆手，扬长而去。

元狩二年（前121）初春，张骞一家回到阔别多年的城固老家。

位于汉江之北的白崖村，依然美丽富饶，山清水秀。向南远眺，江水碧绿，岸上桑林青翠；朝北看去，阡陌纵横，小桥流水。时逢早春二月，尚有一点寒意，但勤劳的故乡人已经下田春耕。有的犁田、施肥，有的打畦开沟，点瓜种豆，一派繁忙景象。

到了村口，张骞手牵马缰不挪步了，他想起一件往事。那一年也是个春天，曾托卫青给家里捎书，是听去长安跑生意的黑旦老乡告知，家里失火烧房，母亲和张俭在外流浪，劝他们速去舅妈家暂且栖身……转眼十多年过去了，不知老母亲和俭弟是不是还在城南度日？如果不在那里，他们又到了何处？不禁又担心起来。

猎娇和勇儿跟在张骞后边，只顾东张西望，左顾右盼，望不尽的青山绵延，碧水长流。看不完的麦苗翠绿，还有那些男人挥锄，女子种豆……一切都未见过，一切都很新奇，和茫茫草原完全是两个世界。丈夫的老家太美了，早该回来住在这里，过一过这如诗如画的田园生活。

她见丈夫站在那里一动不动，让勇儿上前询问。勇儿跑过去拉住张骞的手："阿爸，是不是把路走错了，这个小村庄是咱们的老家吗？"

张骞回过神来说："没错，没错，咱们的老家就在这个村子里。"他让妻子下马，三个人慢悠悠地走进村巷。

在田间干活的人，老远打量着猎娇母子，他们的衣着打扮有些特别，和白崖人大不相同，不知来自哪里，纷纷交头接耳，直到他们的身影在田野上消失。

自小喝汉江水长大的张骞，领上自己的亲人在几株高大的老榆树、红椿树和皂角树下走来走去，始终不敢进入家门，因为眼前的三合头小院不是张骞记忆中的小院了。那是老祖宗留下来的房舍，近百年了，屋瓦、门窗非常陈旧，东西厢房特别破烂……可眼前却是新宅一院，连垣墙、大门也是新修的。这是怎么回事？是不是白日做梦？张骞把崭新的大门摸了又摸，真的，全是真的！

听见有人说话，张俭和妻子莲英迎到门口："啊，是大哥回来了！"两弟兄相拥相抱，热泪盈眶。片刻后，张骞向猎娇介绍："他就是好兄弟张俭，把你叫嫂子。勇儿远来，快叫二爸！"

"二爸！"叫得非常亲热。张俭拉住勇儿的手说："她就是你二妈。"勇儿又喊了声："二妈！"

莲英答应得也很亲热。这时小女儿玉玉跑来了，莲英就让她叫大爸、大妈。

进了院子，张骞和张俭卸下马背上的东西，顺手将两匹马牵进西厢房的马厩里拴好。

莲英去厨房做饭，勇儿和玉玉在院子里玩耍，张骞、张俭和猎娇三人进堂屋看望母亲大人。

见了母亲，二话没说，张骞双膝跪地向娘谢罪，泣不成声地说："不孝儿子回来了，请母亲大人教训儿子吧！"

"骞儿赶快起来，这些年娘想死你了，有什么教训的？俭儿，快把你哥拉起来吧！"

张骞站起来抹了一把泪，让猎娇亲亲热热地叫了一声"阿娘"，接着说："娘，她就是你的好儿媳，叫猎娇。你孙子叫勇儿，在院子里和玉玉玩耍。"话没落点，勇儿跑来了，张骞让他喊了声"阿婆"，母亲立刻把勇儿搂在怀里，心里好甜、好甜，脸上浮出了两朵千层菊。一家人终于团圆了，满屋洋溢着从未有过的温馨气氛。

晚饭后月出东山，院子里树影婆娑。照娘的吩咐，按"哥东弟西"的传统风俗，莲英早把上房东侧的屋子里里外外打扫干净，把床榻收拾得十分整洁，让从长安归来的哥嫂和小侄子早早歇息。

张骞说："莲英，你同玉玉和娘先睡，我和俭弟还要叙叙话。"

莲英是个贤淑孝顺的媳妇，自从和张俭结了婚，她一直和娘同住一屋，为的是照顾婆母方便，婆媳关系处得和谐、亲密，犹如亲生母女一样。

上房堂屋比较宽敞，一支蜡烛在右侧靠墙的几案上，摇曳出一束明亮的光芒。两弟兄各自叙述了分别二十年来的不同遭遇，既有充满血泪的痛苦，也有洋溢欢乐的幸福。

张骞问："这一院新宅是如何建起来的？"

张俭说："提起这桩事，先要说旧宅是如何烧毁的。"

"去长安贸易的本村黑旦告诉我，说房子不幸失火而毁，是这样吗？"

"并非不幸失火，而是有人故意放火！"张俭愤怒地说出了饶啬夫安排管家姚拴子放火烧房报复张骞的经过。

"这条地头蛇，真是欺人太甚！"

"饶啬夫还非法霸占咱家土地，作为儿子雄公子死亡的补偿。他儿子本是姚管家失手致死，反而嫁祸于你，现在总算水落石出，真相大白。"

"案子是怎样告破的？"张骞急问。

"怎么？你不知道，他没有告诉你？"

"谁没有告诉我？"

"原来你还被蒙在鼓里。"张俭把卫青大哥奉圣上之命前来查办的经过说得清清楚楚。

"好一个卫青大哥！我同你数次征战，你一字不提；回老家前你为我送钱财解决困难，还是守口如瓶。你不该这样啊，我的卫大将军！"

突然，张骞独自去到院子里，站在月光底下遥望西北方向的长安，许久许久。他在心里默默感谢圣上的英明和卫青的相助。

现在，一切都明白了，新宅院的出现原来是因祸得福。

第二天早饭罢，张骞坐在娘的身边叙道家常，娘问他："听说你在朝廷干大事，到西域十多年立了功，当了什么侯，是这样吗？"

张骞回答："是这样，圣上赐封的博望侯。"

"娘明白了，侯就是侯爷，那可是个大官哟！骞儿就是有出息、有本事。过几天，叫你弟弟在院子里摆几席，把左邻右舍和你村里的老朋友都请来，大家在一起热闹热闹。"

"娘，千万不能声张。"张骞当面阻拦。

"为啥不能声张？"

张骞叹了口气说："儿的命不好，把官爵丢了，成了平头百姓，才有机会回到娘身边行孝。"

张骞娘出身书香门第，是名儒王儒卿的妹子，深知官场上的污泥浊水深不可测。"朝为田舍郎，暮登天子堂"和"朝为拂云花，暮为萎地樵"的事层出不穷。既然荣华富贵如行云流水，丢掉并不可惜。见骞儿感到落魄，脸上失去光彩，便劝儿子："自古而今，荣华富贵靠不住，爵位丢了就丢了，别想过去的事了，平安回来就是娘的福气。"

听了娘的话，张骞如释重负，顿时一身轻松。自从被削职后，没法向娘交代成为张骞心里的一块巨石，现在终于落了地。万万没想到娘竟是如此通情达理。

张骞幼年在家就是个种植能手，削官归来依然重操旧业，同弟弟干农活，也让勇儿学习耕作，生活过得平淡，倒也安适爽心。

春去夏来，在房前屋后栽种的葡萄扯出了翠绿的长蔓，胡桃长出尺高的幼苗，地里的胡麻开出一层层白色的喇叭花，旺盛的苜蓿碧绿一片，爬架的瓜秧长出了水灵灵的胡瓜（即黄瓜）……从万里西域带回，经张骞亲手栽培成功的各种植物，当地老百姓闻所未闻、见所未见，成为稀世之宝。消息传开，方圆百里的农民朋友纷纷登门观赏、品尝，并讨教引种技术。张骞和当年培育黑米一样也慷慨相赠，传授方法要领，白崖村很快就变成了远近闻名的瓜果村。谁能想到被皇上贬为庶民、受人冷眼的张骞，竟会成为栽培瓜果的大能人呢？曾以向宫廷进贡黑米而升迁汉中的"黑米郡吏"，闻风又专程乘车出入白崖村，不知又打什么鬼主意了。

农闲季节，从小就喜欢远足的张骞，带上来自北方草原上的妻子和勇儿游历了古汉台、拜将坛和饮马池。猎娇说："汉中太神奇了，到处都是名胜古迹，哪像草原上除了帐篷，就是牛羊马匹，再就是一眼望不到边际的大草场，太单调、寂寞了。"

一日，张骞又带领他们出游，归来路过一个酒旗飘扬的小村镇，忽闻酒香扑鼻，马儿也停蹄不前，仿佛闻香而醉。张骞下马打探，方知此处名叫谢村，村里有一家酿酒作坊，所酿酒液呈琥珀色，早有"三碗醉如泥"的美誉。

张骞在长安宫廷喝过皇帝的御酒，在漠北草原喝过胡人的马奶酒，又在西域大宛国喝过葡萄酒，但从未闻到过如此醇香的酒味，好奇心把他带至酿酒作坊。他见三个伙计正在槽边淋酒，一泓橙黄清亮的酒液汩汩流入酒坛。同伙计们说笑间，酒坊主人闻声而出，热情招呼："啊呀，怎么是张大人到此，久仰久仰！"

张骞总觉得主人面熟，好像在哪里见过，但一时回忆不起来。主人忙说："真是贵人多忘事啊！两年前你随卫青大将军出击匈奴大捷，班师回朝走马过街，我在长安西门口见过你。咱们是汉中乡党，只是我的身份低贱，不敢和你久叙乡情。"这么一提，张骞记起来了，"原来你就是谢宏奎，谢掌柜！"

二人热情握手时，张骞顺便介绍说："谢掌柜，这就是我从草原带回的妻子，她叫猎娇。这小子叫勇儿，母子刚回城固老家，今日随我前来玩一玩，见见世面。"

"稀客！稀客！从草原到汉中，路程数千里，实在不容易。巧得很，新酿黄酒刚刚出槽，我为张大人接风洗尘。"

共进午餐中，宾主你敬我爱，无所不谈，酒逢知己千杯少，张骞已有七八分醉意，猎娇一再劝告，夫妻才有礼貌地辞别主人，骑马而归。

三日后，张骞又专程登门拜访了一次酒把式谢宏奎。从此，谢掌柜知道张大人已经丢官，常到白崖村和他交往，一方面进行安慰，一方面相商另谋职业。张骞一家都很敬重谢掌柜，觉得他为人厚道、真诚至善。

未出一月，由宏奎酒把式的精心指点，第一坛清香四溢的黄酒在新开张的"张记酒家"出现了。酒坊位于白崖村北边，城固的驿道旁边。位置优越，人来车往，饮者云集，夜以继日，猎娇和张俭夫妇都成了大忙人。就连外县人也到"张记酒家"大坛小罐地买酒过节，美酒供不应求，连在家照管阿婆的勇儿也帮阿爸跑堂上酒。

一天夜里，张骞做了个梦，梦见父亲拉着母亲一直向南走去，走着走着便没有了二人的身影。他意识到这是个不祥之梦——父亲早在多年前蒙难，他为什么要把母亲叫去？不能去，千万不能去！第二天一早，张骞就去堂屋探视母亲，还未进门，母亲的呻吟声就传到耳边。推开门吓了他一大跳，不知何时母亲从榻上滚落榻下，冻得周身冰凉。张骞落泪了，不住地打自己的脸，责骂自己忤逆不孝！自己常年在外，没能照顾好母亲，真是个不孝的东西！从诊病郎中的表情上判断，母亲突发急病，却已到了病危阶段，因为她已经不能进食和言语了。

心急如焚的张家两弟兄一直守护在老母亲榻前。尽管东奔西跑，求医问药，到底还是没把病魔赶走。太不幸了，数日之后，生命之灯耗干了油，这位勤劳、善良和仁慈的母亲，怀着对眼前世界的无奈离开了人间，连半句遗嘱也未留下。她走了，永远地走了，儿子、儿媳妇、孙子、孙女，一家人哭成了一团。

最痛苦的还是张骞，返回老家的头一件事就是在母亲面前行孝，然而，生不能相养以共居，病未在身边端药汤，敬在何处？孝在哪里？他披麻戴孝在母亲的灵柩旁守了三天三夜，哭了三天三夜，他明白尽孝晚了，实在是太晚了……

三天之后，张骞将母亲入土安葬，埋到父亲衣冠冢之侧，希望这一对不幸的灵魂相伴相守到永远。按照礼制，守孝三年。

酒与艺术结良缘。经过再三思考，接受酒友的建议，张骞把文化内容注入酒中。在他的主持下，"张记酒家"的生意做得一天比一天红火，门前宛如闹市，店堂高朋满座。猜拳行令，笑语喧哗，直至深夜也打不了烊。一是本店黄酒选用纯糯米发酵酿造而成，色、香、味独特，被誉为"琼浆玉液""酒中甘露"与"太平君子"，是老少皆宜的美酒，保健作用明显。二是店堂有一位来自大草原的胡姬，常为酒客、酒友表演西域的胡旋舞助兴。"胡姬貌如花，身穿轻罗衣，当垆笑春风，执壶唱小曲。"如此饮酒环境，酒兴逐浪高，谁能不醉而归？

"弦鼓一声转蓬舞，左旋右转不知疲，千匝万周无已时，奔车轮缓旋风迟。"酒客雅士描述胡姬身轻如燕，旋转百次不晕，连疾速的车轮和旋风也比不上她，可见胡旋舞动作连绵，让人看不出何处是开始，何处是结束。

当年的城固酒坊多至十余处，若论经营收入，"张记酒家"首屈一指。它的优势就是多了个能歌善舞的胡姬，她是张骞妻子，本名猎娇，胜于波斯美女，既斟酒又舞蹈，使文艺与生活浑然一体。

眼看夏日将尽，张骞让俭弟照料酒店，自己带上猎娇、勇儿前往城南关舅父坟前祭奠，然后去看望舅妈和芸芸表嫂。听说舅妈的身体一天不如一天了。刚从长安返回的第三天，张骞就把舅妈一家接到白崖村玩了几天，那时舅妈的气色就不大好。转眼三年多，他心里十分惦记。

从城南归来，张骞闷闷不乐。那天从舅妈家出来，他顺便又去探视好友曾小三的父母，岂料两人早不在世了。小三是他带至长安，接着又被他选为使团成员，在去西域途中献出了生命。回长安后皇帝赐金抚恤，现在送到家里却无人接手，张骞总感到心里不是滋味，自觉愧对了他们一家。

晚上酒店关了门，张骞问俭弟："听舅妈说，咱家烧了房，你和娘没到她家去，你俩在何处栖身？我不是让你们去舅妈家避风雨吗？"

张俭说："本来想去，可我又一想，舅妈年纪大了，身体多病，表嫂照管她挺累的，不好意思再去打扰。"

"那是不是一直在外流浪？"

"没有，没有。你没在家，照顾娘的责任重大，我把娘领到沙家铺生身父家过活了两三年，房子修起后才把她老人家送回来。"

张骞的脸上有了笑容，多亏弟弟找到了生身父，关照了老娘，恩重如山。他吩咐弟弟马上把生身父母接到白崖村，家里还有空屋两三间，里外一片新，让他们住在这里，心情会好一些。家里人多，免得冷清、寂寞，况且孝敬二位亲人更加方便。

不提罢了，一提二老，张俭眼泪汪汪，他说："我的生身父母都不在世了。我出生不满一月，娘就病逝，无奶喂养，生父只得将我暗弃你家门口，靠咱娘抚养成人。生父是五年前，卫青大哥到城固查办案件时气极而死的，太可怜了，他名姚福，却受了一辈子苦。"

张骞十分诧异："卫大哥办案是一件好事，怎么把他老人家气坏了？"

张俭说："办案当然是件好事，把姚管家嫁祸于你的一桩命案查明了，还你一个清白，归还了土地，赔修了一院新宅。但谁也没料想到，饶啬夫安排的纵火犯姚管家，竟是我的亲哥姚拴子！刚一查明，父亲气倒在榻上，不吃不喝。听到拴子和饶啬夫被法办收监的消息，父亲便口吐鲜血，撒手而去了……"

办案中听说村里的快嘴婶娘起了关键作用，张骞决定亲自登门感谢一下。当晚从酒坊灌了一坛子上等黄酒送到婶娘家，寒暄了一阵子，婶娘问张骞："听说我娘室侄子曾小三和你一同出使西域，一去十多年。既然你回来了，小三咋没回来？是不是公事繁忙，难以脱身？"

张骞沉默了良久，他不好回答，也无法回答，只好把皇帝赐金拿出来，含着热泪和满脸愧疚地说："我去探视小三的父母，才知道他们早不在世了，这是皇上对小三父母的安抚补偿，你是小三的姑妈，就交给你吧！"

256

快嘴婶娘疼爱侄子小三，未接赐金，先"哇"的一声哭了，她面前无子，守寡多年，没想到哥嫂面前的一根独苗也夭折了，怎能不伤心呢？张骞安慰、劝说了半天，最后又说："你是我的好婶娘，关心我们一家子，为我东奔西跑说亲安家。我家遭灾落难，是你收留我家人……怪我没照管好小三，同去西域，他却没有回来，全是我的罪过。好在我回来了，咱们又同住一村，抬头不见低头见，从今往后我就是你的侄子，你就是我的姑妈！"

听了张骞的话，婶娘心里暖暖的，停止了唏嘘，张骞才心情沉重地出了门。

酒家生意很好，数年间已聚资百万以上。从婶娘处回来的当晚，张骞偶做一梦，梦见阔别二十年的野鹤子恩兄，于白崖村西北不远的一棵大树下羽化成仙……梦醒后辗转反侧，向妻子猎娇如实道出，并问道："你相信这个梦吗？"

猎娇说："我相信。日有所思，夜有所梦，自古如此。你同野鹤子哥分别那么久，自然昼夜牵挂，做这样的梦并不奇怪。"

"唉，时间长了，不知他是否还在人世，梦他成仙也许是真的！"

"他待你情深恩重，管他真的假的，你们汉人不是常为仙家修祠造庙，表示纪念吗？"

"噢，叫你说对了。野鹤兄的父亲在世时就追觅张良仙踪，咱就在那棵大树下为野鹤子恩兄修一座新庙，让他永享人间香火，就是咱们对他的报答。"

很快，野鹤庙建成，耗去了张骞经营酒业所得的巨资。这座新庙雕梁画栋，翘角飞檐，精巧别致。大殿两侧是巨幅壁画，描金点翠，气势庄重。野鹤子父子隐居天台山、太白山及野鹤子行侠陇西郡及草原、沙漠的行踪，均栩栩如生，历历在目。张骞四处寻访民间塑像大师，在大殿正中为野鹤子塑起一座丈余高的坐像，双目炯炯，直视前方。腰佩长剑，右手握柄，左手搭膝，泰然自若，似在回忆世态炎凉、人情冷暖的事事物物。

新庙山门上方是张骞题写的匾额，山门后便是大殿、献殿，两厢建有寮房数间。大殿除野鹤真人，还有李耳、吕尚及东岳大帝等张骞崇拜的偶像。

此庙落成，开光之日，四乡八镇的男女信士、远近香客，争先恐后地前往叩拜，虔诚敬祀，香火兴旺，数日不熄。

按照农村习俗，举办庙会一般不超过三天，由于人们对野鹤子好奇，香客摩肩接踵，像潮水般涌来，前院后院，烟雾弥漫，大殿、献殿里钵磬回响，人声鼎沸，直到第四日仍有善男信女前来朝拜。张骞忙前忙后，数日没有回家。

庙会结束那天，已经月上东山，还是未见张骞的影子。猎娇惦记丈夫，趁勇儿入睡，独自出门，岂料半路上碰见了张骞。

猎娇问："香客都走了吗？"

张骞回答："好不容易把他们送走了，只剩下祝卜和几个服务人员，我让他们早点歇息，明天还要里里外外打扫清洁。"

"我想为野鹤子恩人上一炷香。"

"你的想法正合我的心愿，野鹤子兄恩大如天，应当为他烧高香、点大蜡，三拜九叩。但今夜不要去打扰了，老祝卜和服务人员劳累了四五天，改日再了这个心愿吧！"

"我听你的，改天咱们夫妻二人一同拜谢他。"猎娇扬头望着夜空挂着的一轮明月又说："咱们从长安回到老家三年多了，还没到汉江边溜达过一次，我最喜欢这条江，你就陪我去那儿转一转吧！"

江边的夜景太美了，平静的江水里摇晃着一块晶莹透亮的美玉，岸上树影轻摇，芦苇丛中不时传来秋虫的鸣唱，夜风习习好凉爽啊！

二人手拉手，肩靠肩地转悠了一阵子，在一棵古柳下的大石板上坐了下来。猎娇忽然想起了什么，她笑眯眯地问张骞："你不止一次地说，汉江是一条文化江，故事轶闻最多。有个'汉水女神'的传说流传久远，她是怎样变成女神的？我很想听听。"

猎娇虽系匈奴民族，但对汉朝的事事物物皆感兴趣，如今成了一家人，也应该了解了解中原的一些历史文化。张骞对猎娇做了详细生动的讲述。

女神原是一位勤劳、朴实的渔家姑娘，家住汉中上水渡的江边渔村，一直跟着老父亲捕鱼为生，因丧母较早，和父亲相依为命，共度艰难岁月。

岂料天有不测之风云。有一天，随父驾舟江面，突遭风浪袭击，舟折父亡，女悲不愿回家。为寻找打捞父亲遗体，历尽春夏秋冬，几度寒来暑往，渔女也不知去向。

又过数载，恰明月之夜，有人忽见汉江沙滩独坐一女，悉仿当年渔女。从此，传出渔女变成女神，终年游荡在汉水流域。上自宁勉，下至荆襄，每当风清月朗，都可见到她的身影。或坐沙洲之上，或立滩头水湾，或划小舟巡河，或向明月哭诉……就这样来无影去无踪。人们无法近身，也无计与之交言，是人是神，无法辨认，是妖是精，并不重要。人们都很同情她，爱戴她，敬佩她，因为她是一位贤淑之女，慈孝之女……

汉水女神的故事听得猎娇泪水盈眶。《诗经》中的《汉广》也有记述："南有乔木，不可休思；汉有游女，不可求思。汉之广矣，不可泳思；江之永矣，不可方思。"

从汉江边回到家里，夫妻俩又坐在灯下把这位女神议论了一阵子。猎娇感到有点困乏，便先睡了，张骞竟无一点睡意，就坐在摇曳的灯光下，将汉水女神的传说写成一首乐府诗：

朝阳既东升，云霞散成绮。

江面闻歌声，渔舟载父女。

父慈女亦孝，捕鱼两相依。

蓑衣遮雨寒，茹苦若含饴。

瞬间起风浪，舟覆人分离。

渔父水下眠，渔女悲且寂。

寻亲不见影，投江尽孝义。

两魂互为伴，不离又不弃。

沧海桑田变，偶闻女神出。

素衣花月貌，共道渔家女。

女神护平安，江水常清碧。

渔舟载丰盈，渔歌唱神曲。

 第二天清早，张骞去酒店开门营业，发现几个大坛子的酒卖完了，就和弟弟酿造新酒。淘米的淘米，蒸锅的蒸锅。两个时辰蒸熟的糯米出锅上案，由酒把式张骞掌握分寸进行拌曲，然后投缸发酵。两弟兄忙得团团转，直到太阳偏西才吃午饭。刚端上碗，白崖村捎来口信，武帝诏令已到家中，让张骞火速回家接旨。太突然了，他这个被削官免职之人为何又受到朝廷的青睐？

 张骞面对内侍举起的诏令下跪，连呼"万岁"后，始知汉武帝因军国大事召自己进宫，不得怠慢有误。他早已识破仕途的坎坷、险恶。思考再三，怕累及妻小，便将猎娇、勇儿嘱托张俭和莲英照应，独随朝廷来使星夜同奔长安。一队骏马，一转眼失去了踪影。

第三十章

奉命二出西域

　　雄才大略的汉武帝，为防匈奴东山再起，又想起断其"右臂"这个老问题，决定遣使二出西域。

　　他把张骞从城固诏回未央宫说道："二十年前寡人遣你出使西域联络月氏国，'断匈奴右臂'，如今再遣你二出西域，依你所见，该去联络哪一国呢?"

　　张骞第一次出使西域得知，乌孙与月氏原本都是居住在祁连、敦煌一带的小国。月氏曾攻杀乌孙国王。后来乌孙国王的儿子昆莫得到匈奴支持，收复了国土，并率军追击已西迁的月氏人，迫使月氏人再西逃大夏。乌孙占据其地，又兼并邻近小国，势力日趋强盛，对匈奴也就不大顺从了。匈奴单于遣兵讨伐，反为昆莫所败。此后，乌孙名义上还附属匈奴，事实上已成为西域的一个独立强国。

　　面对武帝的问话，张骞成竹在胸地回答："现今西域只有乌孙能与匈奴抗衡，如能联络乌孙同我汉朝合作，葱岭以西的大宛、康居、大月氏、大夏诸国定会望风归顺。"

　　武帝听完张骞对西域诸国的见解，欣喜万分，遂命他以中郎将身份二次出使西域。他正在组织人员，黎杰年方十九岁的遗孤黎鸿跑来，再三请求张伯父答应让他参加西行使团行列，完成父亲的未竟事业。张骞被其精神感动，将他带在身边。

元狩五年（前118），张骞率领一个由三百人组成的庞大使团，每人各备两匹马，分别作乘骑和驮载工具，驱赶万头牛羊，携带巨量黄金、钱币和丝绸织品，还有蚕茧和桑树种子，浩浩荡荡向西行进。由于匈奴早已退出河西走廊和祁连山一带，去西域的道路畅通无阻，不久便顺利到达乌孙国。甘父是初次出使西域时经武帝恩准的副使，此次仍以副使之一的身份出使乌孙。

乌孙国位于北山西北的阗池（今伊塞克湖）一带，这里雨水充沛，常年湿润，山坡起伏，松林翁郁，平畴沃野，牧草丰茂，是个难得的天然牧场。

乌孙国王得知汉朝使团到来，派大臣到城外迎接，在大臣的陪同下，张骞一行进入乌孙都城赤谷城。

张骞带上几位副使走进昆莫的大帐，只见一个胡须花白、满脸皱纹的老人正襟危坐，两厢站着相貌各异的官员。张骞不禁大惊，怎么他还活着！这不就是那个吃过狼奶、打败过匈奴、重建了乌孙的神话人物吗？

眼前的昆莫是上一任乌孙国王的小儿子，名叫猎骄靡。乌孙亡国那年他还在吃奶，为不让月氏人杀掉国王的小太子，一位大臣在战乱中把他藏在草丛中。一天，这位大臣为他送去羊奶，一看惊呆了，一匹母狼正给他哺乳，几只乌鸦还衔着肉绕着他飞旋。此事被匈奴单于得知，认为这个王子是天神降世，立即把他收养起来。小猎骄靡长大后为匈奴立了大功，单于就把一个贵族姑娘嫁给他做妻子，还让他统领寄居在匈奴的乌孙人。

张骞向昆莫赠送礼品后说明来意："国王陛下，汉朝愿和贵国缔结同盟共击匈奴，为酬谢结盟的诚意，汉朝皇上愿意送还你们原住的东部故土，愿嫁汉朝公主做你的夫人，愿同贵国世代和睦相处。"

年老昏花的昆莫微微一笑："感谢你们汉朝对我国的一片盛情，为我们带来这么多的珍贵礼品。张使君今日专程出使我国，乌孙臣民感到无比荣幸。听说你初通西域时行程万余里，三十六国无不知晓，你见多识广，博闻远瞻，又精通兵法，攻杀匈奴立了大功，被封为'博望侯'，我们非常敬重。请张使君一行先到客舍歇息，等候佳音。"

岂料大臣们的商议中出现截然相反的两种意见。同意结盟者认为张使君为乌孙带来摆脱匈奴控制的最佳机会，送来一支将勇兵强的武装力量，这是乌孙人的福气。如果拒之门外，一旦受到匈奴欺凌，乌孙孤军无援，定会陷入亡国绝境。反对结盟者认为国王年事已高，平安无事最好，若与汉朝结盟，惹怒匈奴必然兵连祸结，灾难降临，这是引火烧身，后果不堪设想。

昆莫的次子说："汉朝比匈奴强大、富饶，人家皇帝主动邀请，我们应立即返回故地安居，断能得到汉朝的好处。"孙子军须靡却说："汉朝虽然强盛，可距我们太远，多年来未和他们交往，根本不知他们对我国是否真诚。依我之见，乌孙独守门户乃为上策。"

如此局面使昆莫忧虑、徘徊，若听次子的话，怕孙子不悦，想采纳孙子的意见，又怕次子翻脸。

昆莫目视国相，让他表个态，国相说："纵观当今天下，大汉国势日盛，匈奴江河日下。依臣之见，最好亲汉朝而远匈奴。"此言正是昆莫的愿望，但无人发话支持，昆莫也不敢擅自决定。

张骞怕一时三刻等不到什么结果，便当机立断派八九名副使带上事先准备好的礼物，分头去大宛、康居、大月氏、大夏、安息、身毒等国，甘父再三要求去了身毒，他们代表汉朝同这些国家去建立直接的友好往来关系。

副使们都打着"博望侯"张骞的旗号，处处受到欢迎和礼遇。安息国统治着大大小小数百座城郭，方圆达数千里，是西域最大的国家，临近妫水。消息传至都城，国王命令将军率士兵骑马列队到东部边界迎接副使贵宾。从边界到都城有千里之遥，路过每一个城郭，都有居民和小头目设酒水、果品欢迎慰劳。

各位副使相继离开乌孙后，张骞在昆莫支持下带上育桑、养蚕、缫丝和织锦工人，深入水草丰茂地区，教当地人栽种桑树，孵化幼蚕，培训了一批养蚕人。他初使西域发现许多国家都喜欢汉朝丝绸，但他们不会养蚕、织锦，每年都从安息商贩手中购买，价格高昂，许多下层人难以承受。出使乌孙之前，张骞向武帝提出请求，想把养蚕、织锦术传授西域盟国，传播汉朝的文化，加深汉朝与西域国家的友好关系。武帝认为想法甚好，特从山东一带征选了几名技术工人，随使团一同前往。

这一决定半年后就见了成果。张骞走进一户宽敞明亮的蚕房，见几个大姑娘正在专心喂养蚕宝宝，蚕架上放着四五个竹篾编成的圆形蚕箔，满箔的幼蚕在撒满桑叶细丝底下，不停地左右蠕动，争相咬食嫩绿的桑叶，发出细微的沙沙声。隔壁的蚕房里，靠墙一周排放着半人高的树梢儿，已到眠期的老蚕正在吐丝结茧，安静得没有一点声音。

"张伯伯！"这是黎鸿在喊张骞。张骞应声出门，黎鸿迎在门口说："对面缫丝房的一位女工，请你过去一下。"

黎鸿是张骞初使西域所带使者黎杰的遗孤，家住长安西门内侧。母亲是个织锦能手，从小就很喜欢养蚕、缫丝。来到乌孙国，他寸步不离张骞，是一名最年轻的缫丝技术员。

缫丝房蒸汽弥漫，十分闷热。一群乌孙男女围着汉朝的一位缫丝师傅问这问那，师傅热情地边操作边回答。

两口大铁锅里的水沸腾翻滚，蚕茧在水中翻上沉下。师傅手拿一双二尺多长的竹筷子，不停地在锅里搅动茧子，散发出一种腥酸味儿，一发现水中漂起丝头，马上用筷子夹出来系在锅旁的缫车上，顺车子转动就会抽出长长的细丝，直至每一茧壳抽完，再缠新丝如前。工作十分辛苦，缫丝工一个个汗流浃背，足见寸丝寸缕来之不易，常有缫丝工因劳累过度而晕倒在缫车旁边。

一位姑娘问道："张大人，蚕茧里的细丝是哪里来的？"

张骞回答："蚕儿吐出来的。"

"蚕儿是哪里来的？"

"蚕儿是蚕蛾产卵孵化出来的。"

"蚕蛾又是哪里来的？"

……

像这样的打破砂锅问到底的疑问，张骞永远说不清楚，交谈就在一阵欢乐嬉笑中暂时结束了。

乌孙姑娘的提问，说明她们缺乏制丝的基本知识，沸水煮茧缫丝正是获取长纤维蚕丝的秘诀。

张骞是个百事通。他对姑娘们说："丝绸的原料是蚕丝，我们汉朝的远古时期，就将专吃桑叶的野蚕驯化饲养成家蚕，成熟结茧时分泌的丝液，凝固成连续的长纤维称为'天然丝'。天然丝是由丝纤维和包围其外的丝胶组成的，未清除丝胶的称'生丝'，清除了丝胶的称'熟丝'，它们都是织锦的主要原料。"

实际上技术工艺的难点还在织锦方面。张骞在老家育过桑苗喂过蚕，看过心灵手巧的母亲用普通织布机织出了光滑、柔软和明亮的丝绸。他仿照老家的织机模样绘出图形，请当地木工制作出三五台，让山东籍工人师傅临场指导乌孙妇女学习织锦。刚开始难度较大，手脚不能恰当配合，慢慢地学会了投梭、接梭，继而学会了踏板控制丝经的上下开合，使织梭顺利通过。时间一长，熟能生巧，便能得心应手。虽不能织那些比较复杂的花纹图案，但原始的淡黄色丝绸也很美丽珍贵。蚕丝导热差，吸湿透气好，能充当各种服装面料，着身非常舒适。可以预防皮肤病，防止虱子、跳蚤侵入，成为夏日人们追求的衣着佳品。

昆莫见到本国在西域率先织出丝绸，让邻国刮目相看，这是一件大喜事，专门把张骞一行邀请入宫设宴庆贺。让乌孙美女穿上轻纱罗绮，踏着胡乐节拍翩翩起舞。

席间昆莫说道："养蚕、缫丝、织锦是汉朝劳动者的发明创造，历史悠久，世人称颂羡慕。现在，尊敬的张使君把它带到我们乌孙，同时带来名师教会乌孙人养蚕和织锦的技术工艺，功垂千秋万代。我代表乌孙国感谢张骞，感谢汉朝，更感谢汉朝皇帝对乌孙国的真诚帮助！"

接着两个舞女为昆莫和张骞敬酒，笑脸盈盈，含情脉脉。

昆莫问张骞："乌孙姑娘漂亮吗？"

张骞笑答："非常漂亮，胡旋舞跳得更美！"

昆莫又问："听说你们汉朝的公主也很美，是这样吗？"

张骞立即向昆莫敬酒，说："陛下猜得很对，大汉的公主不但美，而且有才能、懂礼仪。大汉皇帝早就说过，愿嫁公主做陛下的夫人，我一到贵国就对陛下转达了这个心愿。"

"这个心愿，我一定接受。"昆莫也向张骞敬酒。

岁月如流，光阴似梭，弹指秋去冬来。这段时日张骞终于摸清昆莫迟迟不作结盟答复的缘由。

原来，昆莫有十几个儿子，长子还未继位突然患不治之症，奄奄一息，再三向父王恳求，把自己的孩子军须靡继立为新太子，否则死难瞑目。软心肠的昆莫从小宠爱长子，就含泪答应下来。岂料颇有才干的次子不服，自恃武力强悍，统率着万骑兵马，暗中下手把他的弟兄们拘押起来，准备领军叛乱，要杀掉军须靡。昆莫年纪大了，无法调解叔侄矛盾，就拨给孙子两万兵马，让他另居一方。叔侄对峙，必有一场难免的兵戈相斗，尚难测谁败谁胜，难怪昆莫对两国结盟之事难以答应。

元鼎二年（前115）初夏，眼看剑拔弩张、你死我活的厮杀即将爆发，张骞只好向昆莫提出告辞。昆莫深感国家已经分裂，无法主宰臣民，也不好挽留，便馈赠四十匹乌孙良马，并派十多名特使随同张骞前往长安，向汉朝皇帝进行礼尚往来的答谢。

乌孙特使随张骞走进繁华、热闹的古都长安城，人们都用惊奇的目光，打量这些从未见过的赤发碧眼的西域人，不时地交头接耳，但不知说些什么。商行、酒肆、茶社的伙计挤在门口指指点点看稀奇。街上行人自动退立一边鼓掌欢迎，有的还尾随送行，奔走相告，一时欢呼雷动，长安城沸腾了。

汉武帝在上林苑离宫举行隆重的欢迎仪式，盛情接待乌孙朋友，当场表演巫舞、角抵等汉宫百戏，并安排张骞负责外宾的食宿、参观及游乐诸事宜。

张骞未完成同乌孙结盟的使命，武帝没有责怪他，原因是他在乌孙的几年里办了四件大事：派副使分别前去大宛、康居、大月氏、大夏、安息、身毒等国进行访问、联络，传播大汉的繁荣富强、文明礼仪和大汉"修内政，勤远略"的壮志宏图；帮助乌孙人学会育桑、养蚕、缫丝及织锦的技术工艺，受到乌孙人的普遍欢迎，建立了兄弟般的友谊关系；首次把西域贵宾引进长安，并带来四十匹乌孙良马；在促成乌汉两国联姻，共同反击匈奴方面也是功不可没。因此武帝龙颜大悦，封张骞为大行令，位列九卿，主管联络接待各国使节及宾客事务。

乌孙贵宾在张骞和黎鸿的陪同下遍游长安，先后参观了未央宫、长乐宫、昆明池、织锦坊等久享盛名的建筑和热闹非凡的商业贸易中心。世世代代过惯了草原游牧生活的乌孙来客，骤然进入一个崭新的世界，从未梦想过的繁华景象，样样都展现在面前。他们对巍峨的宫殿，宽阔的大街，鳞次的店铺，流水般的人群和彬彬有礼的臣民赞不绝口。汉朝如此繁荣富强，如此将勇兵强，如此文明礼貌，都让他们大开眼界。他们表示回国后一定要把汉朝对乌孙使者的盛情接待和对乌孙国的友好尊重，一件件、一桩桩地向国王如实禀报。

当得知乌孙与汉朝交好，受到汉朝皇帝的厚爱，单于十分震怒，决定攻打乌孙，派兵穿过乌孙南境，直抵大宛和月氏，长线布阵，虎视眈眈。

乌孙王为此深感恐惧，国内分裂，指挥失灵，无法应对，便请求与汉朝联姻，两国结为同盟，期望战火燃起时，能够得到汉军救援。

武帝和群臣商议，认为联姻可行，但提出遣嫁公主前，乌孙必须送来一千匹良马作为聘礼。

不久，乌孙王派使者前来迎接汉朝公主，她是武帝经过层层挑选而决定的江都王刘建之女细君，年方十七，娇花半开，心地善良，接受叔父刘彻的安排，以公主身份远嫁乌孙王。

武帝亲赐御用车马、服装及生活用品，安排了属官、宦官和侍卫人员数百人，带上汉朝的嫁妆，浩浩荡荡地把细君公主送进乌孙王宫。

从东土到西域，生活环境截然不同。公主按汉朝风格另行建造了住宅，和乌孙王及身边的大臣显贵们相处和睦，互相尊重。乌孙王的妻妾多，性格各异，纠纷不少，细君皆能宽怀、包容，以姐妹相称，乌孙王也很爱她。美中不足的就是夫王年老，彼此语言不通，时间一长细君便产生了淡淡的悲愁，无法向别人倾吐，便向武帝捎回一封书信，是用歌谣写成的：

吾家嫁我兮天一方，远托异国兮乌孙王。

穹庐为室兮旃为墙，以肉为食兮酪为浆。

居常土思兮心内伤，愿为黄鹄兮归故乡。

武帝看后非常同情怜悯她，每隔一年就派使者带去她最喜欢的刺绣了花纹的紫红色丝绸服装，却无法填充她心灵深处的空旷和寂寞。

更有一事出人意料，使她无法接受——乌孙王年衰，想让他的孙子军须靡与细君公主成婚。武帝知悉后，劝她"应顺从乌孙国习俗，唯此才能与乌孙人一道灭掉匈奴"。细君公主以大局为重嫁给了军须靡。

不久，乌孙国内形势由分裂转为稳定。在猎骄靡的庇护下，加上保卫自身的万余兵马，军须靡拥有三万余人，猎骄靡死后军须靡顺利继位，将被关押的叔父们全部放出，重新任命职务，众人个个拥护新王。

此时的伊稚斜单于审时度势，也打消了攻伐乌孙的念头。回忆往昔，猎骄靡年富力强时为匈奴立过功，现在又和汉朝成了同盟，有了强大的靠山。加上卫青、霍去病连续挫伤匈奴的元气，让他们已无回天之力。伊稚斜暗想，只要保住漠北，好好休养生息，他日定可东山再起。

正当伊稚斜悄悄撤兵时，细君公主死了，汉朝又将楚王刘戊的孙女解忧公主嫁给军须靡为妻。从此，汉乌联姻之俗逐渐形成。虽未签订什么盟约，实际上已经发挥了"断匈奴右臂"的军事战略作用。

第三十一章

常 山 除 害

　　"孝治天下"，汉朝是历史上最重视"孝道"的朝代。自惠帝以后的皇帝都以"孝"为谥号，如孝惠、孝文、孝景、孝武等。尤其文帝的孝道事迹还被写进"二十四孝"。他是高祖第四子，初封代王。生母薄太后有病后，他在床前侍母三年，衣不解带。喂汤药前都要亲自尝过，待不冷不烫方进母口，仁孝事迹闻天下。故《孝经》成为汉朝最流行的家训书籍，孝义成为中国传统伦理道德，成为子女供养、孝敬和爱护父母的行为准则。

　　元鼎三年（前114）仲夏，张骞正欲回城固老家接猎娇、勇儿进京之时，常山国（今河北曲阳西北）百姓的血泪状纷纷传至宫廷。武帝一观，对常山王刘勃鱼肉百姓，强奸民女，烧杀劫掠，违背祖训大建道遥宫的罪行拍案大怒。尤其对刘勃随意违背丧礼中关于"哀亲"的规定非常气愤。父王刘舜去世，尸骨未寒，刘勃就花天酒地，轻歌妙舞，吹拉弹唱的行为，连常山百姓也无法容忍。思索良久，召宣文武大臣商定后，降旨大行令张骞："刘勃胆大包天，目无礼规，践踏祖训。对他父王刘舜居不致其敬，养不致其乐，病不致其忧，丧不致其哀，祭不致其严的恶劣行为，引

271

起民怨沸腾，连续上奏。现派你火速前往常山从严查办，不可姑息！"

常山宪王刘舜是刘彻之母王娡的妹妹所生，系刘彻表弟，他的儿子刘勃为刘彻表侄。刘舜死后，儿子刘勃继位。

张骞接旨后心情沉重。刘勃本是圣上表侄，此案非同小可，若是查处不当，伤了皇家面子，日后不好向圣上交代；若是照顾情面，走走过场，掩盖真相，定会遭到百姓唾骂，丢失博望侯和大行令的晚节，进退维谷，难以言表。

武帝见他迟疑不定，知有难处，又赐尚方宝剑一柄："爱卿不必犹豫，此去代朕行事，该关就关，该斩就斩，一定为民除害！"

翌日，张骞带上黎鸿，微服骑马，昼夜兼程，二人直奔常山国。

时值盛夏，暑热难当。跋山涉水，汗流浃背，两匹骏马走得四蹄生烟，鬃毛滴汗。仆从装束的黎鸿唤张骞止步："伯父大人，山路左边有一眼清泉，不妨歇息片刻，人畜也可饮水解渴。"二人遂下马小憩。

叔侄痛饮几口清凉泉水，抬头一看，对面山势陡峭险峻，林木翠绿翁郁，只听蝉鸣时近时远，更显寂静空旷。突然，从身后林荫中窜出五名手持刀斧的山匪莽汉，为首那个满脸横肉的家伙，手舞板斧喝道："快快留下买路钱，不然就要你们人头！"

张骞见来人甚多，大白天碰上了一伙山匪，深恐寡不敌众。好汉不吃眼前亏，忙上前虔恭揖礼："请诸位好汉开恩，我俩是山野小民，从此过路，钱财从何而来？"

领头大汉不容分说："谁信你的鬼话！"正说着兜头砍来一斧，张骞侧身闪躲，黎鸿见状，拔刀上前护卫。领头的打一呼哨，身后的打手呐喊着扑了上来。张骞怕黎鸿吃亏，迅即抽剑相护，七人厮杀一团，只听刀剑撞击，但见银光闪烁。经过一阵生死相搏，黎鸿已经失利难抗，惨叫一声，打个趔趄栽倒。那个满脸横肉的家伙乘机一斧砍入黎鸿的心窝。张骞怒火中烧，使出神奇、玄妙的"越女剑法"，时而像"鹰隼腾飞""春燕穿柳"；时而像"龙蛇盘曲""虎豹下山"；时而又像"猿猱纵跳""秋雁落沙"……那柄尚方宝剑运用自如，变化多端，神鬼难测，使五个贼眉鼠眼的山匪闪避不迭。半个时辰过去，到底寡难敌众，渐渐力不从心。

正在张骞孤军无援、性命难保之际，忽听身后一声大吼："山匪休得猖狂，小心你等狗命！"吼声落处，一个莽匪的脑袋便血淋淋地滚在一边。其余四人吓得大惊失色，扭头就跑。来人穷追不舍，眨眼消失在山林之中。

张骞还未看清来者何人，先抱起血泊中的黎鸿揪心割肝地喊了几声："鸿儿！鸿儿！你醒醒，快醒醒呀！"抽搐中的黎鸿慢慢睁开失神的眼睛，望了望满脸焦虑的张伯父，未能说出半个字来就脖项一拧离开了人世。泪如泉涌的张骞悔恨不已，自言自语："千不该，万不该呀！不该带你来到这个鬼地方。你父子二人都为汉朝捐躯了，苍天竟是这样的不公平，不公平！"

呼呼的山风掀起阵阵松涛，那是为不幸的鸿儿在哀鸣；叮咚的山泉，不断地滴答着水珠，那是为遇难的鸿儿在垂泪……

未能追赶上山匪的来人返回，见张骞抱着一位气血方刚的年轻人，十分歉疚地对张骞说："贤弟，莫要过度悲伤，只怪我迟来一步。"

这个熟悉的声音让张骞如梦初醒："哎呀，是不是鹤哥到此？"他把鸿儿轻轻地放下，但不敢转过身来面对。数年前曾梦见野鹤子已经羽化成仙，为报长期以来处处关心、帮助自己的恩兄，自己选址、备料，为他修建一座野鹤真人祠庙，还塑起他的坐像，每值朔望之日香火不断。谁料奇中有奇，野鹤子竟然还在世上，今日像仙道从天而降，又救了自己一命……

野鹤子又说："感谢骞弟不惜巨资为我修庙，说实话，我不该死，也不能死，因为你的使命尚未完成。假若我真的羽化成仙，今日谁来为你驱赶这三四个匪贼呢？"

一听这番话，张骞才打消了疑虑，立即转过身来扑进鹤哥怀中，千言万语一时无从说起。

原来，野鹤子在长安逗留时，得知张骞奉武帝之命前往常山查办刘勃一案。他想，这一路盗寇山匪出没无常，且刘勃诡计多端，草菅人命，怕贤弟吃亏，或途中遭到暗算，特尾随而来。假若再晚一步，相敬相爱又相护的两弟兄就真的见不上面了。

他俩在山路旁边的一棵青松下，用利剑剜了个土坑，怀着沉痛的心情掩埋了家住长安的黎鸿。

自太白山他们分手之后，不久野鹤子便到祁连山一带追访长安侠友。见匈奴骑兵不时烧杀劫掠中原边民和羌族兄弟姐妹，在义愤之下远赴草原，常常单人匹马，凭一身功夫拯救许多无辜百姓，"草上飞"的威名传遍草原；张骞西使途中被俘，野鹤子夜袭敌骑而身中一箭；张骞一行在"魔鬼地狱"被困，野鹤子将自己的水囊留诗相赠；张骞从西域返回二次被俘出逃，野鹤子从阿忽勒刀下救出张勇送回长安；此次张骞去常山途中，更是暗中随行……这些年来，野鹤子除剪除贪官污吏，拯救难民外，还时时暗中护卫张骞成就功名，真可谓不常见面的形影相随！

张骞回忆到此，恍然大悟地暗叹："原来鹤哥并未远去，也未羽化成仙，他时时刻刻就在自己身边。"一下子消解了多年来积聚心中的种种块垒。

时至傍晚，来到车水马龙、熙熙攘攘的常山治所元氏。他们俩是山野小民装束，把长剑藏在坐骑鞍垫底下，守城兵卒没有仔细盘查。张骞、野鹤子各自牵马进入一条小巷打店投宿。翌日，二人商定，野鹤子留店，张骞微服外出，进酒肆，坐茶馆，闻听常山王刘勃终日沉醉在酒池肉林中，贪色成性，选美入府，放荡非为，每日都有叫苦喊冤者沿街奔走，饮恨而亡，惨不忍睹。张骞刚从酒肆出来，碰上一老妪号啕大哭。张骞上前询问缘由，老妪泣不成声地诉说："刘勃王爷奸杀了我的黄花闺女，又抓去我的儿子为他建造逍遥宫，因饥饿晕倒，被他活活筑入宫下……"

微服私访归来，张骞同鹤哥商量对策。午夜三更时分，偶见几个黑影在窗前晃动。野鹤子早有提防，按剑不动，单等黑影钻窗入室后再将其活擒。但黑影并不进窗，轻轻推开扇叶，只听"嗖"的一声，窗外飞进一镖，不偏不倚地插入张骞颈背。闻听屋内"啊呀"一声，窗外的黑影转身便逃，野鹤子推门而出，追上几个黑影奋力砍杀。他的剑术精绝，瞬间砍倒两个，活擒一人。押进客舍一看，这家伙不是别人，正是前天正午在山泉旁边杀死黎鸿的那个满脸横肉的家伙。

张骞忍痛咬牙，让鹤哥拔出颈背上的飞镖，包扎了伤口，才斥责面前的凶手："你是何人收买？前天杀了朝廷命官，今夜又溜进客舍行刺。假若谎言遮盖，尚方宝剑在此，让你立即狗头落地！"

野鹤子用剑指着刺客咽喉："快如实交代——是谁派你行刺？你可知他是谁？他是当今皇帝派来的！我看你是不想活了，这就送你上天！"

"老爷饶命！老爷饶命！"莽汉双膝跪地，叩头如同捣蒜，战战兢兢地交代了刺杀缘由。

常山王刘勃在长安的心腹，闻听武帝派张骞前来常山查办案件，立即向常山王通风报信。刘勃得知大行令张骞亲自出马，皇叔又赐尚方宝剑，自知末日来临，索性破罐子破摔，孤注一掷，派部下装匪作盗，欲在途中截杀灭口。岂料张骞被大侠相救，便又派人溜进客舍行刺。但室内灯光未熄，刺客只好在窗外隐蔽，一直等到午夜才飞出一镖。

野鹤子听罢这场暗杀预谋朝廷大臣的行径，正欲挥剑除害，被张骞阻拦："鹤哥且慢，留下他以做罪证。"

天明后，张骞、野鹤子先去逍遥宫调查，返回客舍后张骞换上一身大行令服装，腰佩尚方宝剑，昂首挺胸向王府走去。常山王刘勃正扬扬得意地饮酒作乐，观赏歌舞，如痴如醉。忽见气宇轩昂的特使阔步进殿，感到大事不妙，立即示意管弦停奏，舞女退避，慌忙起身施礼。

张骞二话没说，当众宣读诏令。刘勃喊"吾皇万岁万岁万万岁"后，正欲起身，特使发话："尚方宝剑在此，令你继续下跪听审！"

刘勃明白，尚方宝剑就是皇权，它到哪里，代表皇帝到哪里。今日张骞持剑到此，顿觉心慌意乱，额头冒汗。他对张骞用眼角斜视，见对方严肃中隐含着睥睨的怒容。但转念一想，对方虽系朝廷派来，可他孤身一人，这里是我刘勃的天下，早作了保护防范，谁怕他！想到此处，便强打精神，直面张骞。

审讯开始了。

张骞质问刘勃："大胆常山王，鱼肉百姓，强奸民女，私建逍遥宫，终日吃喝玩乐。父王尸骨未寒，未尽孝道，糟践祖训，天理不容。派属下半途截杀朝廷命官不成，又派刺客潜入客舍用飞镖行刺，你可知罪？"

刘勃十分傲慢，立刻狡辩："你身为大臣，竟信口雌黄，随意罗织罪名，证据何在？"

话音落点，野鹤子押进那个满脸横肉的凶手，带着那位号啕大哭的老妪来到审讯大堂上。

刘勃见状，脸色变得蜡黄，侧身一边，不敢正面接触，立刻像霜打的秋后茄子——浑身蔫成一团。

张骞声色俱厉地说："现有原告在场，行刺铁证如山！"

野鹤子又道出罪行一桩："前天下午，你派四五个爪牙半途截杀特使，就是这个大混蛋当场砍死年轻的黎鸿。若不是我火速赶到相救，恐怕连张大人也遭不测。你死有余辜，不杀不足以平民愤！"

随野鹤子押解凶手同到王府旁听的十几名男女，也纷纷揭发刘勃的种种罪行。"杀掉常山王"的呼声一浪高过一浪……

张骞抽出尚方宝剑当空挥了一挥，刘勃吓得浑身发抖，大汗淋漓，不住地叩头求饶，那副狼狈样子，让百姓嘲笑、谩骂许久。

张骞宣布："刘勃一案，罪恶昭昭，人证物证俱全。经过审理，被告供认不讳。凶手刺客按律立即斩首，主谋刘勃罪大恶极，本应立即处决，念其皇族子弟，收监待命。将犯罪事实禀报朝廷，由皇上最后发落。常山政务由本地官吏史欣代管。"

常山大害一除，民心称快，满城百姓皆呼"青天大老爷张骞"！

第二天，张骞、野鹤子正准备离开常山，那位原告老妪在左邻右舍的搀扶下，来到客舍向特使大人再三表示感谢，感谢张骞为女儿报了仇，为儿子申了冤，为常山百姓除了害。正说着，又大哭起来，最贤孝的儿子没有了，她怎能不伤心、不痛哭呢？

张骞安慰她说："事已至此，大娘不可过度悲伤，还是身子骨要紧。我知道你受害最大，失去儿女没有了生活依靠。我回长安奏明圣上，陛下定会关照。"

突然，一阵欢快的锣鼓声引来一群男女，走在前边的两个大汉抬着一块大匾，中间是锣鼓队，后边是常山的老百姓。

野鹤子不知何事，连忙迎到客舍门口，从大匾书写的"吾皇大义灭亲张骞秉公执法"的十二个篆隶金字看出，常山老百姓对这次查案除害十分满意，特送金字大匾表示感谢。

别看老百姓非官非吏，有的甚至不识字，可他们心中永远有一杆衡量是非曲直的大秤。只要这杆大秤存在，正义必然压倒权势，公正必然铲除邪恶。刘勃就是邪恶的化身，被铲除后人心大快。

史欣是个有正义感的人，知悉老百姓为张骞送匾，他考虑到此匾巨大，骑马很难带走，立即派属下送去一辆马车，并亲自到客舍门前送行。

返回长安途中，张骞劝野鹤子同到长安效忠圣上，野鹤子执意不肯，他说："百人百性，各有其志。为兄是戚介夫后代，自然要继承父志，替平民行侠仗义，岂可再入仕途？"张骞深知鹤哥为人孤傲、清高，喜欢归隐山林，不便深劝，更何况世路坎坷、险恶！二人在十字路口相对无言多时，终于洒泪惜别。

张骞回朝不久，从常山传来消息。为报张青天除害之恩，常山老百姓又筹资筹物为他修建了一座张骞青天祠。

武帝将张骞带回的常山金字大匾特意悬挂在未央宫，文武百官无不震惊。此匾也向各地刘姓王侯敲响了警钟。从此，武帝更加赏识张骞，认为他最会办事，既不伤弓，又不伤弦，恰如其分地处理了表侄刘勃。未出三日，就将刘勃贬至兴元郡房陵县服役，让他改邪归正。

连张骞本人也没想到，他在常山客舍遇刺，飞插颈背的竟然是一支毒镖。当初包扎后不感疼痛，回到长安却一天比一天严重了，总觉伤口烧灼火燎，并有液体渗出。请来宫中太医一看，伤口已经溃烂流脓。上了点药粉，不起作用，更加疼痛难忍，很可能未将毒液排出，渗入心脏周围，到了不可治疗的地步。

卫青、公孙敖好友同来看望张骞，问明伤势情况，卫青说："你昔日在太白山随野鹤子大哥学过医、采过药，可不可以用中草药治疗？如果有方子，就派人去终南山寻找，那里距长安并不远。"

张骞说："我学过点穴之术，也认识部分草药，可这次受的是外伤，毒液进入膏肓，为时晚矣，现在连床榻也下不来了。"

公孙敖说："要不要把猎娇接回长安照看你？"

张骞说："她在老家很忙，暂时算了。太医说正在另配止疼的药，要是还不灵验，再接猎娇母子吧！"

"什么毒液入膏肓，我就不信。"卫青说："我先后被匈奴毒箭射中两次，一次在左臂，一次在右腿，现在不是彻底治愈了吗？毒镖、毒箭都有毒，但人体自有排毒能力，你别担心。"

公孙敖问卫青："你是咋治的？用什么药？"

"我是在军营中治的，连休息的床榻也没有。多亏老将军李广有经验，他在草原上拔了几种草药捣烂敷在伤口上，连续三五次就好了。虽留下疤痕，可照样杀敌。"卫青伸出左臂让张骞看了看，张骞点了点头，似乎对治疗镖伤坚定了几分信心。

半月后，太医另配的镇疼中药煎汤他已服过数次，伤口的疼痛缓解，能够下榻在室内慢慢走动。消息传至武帝耳中，他为张骞镖伤好转高兴了半天，当晚深夜就微服至榻前探视，竟使张骞感动流泪。君臣直接交谈叙话，嘘寒问暖，说东道西，亲如一家，足见张骞在武帝心目中的重要地位，张骞自然深感受宠若惊。由于武帝礼贤下士，借探病之机主动征求臣下对君上的各种意见，张骞也快言快语，向武帝谈了许多自己的想法，并提出许多治国理政的建议。

这是张骞进宫以来和武帝时间最长、内容最多的一次谈话，也是君臣的最后一次晤面。

元鼎四年（前113）初春，张骞伤势突然加重，连说话也感到困难了。太医的镇疼中草药虽延长了他的一段生命，最后还是没有回天之力，博望侯无可奈何地结束了他的人生岁月。听两个侍女说，张大人的遗嘱是归葬故里。

第三十二章

最后的轮台诏

张骞是西汉时期从汉中城固走出的一位世界英雄，他之所以能为国家建功立业，青史留名，是汉武帝刘彻为他搭建了一个"英雄有用武之地"的历史平台，平台的搭建证明了善于发现人才并放手使用人才的汉皇刘彻，也是个难得的人才。

刘彻是高祖刘邦的玄孙，景帝刘启的太子。十六岁登基，七十岁驾崩。在位五十四年，约占西汉 210 年的四分之一。他雄才大略，其文治武功，使汉朝成为当时世界上最强大的国家。他积极推行中央集权、独尊儒术、表彰六经、兴办太学、设立乐府、制定历法、反击匈奴、修筑长城、移民垦种等政治、军事策略，表现了一位明君的大手笔和大智慧。

他开疆拓土，增设二十八郡，把西汉王朝版图扩大一倍以上的突出武功，在历代帝王中十分耀眼。但相应的军费开支之多和黎民负担之重，在历史上任何王朝亦很罕见。元狩四年（前119），卫青、霍去病大举反攻匈奴获胜，仅对有功将士的赏赐就花费五十万金，相当于当时政府全年的总收入，其他军备损耗和粮草运输费用尚未计算在内。汉武帝时期，前后用兵四十多年，大小战役不计其数，军费开支之大难以想象。他和秦始皇一样，也喜欢巡游。元封元年（前110），北至朔方阅兵，向匈奴炫耀军威。

南登嵩山，东临泰山封禅。再北上碣石（今河北昌黎），西至九原（今内蒙古包头西）而折回长安。整个行程一万八千里，沿途赏赐绸绢百余万匹，金钱无法计数，奢侈耗费登峰造极。

武帝晚年衰老多病，又陷入巫蛊之祸的深渊，梦见数不清的木头人持杖打他。武帝噩梦醒来，病情趋重，认为全是臣下吏民暗中行施巫术诅咒的结果，立即派江充清查，先后害死数万人，武帝的三子一女都遭受巫蛊之祸亡命，连丞相刘屈氂也因牵连此祸而被杀害。正统兵攻打匈奴的贰师将军李广利，因家属无端被捕受审，一气之下叛变降敌，所率七万人马全军覆没。这种非军事性原因导致的惨败，使武帝受到巨大震动，逐渐觉察到所谓的巫蛊活动，根本没有真凭实据，纯属江充等人制造的政治冤案，一气之下杀死江充的全家。

此刻，武帝回想起张骞在病中向他忠告"多欲政治"的种种弊端，突然眼前一亮，茅塞顿开。是的，人一生不可能做很多的好事和很多的大事，只要做出一两件好事、大事，那就是个了不起的人物。然而，我想得很多，做得更多，必然会出乱子，眼前诸祸就是上天对我的报应。

一连串的挫折促使武帝仔细思考一生的所作所为。征和四年（前89），他对大臣们说："我继位以来办了很多错事，使天下民众忧愁穷苦，后悔也来不及了。今后凡是损伤百姓，浪费财富的事情一律停办。"丞相田千秋建议说："朝廷方士谈论神仙的很多，他们都没有明显的政绩，可以罢免放逐。"武帝同意遣散。桑弘羊提出屯田轮台，派遣戍卒和移民，构筑亭障，逐步扩建成控制西域的据点。武帝也欣然接受并颁发了著名的"轮台诏"，对过去的征战深表悔恨。

接着，武帝指明当前的主要任务是努力发展农业生产，军事上只奖励养马以保持守备力量，不再随意出兵打仗。特封田千秋为富民侯，表明施政重心已转移到休养生息，使民众富足方面。又任命赵过为搜粟都尉，主持改进农业生产技术，推广称为"代田"的精耕细作方法和更为便巧的新式农具，受到农民的普遍欢迎。

已到垂暮之年的刘彻，作为一个封建帝王，创立了一个空前强大的帝国，算得上彪炳青史、志得意满的风云人物。长期处于一国之主的高位而能主动检讨自己，痛改前非，推翻几十年来的大政方针，返回汉初坚持休养生息政策的道路上，更属难能可贵。

经过一场残酷的巫蛊之祸，武帝的皇后、太子和几个皇孙全部死去，所剩几个儿子都不太理想。选来选去，只有六七岁的刘弗陵了。据传，钩弋夫人怀孕十四个月才把小弗陵生下来，武帝感到惊奇，特赐夫人所居的云阳宫大门为"尧母门"，包含了他对这个儿子的几分偏爱。弗陵排行最小，却很聪明，长得壮壮实实，具有父亲幼时的气质。

但武帝有所顾虑，最担心钩弋夫人。她二十多岁，人很年轻，青春正盛。立下幼帝，必然会母后临朝。一旦大权在握，难保不做些出规的事来，吕后篡权的恶果记忆犹新。思来想去，只有再做一件薄情寡义的违心之事——为了刘家江山不旁落异姓之手，决定除掉钩弋夫人。

钩弋夫人得知弗陵当太子的消息，更加疼爱自己的心肝宝贝。可她万万不会想到大祸就要临头。猝不及防中，武帝吩咐左右，将她秘密软禁起来，并撂出一句话："反正你不能再活下去！"就这样带着满腔怨恨，夫人没出三天在云阳宫自尽了。

武帝虽然病危，由谁来辅佐幼帝还得安排妥善。直到大限到来的前两天，武帝才宣布刘弗陵为太子，同时任命霍光为大司马、大将军，领尚书事辅政，实际上把政权交给了霍光。此人值得信赖，能坚持武帝末年的休养生息政策，多次减轻租赋徭役，不时赈济贫民，奉行文帝时行之有效的办法，节约朝廷开支，缓和严刑暴政，使社会经济恢复发展起来。追根溯源，这种中兴局面是"轮台诏"带来的。

回顾武帝在位的半个世纪，自李广利远征大宛后，匈奴对西域的控制权进一步瓦解，汉王朝在葱岭东西和天山南北的势力大大加强。设置河西郡，派兵屯守玉门、阳关，保护通往西域的道路。至汉宣帝神爵二年（前60），又在乌垒（今新疆轮台东）设置西域都护府，统辖西域三十六国。这是我国古代在巴尔喀什湖以南、葱岭东西广大地区设置行政机构、行使管理权的开始。

在对匈奴的战争中，涌现出的卫青和霍去病两位军事人才，被誉为"帝国双璧"，是汉军精神的象征。卫青从被封为车骑将军开始，前后领兵七次攻伐匈奴，解除了其对西汉边境长达70余年的军事威胁，官拜大将军，受封大司马。为昭示其战功，武帝特许其死后陪葬在帝陵左右，起冢象阴山。卫青的外甥霍去病年纪最轻，十八岁开始上沙场，二十四岁病逝。指挥几十万大军屡立战功，被封为冠军侯，留下"匈奴未灭，何以家为"的豪言壮语。为纪念他在河西走廊的战功，武帝将他的坟墓建成祁连山形状。甥舅二坟前皆有大型石雕护墓守灵。

在汉武帝的诸多政绩中，影响最为深远的或许还是慧眼识珠地选拔张骞两次出使西域，客观上开辟了连接欧、亚、非的丝绸之路。实际上两次出使西域联络月氏、乌孙的初衷，也是从根本上解决匈奴长期南侵汉朝边民的问题，可谓与反击匈奴的军事行动殊途同归。

汉武帝和张骞，都未曾预料到丝绸之路的开辟，使这条大路永远成为惠泽全世界、全人类的和平友谊之路与繁荣富强之路。

第三十三章

病逝归葬故里

　　按照张骞生前的愿望，武帝派人将张大人的灵柩护送至汉中城固白崖村安葬。随护送灵柩而去的除一位祝史，还有和张骞同生死共患难的好友甘父。

　　妻子猎娇来自草原，不懂汉人的丧葬礼仪，让弟弟张俭一手操办。

　　西汉时期，朝廷重视孝亲礼仪，上行下效。张骞是朝廷命官，为国家屡立大功，生前广受尊敬，德高望重，有口皆碑。他的灵柩停放在上房厅堂，按城固葬俗设灵堂进行吊奠。

　　从长安来的祝史在灵牌上写出"汉故博望侯大行令张公骞"。并将当朝皇帝刘彻赠予的挽幛挂在灵前。挽幛写有"大限无情，魂归极乐，阴阳永隔，朝臣同悲"的悼词，凡亲友来家吊奠者皆感惊讶。

　　祝史观察了白崖村的地理位置，对张夫人猎娇说道："此村近于汉江边沿，难避水患，不宜选穴。"猎娇说："感谢大人，既然圣上派你护灵安葬，墓穴选在何处，就由你决定吧。"

　　终于，祝史在白崖村西北七八里的地方选定了一处墓穴。太巧合了，那里正好是欺压张骞母弟的饶啬夫老坟所在地。当地百姓都这样说："真是恶有恶报，善有善报，如果没报，时候未到。现在时候到了，把张大人埋在这里，正好让他看到饶啬夫欺压、伤害百姓的下场。"

汉中郡素有厚葬之风，城固县尤为突出。张骞是白崖村有名望的人物，出殡时送葬队伍浩浩荡荡，一路上哀乐悲凄。前边举的是死者的"冥旌"，旌上写的是"汉博望侯　星殒南极　音容宛在　德范永存"。接着是彩旗、仪仗和孝幛。另有二人，一个打灯笼，一个提香蜡，凡过桥、遇庙皆由礼宾先生行礼拜灵。

张骞生前是汉朝位列九卿的重臣，抬灵柩多至二十四人。灵前是直系血亲的儿子张勇和妻子猎娇，披麻戴孝，拉纤举哀。灵后是弟弟张俭、弟妻莲英及侄女挥泪送葬。亲友、村民一直将灵柩送至坟茔。

下圹时祝史先做法事仪式，后将青松树枝放入金井（墓穴）燃烧。待棺落井，孝男孝女各捧土撒棺，接着由丧工铲土掩埋，眨眼堆成坟山，立碑告终。

三日后又去新坟培土，谓之"扶山"，连续三夜到坟前煨火，这是为死者"暖房做伴"。

从死者去世之日起，每七天举行一次焚香点蜡的祭祀仪式，谓之"烧七"，共四十九天，最后一个烧七称为"尽七"。城固人对逝去亲人特别关照，还要为逝者"过百日"。

汉朝从孝文、孝景直至孝武刘彻，都规定为逝者（父母）守孝三年。三年中包括三个周年祭祀活动，头周年、二周年和烧七区别不大，只有三周年的祭祀仪式最隆重，是子女对逝者的回顾，从此守孝结束。三周年过完，子女可脱去孝服，恢复正常生活。对逝者来说，不再享受什么特殊的祭祀，和其他先祖一样，逢年过节只受子孙们的简单祭拜。

然而，张骞曾是武帝的股肱重臣，三周年时按照惯例，朝廷派人送来一对石虎，同时将坟墓重新培土，整修为覆斗形状，并在墓周栽植松柏，象征张骞英魂万古长青！

这对石虎另有寓意。在汉代文化中，虎为四灵（青龙、白虎、朱雀、玄武）之一，四灵是神话中最早出现的动物，虎是镇邪大兽，朱雀是吉祥之鸟，玄武是长寿象征，青龙是神奇异物。它们的颜色还分别代表春夏秋冬四季，若把东南西北四个方位与四灵相配，便称为四象。《礼记·月令》认为，春属东方，色青（即青龙）；夏属南方，色赤（即朱雀）；秋属西方，色白（即白虎）；冬属北方，色玄（即玄武）。民间也有类似的传说，认为青龙、白虎、朱雀、玄武都是驱除邪恶、镇守东南西北四方的神灵，一直被人们当作图腾崇拜至今。汉宫明文规定，谁为朝廷立了大功，死后就在墓前雕刻石兽为他守陵。张骞的丰功伟绩是两次出使西域，凿通了连接中西方的商道，后来被称为丝绸之路，把中国的古老文明和大汉的国威远播西方世界。虎又是镇守西方的至尊神灵，正好象征张骞的英雄虎胆精神，武帝为他雕刻石虎，既为表彰他的赫赫功绩，也为他永远护墓守陵。

墓旁有虎是汉代丧葬文化的展示。古人认为，人死后，魂灵依然存在。为使灵魂得到安息，不遭邪魔侵害，常在墓穴放置铜、石、玉、陶等不同质地的虎形物象作为镇墓避邪之用，只不过张骞墓前的石虎体态巨大，未放进墓穴而已。

张骞死后不久，他在乌孙派遣诸国的副使陆续回到长安，还带回西域各国的使者。去身毒的副使甘父完成使命后，从西南夷地区返回，这是一条通往长安最近的道路，实现了张骞生前探寻西南新道的遗愿。但甘父未赶上向张骞报告具体经过的时机——他回到长安的前夜，张骞溘然长逝。武帝恩准他护送灵柩回故里协助张夫人料理丧事。安葬结束，他不愿再返长安，决心留下来和张大哥的魂灵相守，武帝便把他封为陵园令。

跟随副使们陆续回到长安的外国使者很多，诸如大夏、安息等国。从此，长安大街先后出现许多西域客人，有的是高鼻子、蓝眼睛，有的皮肤黝黑，有的皮肤雪白，有的头发浅黄、卷曲，有的梳成辫子或盘或垂，有的穿着短袖，有的披着长褂，男男女女，随时可见。

毫无疑问，这是张骞开创中西交流新纪元的结果。此后，中国的新奇商品、先进技术及文化艺术源源不断地流向欧、亚、非各个国家，从西域进入中原的物产也像满天繁星一片灿烂。诸如芝麻、核桃、葡萄、石榴、胡豆、黄瓜、大蒜、胡荽、苜蓿、胡萝卜、红蓝花、琉璃、毛皮、珍珠、地毯、毛织物、蓝宝石等，还有天马、大象、雄狮、鸵鸟等动物，箜篌、琵琶等胡乐也传入中国。中国的漆器、竹器、铜器、陶瓷、丝绸、冶铁、茶叶、生姜、大黄、肉桂、土茯苓等传入西方诸国，无不受到普遍欢迎。

自张骞通使乌孙后，汉朝同葱岭以西各国关系更加密切，和各国使节、商团的来往络绎不绝，一年之中多者达十余批，少者五六批，每批人数多时可达数百人，至少也有百余人。中国派出的历次使团，带去的东西一年比一年多，这些使者大都是半使半商或亦使亦商。他们依然打着博望侯的旗帜，所到之处无不受到热情、友好的礼遇。

在输出的许多商品中，丝绸最受欢迎，西方国家最为喜爱。丝绸除了重大的经济价值，还有艺术上的深远意义。比如丝织品上的绣花及图案，传至中亚、西亚、北非及欧洲，对那里的精神文化生活有着巨大影响。突尼斯苏斯博物馆至今还保存着一幅中国古代的太极图，这是从中国丝绸上得到的。据载，有的古罗马人还把太极图挂在门上祈求吉祥，永保平安。

此外，中国的养蚕术、手工艺品及桃、杏、梨等农副产品也陆续西传，先进的灌溉技术——井渠法被中亚各国广泛采用。

西域的农作物及中亚、西亚盛产的毛织品极大地丰富了中原人的物质生活，例如古楼兰的地毯传入内地倍受器重，变成招待贵宾的文明设施。曾有"请客北堂上，坐客毡氍毹（地毯）"的颂扬诗句。

在艺术方面，有一种名叫"横吹"的乐器，就是张骞生前从草原上带回长安的。接着，新疆地区的箜篌、竿篥、笛、角，波斯的四弦琵琶，身毒的五弦琵琶及胡旋舞（又称波斯舞）等，传入中国，为当地的音乐歌舞注入了新鲜血液。还有许多少数民族的乐曲如《鼓吹曲》《婆罗门行》，特别是张骞直接带回的《摩诃兜勒》曲谱，被宫廷乐师李延年视为至宝，吸取其精华进行了创新，写出新声二十八解。其中《出关》《入关》《出塞》《入塞》等名曲，粗犷、豪放、雄浑、激昂，被武帝称为武乐（军乐），颇能鼓舞边塞将士御敌保国的斗志，很快在军营、战场上流传起来。

西方的杂技、魔术更是五花八门，乱人耳目。汉朝人把大秦的魔术师和杂技演员称为"眩人"，最精彩的是幻术和斗兽。罗马的魔术师一会儿把"海鳞变而成龙"，一会儿"吞刀吐火，云雾杳冥，画地成川，流渭通泾"，以至于海鳞"状蜿蜿以蝹蝹，含利飐飐，化为仙车，骊驾四鹿，芝盖九葩"。还有"水人弄蛇，奇幻倏忽，易貌分形"；"熊虎升而挐攫，猿狄超而高援，怪兽陆梁，大雀跤跤，白象行孕，垂鼻辚囷"。这些精彩罕见的杂技节目极大地丰富了我国的杂技艺术。

西方的各种艺术表演，使武帝大开眼界，增长不少见识。他把各国送来的珍禽异兽，如大象、雄狮、鸵鸟、孔雀之类收入上林苑，令专人进行驯养。把张骞从西域带回的名贵植物在上林苑种植繁育，把西域的乐器置于乐府，由李延年指挥乐工演奏。武帝早想在西域人面前显示汉朝的空前富强，调集上万民夫在上林苑开凿一个人造湖，命名"昆明池"，常有水军在水上操练。并立下规矩，凡西域来使、贵宾一律盛情接待。宴毕就向客人表演汉朝杂技、百戏，最后陪同客人游览上林苑各种设施。

汉朝的富饶和强大，使外宾们赞不绝口。一位大夏使臣说："博望侯出使我国，邀请我们回访汉朝，这次到来，才见长安果然名不虚传。我有幸来到长安，却无缘再见到张骞大使了。"一位安息使臣说："博望侯派副使访问我国时，我们国王派数位将军率两万骑兵到边境迎接。现在我来汉朝代表国王邀请张大人去我国观光，谁知他已不在人世了，真可惜、遗憾呀！"

武帝点了点头说："张骞生前历尽艰险，吃尽苦头，两次出使西域，开通了长达万余里的东西方商贸古道。他虽然不在世了，但是不会被人忘记。"

这条古老商道被德国地理学家李希霍芬在他的《中国》一书中命名为"丝绸之路"。这个称谓既形象又贴切，实实在在地反映了中国是丝绸的故乡。在古代世界，中国是最早开始种桑、养蚕、生产丝织品的国家。而且两千多年来，丝绸一直是横贯欧亚大陆贸易大道上的重要商品，也是最受西方欢迎和极具经济价值的东方瑰宝。

正是这条不同文明、不同民族友好交流的经济之路、文化之路，继往开来地培育、发展了中国与世界各国人民历久弥新的兄弟友谊。这是一条享誉世界的英雄之路，犹如一条五光十色的丝绸彩带，将东西方的古今文明永远连在一起。因此张骞故里人说："没有张骞，就没有丝绸之路；有了丝绸之路，张骞才成为与天地长存、和日月齐辉的英雄！"

附录

白崖村与张骞故里

关于张骞的故乡，正史中记载为汉中城固县，没有更为具体的信息。而在汉中城固，人们普遍相信张骞的故里位于今天的城固县博望镇白崖村。据传，张骞年轻时便居住在这里，而张骞的后裔至今仍集中居住在此，外迁者极少，传至今日已有七十余代。为祭祀圣祖先贤，张骞子孙特在今日张骞纪念馆东侧修建一座张骞家祠，早晚香火不断。后来，城固县政府把白崖村所在的城关镇更名为博望镇，以示纪念。而白崖村则未曾改名，始终保持着延续至今的名字。本书中所出现的张骞故里白崖村周围的地貌，皆依据今日白崖村的情况描绘。

汉台与汉王城

本书中出现的汉王城与汉台，相传是楚汉争霸时的历史遗迹，至今仍有遗址存留。古汉台是汉中古城东南隅（今汉中市东大街）的一处高台建筑物。台高约8米。占地8000平方米。周砌坚石，气势宏伟，俨如城堡。相传此台是汉高祖刘邦为汉王时的宫室。汉中市博物馆成立时，以古汉台作为馆址。该处现有馆藏文物4807件，尤以"石门十三品"驰名中外。

汉王城遗址在城固县东南 2500 米的湑水河西侧，是人工筑起的一处高台场地。台高 3 米左右，南北长约 290 米，东西宽约 180 米。相传汉王刘邦曾在此操练兵将，遂有"汉王城"之称，正好遥对南方的"霸王寨"。民间流传着楚汉相争时两军在此对垒的传说。

汉中的戚夫人与戚介夫传说

在正史中，戚夫人为山东定陶人，而在汉中当地的民间却流传着另一种说法，即戚夫人出自汉中洋县。这一传说很可能源自北魏郦道元所著的《水经注》，他在《水经注·沔水》中写道："洋川者，汉戚夫人之所生处也，高祖得而宠之。夫人思慕本乡，追求洋川米，帝为驿致长安，兼蠲复其乡，更名曰县，用表夫人载诞之休祥也。"此说在当地流传甚广，以至于有学者和诗人亦引此为据，据清光绪年间编纂之《洋县志》载："戚氏村，县西八里，为戚夫人故里。"亦将戚夫人故里归为汉中洋县的戚氏村。关于戚夫人的葬地，汉中也有很多传说，戚氏村南公路北侧有一冢堆，相传戚夫人死后即葬在此处。

本书中出现的另一位重要人物戚介夫，在正史中并无记载，在当地传说中，他是一名侠士，相传为戚夫人的兄长，曾为汉室立有大功，在吕后掌权时期避居于汉中天台山。

本书采用了上述戚夫人故里及戚介夫的相关民间传说，文中王儒卿及张骞初遇戚介夫时，戚介夫对来自汉中的王儒卿以同乡相称，即源于此。需要注意的是，笔者在写作时对民间传说进行了适当加工，如将正史中刺杀英布一事归为戚介夫所为，与正史有所不同，这一点请读者注意分辨。

野鹤子与野鹤观

城固县城西（今火车站附近）有一座野鹤观，塑有野鹤子坐像，逢初一、十五，香火不断，为当地颇有名气的道教地点。相传张骞被朝廷削职为民，返回城固故乡，为纪念对自己出使西域时提供无私帮助、排忧解难的民间侠士野鹤子，特出资修建一座庙堂，即后来的野鹤观。据传，野鹤子系长安游侠人物，但不愿与他人同行，常常单枪匹马出现在草原、沙漠一带，人称"草上飞"。在匈奴、羌族中名气较大，但在故里的传闻很少。

扁鹊城与扁鹊观

本书中出现的城固附近的"扁鹊城"，在历史上确实存在。相传，名医扁鹊曾为秦王治愈顽疾，秦王为报答扁鹊，在此为其筑造城池，多有名医在此居住。北魏时期的《水经注》中就有关于扁鹊城的记载。据《城固县志》载，"扁鹊城在县西南四十里上元观镇龚家堡。城下有泉，天旱，以羊投之即雨。"据当地的老者回忆，城固附近的扁鹊城，城垣外砖内土，东西设城门，皆有门楼。东城门楼嵌有匾额，上书"扁鹊城"三字，还有一副石刻门联，右刻"新模苑坐卧龙地　旧迹乃传扁鹊城"，左刻"采唤文星朝南岳　光升曙日照东楼"，但今日已不复存在。

在城固，与扁鹊有关的遗迹还有扁鹊观，在城固县的西北方，相传扁鹊曾在此隐居，修身养性。西有九真山与三隅山相接，有大峰。峰有洞，名曰"九真洞"。扁鹊与其他八位真人聚洞而隐，世传为"九大真人"在此修炼。扁鹊观原址于20世纪70年代被水所淹没，仅有清乾隆十一年（1746）培修此观的纪事石碑一通留存。

张骞墓

张骞墓是汉中城固的一个重要地点，在城固县城以西。墓坐北向南，长方形，呈覆斗状，长35.6米、宽20米、高约5米。墓周有柏树多株，肃穆静谧。本书中所出现的石虎雕塑，今日仍能在张骞墓处见到，两尊汉代石雕姿态雄壮，相对高踞，用玻璃亭防护。

张骞墓前有后世学者所立石碑，正中一通刻隶书"汉博望侯张公骞墓"，系清乾隆四十一年（1776），陕西巡抚毕沅立。左前侧两大柏树间又竖一碑，正面碑文题为《增修汉博望侯张公墓道碑记》，由西北联大讲师吴世昌撰文，现代语言学家黎锦熙书丹。碑文楷书25行，满行52字，共计1300余字。背面阴刻班固《汉书·张骞传》全文，由许寿裳教授书写。此碑系1939年5月，在该校李蒸、徐诵明、胡庶华等主持下竖立。

张骞墓是陕西省第一批重点文物保护单位之一，现已升级为全国重点文物保护单位。1983年，张骞墓文物管理所在此成立，后扩建为张骞纪念馆。2014年，张骞墓被列入《世界遗产名录》，博望侯张骞"凿空"的丰功伟绩，将永远为世人铭记。

后记

张骞一生，辉煌耀眼。丰功伟绩，光耀千古。

基于对张骞的崇敬，《张骞传》是在张骞精神的激励下完成的。本书资料来自《史记》《汉书》，以及张骞故里的民间史料。由于正史中关于张骞的记载相对简略，民间史料便成为本书编写的有力补充。张骞为汉中城固人，作为他的乡党，笔者在收集关于这位博望侯的民间史料方面，有着一定的优势。在动笔前，笔者曾三次深入张骞故里进行调查、探访，特别拜访了张骞后裔张建才先生。张建才先生德高望重，对先祖的事迹了然于胸，提供了众多珍贵的线索和资料。在走访过程中，笔者了解到了关于张骞的众多民间传说和故事，并将其进行艺术加工，用于本书的创作，努力在保证正史所记载的张骞的真实事迹的基础上，最大限度地融合各地与之相关的民间传说，使书中人物形象更加立体饱满，情节更加紧凑丰富，完整地展现张骞的传奇一生。本书中出现的与张骞有关而未见于正史的一些内容，如张骞父亲的名讳、培育黑米、行商夜郎以及归乡酿酒的情节，即取材于民间资料。

完成书稿所遇到的困难，既不是人物关系、故事情节的推敲安排，也不是因时代背景与当今社会时空的遥远而产生的语言交流障碍，而是张骞面临三次"必死"的严峻时刻，为什么都能化险为夷、保全性命而继续完成他的未竟事业。

他第一次出使西域时，两次被匈奴截获，但都未遭杀害，反而成为一个受全世界拥护爱戴的大英雄。

单于不杀他，只做了扣留草原的处置，还选美女赐婚为妻并生下儿子，明眼人都会看出，这是用美人计瓦解他的斗志。十年后他伺机逃走，继续西行寻访月氏，返回途中又被擒俘，还是未杀，软禁如前。

文学作品反映的生活真实，是作者体验感悟后的生活真实，并非生活原型的照相翻版，更不是主观臆造。在某些电视剧中，当匈奴首次截俘张骞要杀他时，他大喊："我是通商使者，杀我冤枉。"不要说匈奴人不相信，即使不杀他，回国后也可能会被汉武帝以"辱使命，丧国格"处斩。另一部电视剧写张骞二次被俘受审，单于说："寡人完全应当将你斩首。"张骞急忙跪伏在地："两国交战，不斩来使，请大王开恩。"单于咳嗽了两声，气喘吁吁地说道："我老了，活不了几天了，这辈子杀人太多，念你去西域前还能给我留书谢罪，的确是个忠厚老实、谦诚有信之人，我今免你一死。"

这不是生活真实，也非艺术真实。与其说歌颂张骞，倒不如说贬低了张骞。

在处理这个问题时笔者的确感到头疼，颇费了周折。为什么单于两次不杀张骞？这只能从张骞身上找原因。他是从陕南汉中郡城固县走出的一个勤劳善良、诚实厚道且深受传统美德熏陶教育的普通农民，从小到大，农民本色从未改变。被匈奴扣押十年，一旦逃离，常人会逃回汉朝，而他继续西行，可见忠君爱国的意志何等强韧坚定。《史记》中写道："（匈奴单于）留骞十余岁，与妻，有子。然骞持汉节不失。居匈奴中，益宽，骞因与其属，亡乡月氏，西走数十日至大宛……"

张骞到大宛，人地两生。大宛人却热情地将他送至康居，就像接力传递，康居人又护送他抵达月氏。大宛、康居都知道他是来自匈奴的逃亡者，完全可以把他送回匈奴。匈奴是北方的强势力量，这样做有利于各自的国家。然而，他们按张骞所愿而为，此刻，张骞的人格魅力光芒四射。司马迁又写道："骞，为人强力。宽大信人，蛮夷爱之。"顽强刚毅自不待言，否则怎么会凭自己的双脚踏出丝绸古道？宽大信人是说他性格宽厚开朗，信他人，也被他人所信。不单为他人所信，更得到他人爱戴。

在异族密居地区奔波跋涉，心存疑虑反而不安全。对待语言和习俗不同的人们，最利于沟通的就是"人格"二字。从素不相识的人群中经过，获取他们的爱戴等于拿到了通行证。张骞憧憬西域，立志报效国家，是汉武帝选拔实施"勤远略"的最佳人才，此乃"时势造英雄"也。

回归长安后，张骞提供的西域情报为汉朝反击匈奴、扩展版图、经营西域发挥了巨大作用。他随卫青、霍去病攻伐匈奴再立战功，位封博望侯。但翌年随李广将军远征，途中因故延误军机，又面临第三次斩首，经文武大臣竭力周旋，最后被削去爵位，万幸生命无恙。看来连皇帝也不忍杀他，仍然是以人格魅力征服了最高统治者。

不久，他恢复了名誉、地位，以中郎将身份奉命二使西域，直奔乌孙。回国后被任命为大行令（相当于外交大臣），秩禄两千石，位列九卿。张骞去世后，汉朝使节出使外国，依然打着博望侯的旗号。无论哪个国家，只要听到张骞的名字，立刻消除戒备，用热情、敬仰和钦佩的姿态与之交往、称兄道弟。

由此推测，张骞之所以为汉皇及西域各国所爱所敬，根本原因是他对职责的执着热爱和对未知世界的勇敢探索。这也是他数次完成使命的根本原动力，是他"敢为天下先"的赴汤蹈火和九死一生却百折不回的英雄本性使然。

这就是"锐意进取，勇于开拓，牺牲自我，造福人类"的张骞精神。有了这种精神，就可化危难为吉祥，变沮丧为坚强，把排斥变包容，将仇敌变朋友。

"众里寻他千百度"，笔者终于找到了张骞的人格魅力闪光点，并把它作为这部传记的灵魂。